普通高等学校运动训练专业教材

iCourse · 教材

U0892163

运动生物力学

国家体育总局科教司　组编

伍　勰　主编

CSEA 体教联盟
CHINA SPORT EDUCATION ALLIANCE

中国教育出版传媒集团
高等教育出版社 · 北京

内容简介

本书为国家体育总局科教司组织编写的运动员文化教育统编教材，也是普通高等学校运动训练专业系列教材之一，同时也是国家体育总局"体育专业教材建设与在线学习平台项目"建设的"运动生物力学"在线课程的配套教材。全书包括绪论、人体运动学、人体动力学与人体平衡、体育运动中的流体力学、骨和肌肉的生物力学特性、动作技术分析基础、运动动作技术参数的测量方法及动作技术的生物力学 8 章内容。

本教材为新形态教材，全书通过二维码链接多种拓展资源，根据优秀运动员和普通高等学校运动训练专业学生的学习需求编写，同时也可供体育院校各专业学生使用，还可作为教练员、健身指导者的参考书。

图书在版编目（CIP）数据

运动生物力学 / 伍勰主编 ; 国家体育总局科教司组编. -- 北京 : 高等教育出版社, 2020.9（2024.12重印）
ISBN 978-7-04-053437-5

Ⅰ. ①运… Ⅱ. ①伍… ②国… Ⅲ. ①运动生物力学-高等学校-教材 Ⅳ. ①G804.6

中国版本图书馆CIP数据核字(2020)第017819号

运动生物力学
Yundong Shengwu Lixue

策划编辑 易星辛　责任编辑 杨 琛　封面设计 李小璐　版式设计 童 丹
责任校对 刘娟娟　责任印制 刘弘远

出版发行	高等教育出版社	网　址	http://www.hep.edu.cn
社　址	北京市西城区德外大街4号		http://www.hep.com.cn
邮政编码	100120	网上订购	http://www.hepmall.com.cn
印　刷	北京七色印务有限公司		http://www.hepmall.com
开　本	787mm×960mm 1/16		http://www.hepmall.cn
印　张	14.75		
字　数	260 千字	版　次	2020 年 9 月第 1 版
购书热线	010-58581118	印　次	2024 年 12 月第 3 次印刷
咨询电话	400-810-0598	定　价	29.90元

物 料 号 53437-00

编委会

前言

本书根据国家体育总局科教司高校体育专业教材与在线学习平台建设项目的要求，针对体育院校运动训练专业学生，特别是优秀运动员的知识背景和学习需求所编写。本书配有相应的在线课程，使得运动员可以在繁重的运动训练中，通过在线的方式学习课程内容，通过教材进行文本知识学习，达到课程教学大纲的要求，有效掌握本课程的知识，并将其运用于训练实践。

运动生物力学从属于运动人体科学的学科范畴，从力学的角度，结合人体的生物学属性来探究人体运动的机制。运动生物力学也是一门体育院校的专业基础课程，是体育教育专业和运动训练专业本科生的必修课程，它为许多运动训练相关的实践类课程提供了必要的基础知识储备。

本教材在广泛参考同类教材的基础上，针对本教材的适用对象，以强调基础知识为重点，以追踪相关前沿科技在学科中的应用和研究热点为特色，尽可能达到夯实基础和拓展视界的教学效果。在结构上，为了突出基础知识，教材从线运动学知识入手，逐步深入到角运动学，从而实现运动学内容的完整传授。教材将人体模型和人体平衡的相关内容归入动力学这一章，目的是尽量围绕知识点，从问题出发，在必要处阐述相关内容，期望能更清晰地指明本课程学习的知识路径。

本教材由上海体育学院牵头，联合南京体育学院和西安体育学院等院校教授运动生物力学课程的教师共同编写而成。

本教材与传统教材的内容结构有较大的差异，希望采用本教材的院校在使用本书的过程中，提出改进意见，以备日后修订完善。

编写者

2019 年 7 月

目录

第一章

绪论

▶ 本章导读

本章主要围绕运动生物力学的学科介绍以及本课程的基本知识框架与学习内容展开。本章从运动生物力学的概念出发，详细阐述运动生物力学的任务，并应用实例论述运动生物力学对于运动训练实践的指导价值，从而进一步阐明运动生物力学的课程内容与研究方法，最后介绍运动生物力学的学科发展历史与未来发展方向。

▶ 学习目标

1. 了解运动生物力学的概念；
2. 了解运动生物力学的课程内容；
3. 了解运动生物力学对运动训练实践的指导意义。

第一节 运动生物力学的概念与任务

一、运动生物力学的概念

生物力学（Biomechanics）是生物学和力学融合而成的一门边缘学科，1974年，Hztze将其定义为："生物力学是利用力学的原理与方法研究生物系统结构与功能的一门科学。"这一定义表明了生物力学实际上是一门研究领域与范围都非常广泛的科学，它几乎涉及生物体与力学有关的所有问题。

运动生物力学（Sport Biomechanics）是生物力学的一个重要分支，是研究体育运动中人体机械运动规律的科学。它是将体育运动中人体（或器械）复杂的运动形式及变化规律与力学和生物学原理结合从而进行研究的一门学科。运动生物力学也是体育科学的一个重要组成部分，例如，运动能力的提高、体育动作技术的分析与诊断、运动损伤的预防、运动训练规律的探索、体适能的分析与训练、运动器材装备的设计和改进等都属于运动生物力学的研究范畴。由此可见，运动生物力学的理论基础主要包括力学、生物学和体育学。

根据运动生物力学的观点，人体或生物体的运动由神经系统控制，并由肌肉和骨骼协同作用完成。神经系统控制肌肉，从而产生对骨骼的作用力以完成各种机械动作。因而，人体运动是在神经系统的控制下，以肌肉收缩为动力，以关节为支点，以骨骼为杠杆的机械运动。在运动生物力学中，神经系统的控制和反馈过程可以用简明的控制规律代替，肌肉活动可以简化为受控的力矩发生器，作为研究对象的人体模型可忽略肌肉变形对质量分布的影响，简化为由多个刚性环节组成的多刚体系统。相邻环节之间以关节相连接，在受控的肌力的作用下产生围绕关节的相对转动，影响并完成系统的整体运动。

二、运动生物力学的任务

运动生物力学的主要任务有两个：一是提高运动能力，包括竞技运动、全民健身及休闲运动的运动能力；二是预防运动损伤。运动生物力学作为体育科学的一个重要组成部分，其本质是应用力学的原理和方法研究人体运动的形式、规律及原理，其任务范围主要集中于体育动作技术、运动训练、运动损伤、体适能和运动器材装备等方面。因而，运动生物力学在改进运动技术、改良训练手段、设计与改进运动器材和装备、预防运动损伤以及促进运动损伤的治疗和康复 5 个方面表现出重要的作用与意义。

（一）改进运动技术

提高运动成绩常用的方法就是改进运动员的技术动作。最著名的案例之一为 1968 年墨西哥奥运会，Richard Douglas Fosbury 以当时少见的背越式跳高技术获得金牌。从生物力学角度出发，这项技术优于此前的俯卧式跳高技术之处主要在于：① 助跑速度快；② 过竿时身体重心高度能够处于横竿以下。因此，直至今日，几乎所有的世界级跳高选手都使用背越式跳高技术。同时，运动生物力学不仅要研究人体运动的表现形式和产生运动的原理，也要研究影响人体运动的外界条件与运动技术的关系。运动生物力学根据人体的形态机能特点结合对运动场地和器材的改进，研究最合理、最有效的运动技术，以求达到最好的运动成绩。其中，动作技术原理与最佳运动技术是需要了解的两个概念。动作技术原理具有共性，适用于任何人；而最佳运动技术是因人而异的，在应用一般技术原理的同时，需考虑个体的素质及水平，不同个体既具有共性，也具有个性，因此，最佳运动技术的运用需要有针对性，要善于扬长避短，发挥自身优势。

跳高技术的变革

动作技术的改进最常见的一种表现形式是教练员或教师利用运动生物力学的定性分析方法来改进运动技术。另一方面，研究人员研发新的或更先进的可以提高运动水平的技术时，需要使用运动生物力学定量分析方法来评定新技术，并与教练员或体育教师沟通，指导他们在教学或训练上推广使用该技术。

运动技术分析是运动生物力学在竞技体育应用中的主要研究任务之一，对运动技术进行分析的步骤为：① 确定所要分析技术动作的目标；② 确定影响这一目标的运动生物力学因素有哪些；③ 确定这些因素与技术动作目标之间的关系以及影响程度；④ 通过实验手段测定影响运动技术分析目标的因素，以寻求改善动作技术的方法及手段。例如，标枪投掷项目的目标就是要投得远，通过对该项运动特征的分析，了解到影响标枪投掷成绩的直接因素包括标枪飞行的初始条件、标枪的参数和天气因素；深层间接因素包括身体素质、形态学和技术等。

（二）改良训练手段

训练手段的拓展

运动训练学领域的许多基础研究和应用研究中的科学定量分析，均来自运动生物力学的方法和技术手段。应用运动生物力学理论和方法改良训练手段将会引起机体对运动训练的适应性，并能提高运动成绩。同时，身体训练方法只有在动作结构和肌肉工作方式与比赛相接近时，才能最大限度地发挥作用。通过运动生物力学方法可以分析训练方案对比赛中技术发挥的影响，在一定程度上预测训练方法的有效性。此外，还可以通过对比训练前后运动员技术和能力上的差异，判断训练手段的有效性，了解训练提高专项能力和比赛成绩的可能机制。

从运动生物力学在训练实践中的应用的角度出发，通常可以按如下步骤改良训练手段：首先，对运动员动作技术进行分析，其次，通过测试找出影响运动技术提高的因素，最后，协助教练员或教师明确运动员改善运动技术所需要的训练手段。例如，通过对动作的力学特征进行分析可以了解到，运动员的运动成绩无法提高，可能是因为某些肌群的肌力、动作速度或技术方面存在不足，有时这些不足可能比较明显。在体操项目中，运动员要做出漂亮合格的吊环十字悬垂动作，就必须要具有强壮的肩关节内收肌力，教练员在训练中应采用合理的训练方法增强这一肌群的力量，以便更好地完成动作，而在完成其他动作技术时，对此肌力的需求相对较小。在撑竿跳高项目中，初学者在训练时常见的技术问题主要出现在空中动作中，如运动员由于髋关节的位置没有高于头或手，因此无法有效地做出推竿转体动作从而影响跳跃的高度。尽管教练员或教师发现了问题并反复提醒运动员要抬高髋关节，但是如果运动员没有足够的肩关节伸肌肌力来帮助其向上引体或转体，他们仍无法完成这个动作技术。运动生物力学的方法和知识告诉我们，强壮的肩关节伸肌肌力对该动作的完成是非常重要的。因此，教练员或教师可以通过专门练习来提高运动员的肩关节伸肌肌力，使其能够更好地完成撑竿跳高动作。

（三）设计与改进运动器材和装备

运动器材和装备的改进

当今体育成绩的刷新与运动器材的发展密切相关。历届奥运会金牌之争，在某种意义上来说就是高科技之战，而运动生物力学理论与方法的运用在这一方面同样起着举足轻重的作用，它可以通过改进各项运动器材来帮助运动员提高运动成绩。一个经典的例证就是撑竿跳高的变迁。当竹竿、金属竿取代坚硬、沉重、没有弹性的木竿后，撑竿跳高的纪录节节攀升。待到轻巧而富有弹性的玻璃纤维竿和碳纤维竿问世后，由于助跑速度的增加和动能与势能转换效率的大幅度提高，撑竿跳高成绩取得了飞越性的突破——乌克兰选手布勃卡创造了 6.14 m 的纪录。同样，这样的例子也出现在其他运动项目中。当铝合金、钛金属取代钢铁材料后，特别是更轻、更强的碳纤维材料被广泛使用后，自行车项目发生了巨大的变革；赛艇、雪橇和滑雪板等运动器械也面目一新；由碳纤维制成的网球拍和羽毛球拍不但强度增加、重量减轻，并且最佳击球区面积也扩大了。在运动生物力学原理的应用和新材料、新工艺的不断创新之下，经过改进后的运动器材（器械）让体育运动发生着翻天覆地的变化。

此外，体育工效学和体育工程学也是与运动生物力学有着密切关系的新兴交叉学科。体育工效学是指研究人—运动装备—运动环境系统中三者之间的关系并使之达到协调统一的一门综合性实用学科。而体育工程学则是更广意义上的一个概念体育工程学研究人体的解剖、生理和心理的特征、能力及限制与人体运动的关系，然后将结果应用于运动器材、运动装备和运动环境等的设计与开发方面，以配合和优化人的运动，使运动安全、健康和舒适并达到提高运动成绩的目的。两者在探讨人（运动员）与器械的互动关系以及改革与创新运动器材和装备方面都有着直接的、重要的作用。

（四）预防运动损伤

运动生物力学的主旨是探究作用于人体的力及力的效果。力一方面是人体运动的动力，另一方面对人体及其器官而言也是一种负荷，当它接近或超越人体器官的承受能力时，就会造成急性或慢性损伤。因此，预防运动损伤是运动生物力学研究的一大基本任务。从对运动损伤发生的机制的研究（如组织器官生物力学基础研究），到运动损伤检测与研究方法（如活体器官的受力与施力检测），相关应用研究越来越普及与深入。特别是对身体所受的负荷进行检测、分析进而找出运动损伤发生的机制，是运动生物力学一项具有挑战性的任务。在了解运动损伤发生机制的基础上，可以通过多种途径预防运动损伤。例如，改善不合理的运动技术，训练改善神经、肌肉的功能（肌力、爆发力和反应等），强化运动器官承受力量的能力以及改善与研发运动装备均可达到预防运动损伤的目的。

在国际上运用运动生物力学的理论和方法对骨骼、关节、肌肉和韧带等进行探讨，一直是运动生物力学研究的热点。例如，针对膝关节前交叉韧带（ACL）损伤的研究发现，着地瞬间膝关节屈的角度小和水平向后的地面反作用力大是导致 ACL 损伤的两个最主要危险因素，同时女性运动员比男性运动员损伤率更高。又例如，针对短跑过程中腘绳肌拉伤机制的研究表明拉

损伤机制的复杂性

伤的主要问题集中在拉伤发生的时相上。最新的研究通过计算跑时的下肢关节力矩发现，短跑时最大屈膝力矩和伸髋力矩发生在支撑阶段足触地后，同时在摆动阶段末期，为了抵抗小腿加速前摆，腘绳肌剧烈收缩产生一个比支撑阶段初期更大的屈膝和伸髋力矩，因此该研究认为支撑阶段初期和摆动阶段末期均是短跑过程中腘绳肌拉伤的高危时刻。这些研究结果对于相应的预防损伤都有很好的指导作用。

如何通过针对性的练习来加强薄弱肌群的力量和关节稳定性是预防损伤的重要课题。比如，通过超等长训练和以动态稳定性与平衡能力为主的神经肌肉训练能够显著提高个体神经肌肉功能的表现并降低女性 ACL 损伤的发生概率。在热身活动中加入动态的腘绳肌拉伸练习，可大幅降低股后肌群拉伤的风险。再比如，Gollhofer（2004）发现当人体站立脚下踏板突然塌陷时，踝关节受到外力干扰而产生内翻动作的时间极短，人体的神经肌肉系统对此根本来不及做出主动反应以避免过度内翻引发的运动损伤。但是，通过运动感觉训练配合快速力量（爆发力）训练，这一反应时间可明显缩短，同时，肌肉的发力率可明显地提高。这对于预防踝关节的运动损伤具有重要的理论意义和训练指导意义。

（五）促进运动损伤的治疗和康复

运动损伤的治疗和康复需要多学科的配合，从运动生物力学角度而言，力学原理是损伤及其治疗和康复研究中的重点。由于大多数损伤有其力学的原因，力及相关因素（如能量）是决定损伤的产生和严重程度的基本要素。判断损伤的性质并进行康复治疗需要有生物学、运动训练学和力学的综合知识，而运动生物力学恰恰能够很好地提供完整的视角。运动生物力学的研究包括损伤的原因、治疗和康复以及健康促进等相关问题。其研究任务是：① 减轻损伤的负面影响；② 使运动员最大程度地发挥运动能力；③ 改善或恢复患者的正常运动功能。

比如，运动生物力学的研究表明关节周围的小肌肉群对于稳定关节、减少冲击力和负荷具有重要的作用，这说明小肌肉群的训练可达到预防或康复运动损伤的目的。加拿大卡尔加里大学 Nigg 教授的研究团队，根据小肌肉群的功能和运动方式，针对不稳定的运动鞋（unstable shoes）对于运动系统和关节痛的影响进行了研究，他们发现，具有不稳定结构的运动鞋能够减轻膝关节炎患者的疼痛，约 25% 的患者在穿着具有不稳定结构的运动鞋后三个月内，其主观的疼痛会减轻。

近年来，随着医学的进步和人类寿命的延长，全球人口老龄化加剧。目前，很多研究者借助运动生物力学的方法和手段对老年人健康和老龄化问题进行探索。有研究发现，老年人在静、动态力量方面有肌力流失的现象，且衰老对爆发力的影响较大，因此，为了避免或延缓老年人肌力流失，建议老年人除了要进行基础肌力训练外，还应适当引入与速度相关的爆发力训练。与此同时，已有不少证据证明，规律的太极拳运动可以提高老年人静态平衡能力、增强本体感觉、提高神经肌肉反应能力和增加下肢肌肉力量，因而，目前普遍认为太极拳练习是提高老年人身体机能及运动机能、预防跌倒的有效手段。

第二节　运动生物力学的研究方法与课程内容

一、运动生物力学的研究方法

运动生物力学的研究方法可分为测量方法和理论分析方法两部分，其中测量方法包括运动学测量、动力学测量、人体测量以及肌电图测量。运动学测量的参数主要包括肢体的（角）位移、（角）速度、（角）加速度等。动力学测量的参数主要是相关的力的测量。人体测量是用来测量人体环节的长度、围度及惯性参数（如质量、转动惯量）。肌电图测量实际上是测量肌肉收缩时的神经支配特性。对测量方法所得到的结果进行分析整理，可以产生许多可直接评价运动表现或运动能力的生物力学指标。随着科学技术的进步，更多精准、便捷的测量技术也逐渐在生物力学研究领域得到应用，如双平面荧光透视技术、近红外成像技术、人工智能识别与追踪技术等。然而，仍有一些重要的生物力学参数是无法通过测量直接获得的，比如运动过程中人体的内力（包括关节间作用力、肌群力矩和单一肌肉收缩力等）。为此，必须借助力学的理论分析方法来间接估算这些内力参数。理论分析方法中使用最多的是力学模型的方法，它是通过建立肢体运动的生物力学模型并结合测量方法所得到的数据来计算、仿真和评估人体内力在运动过程中的表达特征和量级水平。

二、运动生物力学的课程内容

运动生物力学是生物力学的一个分支，它的研究内容相当广泛。目前，国际上运动生物力学在基础研究、理论研究和应用研究三个不同方面取得了丰硕的成果。运动生物力学是体育院校的一门专业基础理论课程，本书针对本课程的教学对象，总结出下列课程内容：

（一）运动生物力学概论

阐明运动生物力学的概念及其研究的主要任务和教学的基本内容，论述运动生物力学对运动理论研究和训练实践应用具有的重要指导意义，介绍运动生物力学的发展简史和未来的前景。

（二）人体运动实用力学的基础

运动生物力学以力学理论为基础研究人体的机械运动规律。运动中人体的位移属于宏观低速的运动，研究各种动作技术的原理主要是从实际出发，应用牛顿力学基本定律来解释人体运动和变化的原因。因此，运动生物力学的基础知识包括人体运动的运动学、动力学、静力学和流体力学的基本定律。结合各种动作实例来解释和应用力学知识是本课程的主要内容之一。

（三）骨、关节、肌肉及人体基本活动的生物力学

人体形态结构与机能相一致是研究人体运动的基本观点。运动生物力学对体育运动中的动作技术分析主要是宏观地描述整体和环节的相对运动。教学中主要讲授骨杠杆原理、肌肉结构的力学模型、肌肉收缩的力学特性和功能关系、关节的运动以及人体及其各环节运动的基本形式和力学原理。

（四）对于人体运动数据的采集和处理

运动生物力学研究涉及多学科的理论和方法，物理学的先进测试手段和电脑技术已广泛应用到各种生物力学参数和变量的采集中。本课程主要阐述从事运动生物力学研究的基本过程和收集与整理材料的基本方法；介绍常规的运动学和动力学测试手段，如拍摄分析影片的基本要求、影片的解析原理、三维测力系统的应用演示等；详细介绍人体重心测定方法，利用连续的电影图片绘制动作单线图、速度曲线图和加速度曲线图的操作方法，人体转动惯量的测量和走、跑、跳等动作的地面反作用力测量与分析等；初步介绍生物信号（肌电）的测量与分析。

（五）基本动作技术的生物力学分析

运动生物力学是一门应用科学，它主要是研究完成体育动作的力学原理

和规律，为各项运动技术的优化提供生物力学参数。因此，通过分析动作实例阐述分析动作技术的方法和动作技术的一般原理是本课程的主要内容之一。

第三节 运动生物力学的历史回顾与未来发展方向

一、运动生物力学的历史回顾

近代运动生物力学的历史与人体机能学（kinesiology）的发展历史密不可分。英文 kinesiology 这个词由两个希腊词组合：一个是 kinein，意为“运动机能”；另一个是 logos，意为“论述”。kinesiology 这个词字面意思可以理解为研究活体的运动机能和行为，后来词义延伸，该词主要用于研究人体运动，并具备了两层含义：① 狭义上讲，它是研究人体运动的一门课程，主要涉及的内容是运动系统（骨、关节、肌肉和韧带）的结构加上生物力学两部分，是研究人体运动的一门科学，而 20 世纪 60 年代以后，逐渐被运动生物力学取代；② 广义上讲，kinesiology 可以译为“运动科学”或“运动人体科学”，20 世纪 80 年代以来，北美洲地区许多大学的体育学系（Department of Physical Education），由于体育的教育学属性已不能满足其多学科发展的需要，因此，除师范类院校以外大多改名为运动（人体）科学系（Department of Kinesiology 或 Department of Sport and Exercise Science）等形式多样的名称。

尽管人类与动物动作力学的研究在亚里士多德时代就引起科学家的兴趣，但人类动作的生物力学研究却是在 20 世纪才开始发展的。1912 年，美国《棒球》杂志就刊登了关于测量当时美国最优秀的棒球投手的投球速度的运动生物力学方面的研究。1920 年英国学者阿奇博尔德·希尔（Archibald Vivian Hill）即开始进行有关短跑的力学与能量学的研究，1935 年亚瑟·斯坦德勒（Arthur Steindler）写了第一本《生物力学》教科书。1940 年以后，由于第二次世界大战的爆发，生物力学研究处于暂时停滞不前的状态。1955 年约翰·邦恩（John Bunn）撰写的《运动训练的科学原理》一书是体育科学领域第一本着重调力学在运动训练中的应用多于解剖学的教科书。

追溯现代运动生物力学的起点

20 世纪 60 年代，生物力学这个概念越来越流行，而且有更多的人开始参与运动生物力学的研究。1967 年，第一届国际生物力学学术研讨会在瑞士苏黎世举行，会上发表的论文大多是关于人体的运动生物力学的研究。此后国际生物力学学术研讨会每两年举办一次。1973 年在美国宾夕法尼亚州成立了国际生物力学学会（International Society of Biomechanics，ISB），并每两年召开一届国际生物力学研讨会。1975 年在芬兰于韦斯屈莱会议上将国际生物力学研讨会改称为国际生物力学学会大会，该名称一直沿用至今。国际生物力学学会大会主要研究讨论运动中的生物力学，内容有肌肉—骨骼力学、人类工效学、运动生物力学、临床生物力学等。

20 世纪 70 年代至 90 年代，运动生物力学的发展越来越蓬勃，参与运动生物力学研究的人数也急剧增加。计算机的普及使得利用高速摄影机以及测力装置来收集和分析运动数据资料变得更简单、更快速。没有计算机辅助时，精确计算从摄影资料中所获得的测量数据以及量化生物力学的研究需要花费大量的时间，这也是 20 世纪 60 年代运动生物力学研究人员较少的原因之一。

我国运动生物力学发展较晚，第一位把运动生物力学引入国内的是上海体育学院第一任院长吴蕴瑞教授（1892—1976 年），他于 20 世纪 40 年代末写了一本分析体育动作的论著——《人体机动学》。20 世纪 50 年代苏联专家来华讲学时将苏联的运动生物力学体系、内容及研究方法带到了我国。到了 20 世纪 60 年代，运动生物力学在我国逐渐蓬勃发展起来，各大体育院系开设了运动生物力学讲座或课程。

20 世纪 70 年代至 80 年代是我国运动生物力学发展壮大时期。1980 年我国成立了中国体育科学学会运动生物力学学会，后改名为中国体育科学学会运动生物力学分会。1978 年北京体育学院招收培养了运动生物力学专业的本科生。1990 年人民体育出版社出版了《运动生物力学》（全国体育学院通用教材），2010 年该教材在原有教材的基础上重新编写并出版，增加了一些运动生物力学研究的最新成果，并在一些原理和公式推导方面尽量删繁就简，这让运动训练专业背景的学生更容易接受。

目前，我国的运动生物力学研究的重点和热点主要是竞技体育与大众健康。在竞技体育方面，2020 年东京奥运会和 2022 年北京冬奥会的科技攻关服务是当前的重要研究课题，运动生物力学界的研究人员在田径、体操、水上与冰雪等项目上都投入了大量的精力，并取得了一些突破性成果。

二、运动生物力学的未来发展方向

科学技术的快速发展对运动生物力学的影响越来越大。这些科技包括生物力学的人体环节参数测量技术的改良、电脑模拟技术的改良以及其他影像科技的应用对运动生物力学研究方法的提升，所有这些技术的进步将会提高运动生物力学的研究水平。但是，生物力学未来的发展是由实际应用的人员决定的，这些实际应用的人员就是教练员、运动员、体育教师以及运动科研人员，他们对实际研究成果的应用将引导运动生物力学发展的方向。从发展趋势上看，运动生物力学的研究成果对医学、工业、体育运动等方面的影响越来越大，以后甚至可能会影响到人类生活的各方面。

今天，许多学生在大学攻读运动生物力学方向的硕士和博士。许多运动生物力学研究中心与企业合作，帮助企业提高工效或生产安全性。许多医院采用运动生物力学的方法和手段分析与解决疑难病症，特别是在骨科，运动生物力学的应用相当广泛。许多运动生物力学研究中心整合不同学科的专业知识以解决人类面临的种种复杂问题。同时，运动生物力学对于体育教师、教练员、体育科研工作者、运动防护师、物理治疗师以及其他研究人体运动的人员而言，是一项十分有用的研究工具。运动生物力学可以通过运动技术的改善、器材的优化设计和训练手段的调整来提高运动成绩和预防与康复运动损伤。随着信息技术的发展，运动生物力学研究将取得革命性的进步，而及时反馈、最优化的技术及生物反馈训练等也将成为现实。研究工具的每一次改进，都为运动生物力学的发展提供了更广阔的发展空间。

复习思考题

1. 运动生物力学的概念是什么？
2. 简述运动生物力学的课程内容。
3. 结合运动训练实践，简述运动生物力学在运动中的应用。

第二章

人体运动学

本章导读

本章的内容是人体运动学相关知识。人体运动学的主要任务就是将所“见”的人体运动以生物力学的语言进行定量描述，为深入学习动作技术的生物力学机制奠定基础。为完整地描述人体的运动，本章将从点的运动学（线运动学）逐步深入到刚体的运动学（角运动学），最后给出一些典型的人体运动学特征示例，以在运动技术的表现中具体化运动学的基本概念。

学习目标

1. 了解运动学的基本内容范畴；
2. 掌握运动学的基本概念；
3. 理解基本参数的计算方法；
4. 明确运动学特征参数对于描述动作技术的重要性。

第一节 线运动学

任何物体的机械运动都是在一定的空间和时间中进行的，人体和器械的运动也不例外。为了对体育中的运动技术作针对性的生物力学分析，首先必须对所要研究的对象在空间与时间上的运动表现进行定量描述。

人体运动的运动学的任务就是通过位移、速度、加速度等物理量描述和研究人体和器械的位置随时间变化的规律或在运动过程中所经过的轨迹，而不考虑导致人体和器械的位置和运动状态改变的原因。换言之，运动学只研究运动的表现，而不涉及力的问题。在空间中，最简单的几何学概念就是“点”，点只有位置，不分大小。当点在空间运动时，其运动轨迹是一条线，要么是直线，要么是曲线。因此，点的运动学又称为线运动学。

人体在运动过程中所表现出来的运动信息是庞大而繁杂的。这是由于人体是一个十分复杂的生物体系统，因此在描述人体运动时，我们必须要抓住重要的运动学特征。

一、人体运动中重要的运动学特征点

（一）关节中心

骨与骨之间连接的地方称为关节。对于人体运动而言，重要的大关节包括肩、肘、腕、髋、膝、踝等关节。关节中心是指关节的转动中心，通常取关节区域的几何圆中心，其位置可以通过对运动图像进行解析而确定。在一些动作中，这些关节中心的运动学参数，如位置、速度等对于评价技术与能力十分重要。比如，游泳划水时肘关节中心点的高度及运行轨迹、百米跑中摆动腿膝关节中心点的摆动高度与摆动速度等对评价技术动作均具有重要意义（图 2-1-1）。

（二）环节质心

相邻关节之间的部分称环节。整个人体可分为头部、颈部、躯干和四肢，如果进一步划分，躯干可分为上躯干和下躯干两部分，四肢可分为上肢和下肢，上肢又可分为上臂、前臂和手，下肢又可分为大腿、小腿和足，手还可以分为手掌、手指，手指还可继续细分为若干更小的节段……人体的运动器系就是由多个环节组成的多环节运动链系统，这种多环节结构使得人体

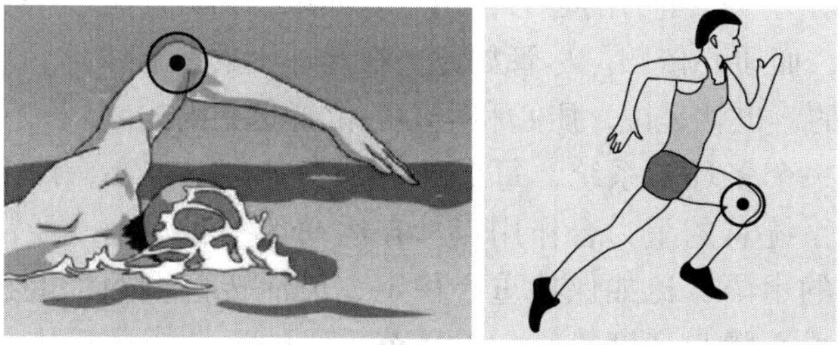

图 2-1-1 运动的关节中心点

运动器系能够灵活而自如地运动。

环节是一个有形状大小的“体”的概念，在力学上可以看成是由无数“点”所组成的系统。为了表达环节的整体性运动，取环节质心进行运动学描述是一个常用的手段。质心（center of mass，COM）是质量中心的简称，指物质系统中被认为质量集中于此的一个假想点。环节质心的位置与环节内部质量的分布有关，需要借用人体模型并结合环节两端点的位置才能确定（具体见第三章）。四肢末端环节的运动（如手或足的运动）常用环节质心的运动来描述。例如，跆拳道下劈动作常用足的质心运动轨迹与速度描述，拳击直拳动作常用拳头的运动速度描述等。有时，为了方便起见，也可以用在运动图片中比较直观的点的运动来近似代表环节的运动，比如足跟点、拳心（拳套中心）等（图 2-1-2）。

图 2-1-2 环节质心运动

（三）人体重心（或质心）

质心是物体的质量中心的简称，而重心（center of gravity，COG）是物体所受地球引力——重力的合力作用点。如果物体处于完全失重状态，重心则不再存在，而质心依旧。尽管如此，在地球上的所有物体，质心和重心的位置是重合的，也就是说，质心和重心的位置是相同的。

人体是一个多环节系统，每个环节都有各自的重心，而人体重心就是这个多环节系统总的重力合作用点。在运动训练实践中，经常可以听到一些有关重心的术语，比如保持重心稳定、灵活转移重心、重心轨迹、重心瞬时速度、重心腾起高度等。与单环节重心的运动描述相比，在体育运动中更常见的是对人体总重心的运动学描述，这是由于人体重心的运动在很大程度上代表了人体多环节系统整体的运动状态（图 2-1-3）。比如，平时所说的跑速，严格而言，就是指人体重心的水平速度；运动员跳高的高度或跳远的远度等在很大程度上也都取决于人体重心腾起的高度或飞行的远度。

图 2-1-3 人体总重心（质心）的运动

（四）器械点

在一些体育项目中，器械的运动学直接反映了运动的效果甚至成绩。因此，在许多技术分析中，器械的运动学参数测量是很重要的。一般可代表器械整体运动状态的点包括器械的重心（如网球球心）、几何中心（如球拍中心）或端点（如高尔夫球杆杆头）。如图 2-1-4 所示，在进行网球击球动作分析时，可取球拍中心点和网球中心点分别描述球拍与球在击打过程中的运动状态变化。

图 2-1-4 网球击球动作中球与球拍的运动

二、点的位置与轨迹

为了描述点的运动，必须先确定点的位置。定量点的位置需要借助坐标系。

（一）参考系与坐标系

描述物体运动时选作参考标准的物体叫做参考系（或参照系）。由运动的相对性可知，选择不同的参考系描述同一物体的运动，往往会有不同的结果。比如，从球台或球拍的参考系视角来考察乒乓球的运动，会产生不同的描述结果，因为球台是固定静止的，而球拍通常是运动的。所以，在描述物体的运动时，需要指明以什么为参考系，参考系的选择应根据研究目的而定。参考系选择得当，可使研究的问题简化。跑步常取地面为参考系；体操运动把体操器械作为参考系；在描述人体某环节的运动时，多选用人体总重心或邻近环节作为参考系。根据选定的参考系，只能定性地描述物体的运动情况。为了定量地描述物体的位置变化，需要在参考系上标定尺度，即建立坐标系。在体育运动技术的研究中，最常用的是直角坐标系。直角坐标系分一维、二维和三维。

（二）位置与轨迹

建立坐标系后，点在空间的位置就可以用点的坐标值唯一地确定下来。以时间为变量，将不同时刻的点的坐标位置连成线，就是该点在运动过程中留下的空间痕迹，即轨迹。通常，一维坐标系用于描述直线运动，只需选取一根坐标轴并确定一个起点即可。比如，在分析百米跑分段速率时，人体重心的运动轨迹可近似地看作直线，可取跑道为坐标轴，起跑点为原点。当物体的运动是平面运动时，应在物体运动的平面上选取原点 O，并从原点引出两根相互垂直的坐标轴 x 轴和 y 轴，用坐标（x，y）就能确定物体的位置，如要确定乒乓球直线球（基本位于球台中线平面内）飞行轨迹时就需要二维坐标系，即平面直角坐标系，用 Oxy 表示。当然，在大多数情况下球体运动并不是在同一个平面内（如对角斜线球），此时，则需要相互垂直并相交于一个原点的三根坐标轴 x、y、z 来确定物体的位置和运动，即空间直角坐标系，用 $Oxyz$ 表示（图 2-1-5）。

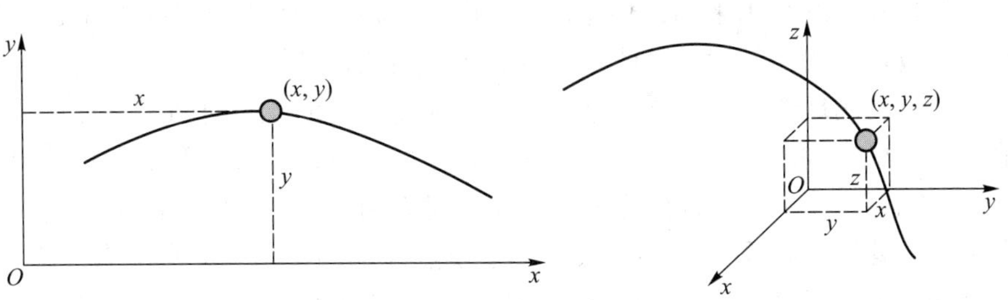

图 2-1-5 平面与空间直角坐标系

轨迹分析可以用于评估运动员个体的技术与能力水平，比如，高尔夫球手挥杆时杆头轨迹的稳定性可以用于评价运动员的技术水平（图 2–1–6）。不同条件下所形成的运动轨迹比较也可帮助我们总结和理解运动的规律。比如，乒乓球的飞行轨迹主要受球拍击打后球体的速度、角度及旋转的影响，不同的乒乓球击打技术会有不同的球体轨迹表现（图 2–1–7）。

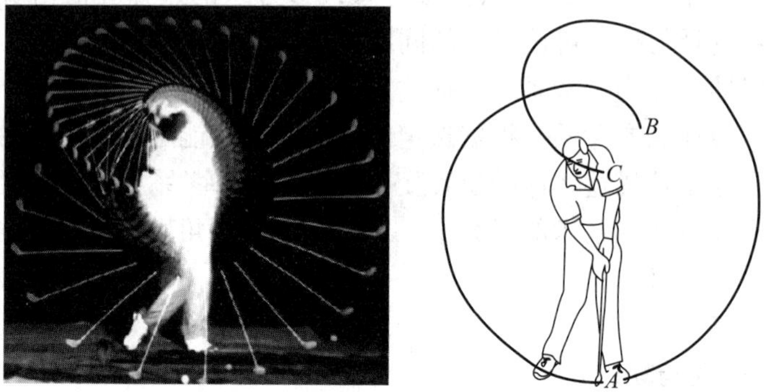

图 2–1–6　高尔夫球手挥杆时杆头轨迹

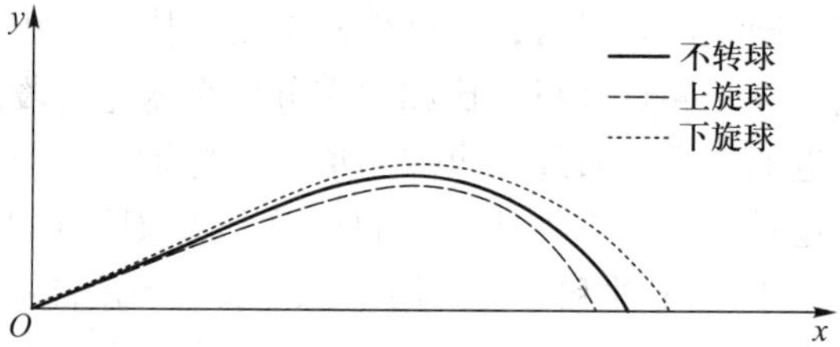

图 2–1–7　不同旋转性质的乒乓球的飞行轨迹

三、路程与位移

路程和位移是用来描述物体运动范围的。路程是指物体从一个位置移到另一个位置时的实际运动路线的长度，也是质点运动轨迹的全长。高弧线的球比低弧线的球有更长的飞行路程，也相应有更长的飞行时间。路程只有数值大小，没有方向，是标量。但是，在很多情况下，不仅需要了解运动的长度，同时也需要了解运动的方向。为了同时表明位置变化的这两个方面，通常引入位移这个概念。位移的大小等于质点运动的始点到终点的直线距离，位移的方向由始点指向终点，位移是矢量。在曲线运动中，位移与曲线是不重合的，位移的大小并不等于路程，一般小于路程。图 2–1–8 中乒乓球

飞行时从 A 点运动到 B 点的运动轨迹是一条曲线，曲线的长度就是路程，记为 $\Delta\hat{x}$。而 A 点到 B 点的直线连接就是位移，记为 $\Delta\vec{x}$，方向从 A 指向 B。位移和路程都使用长度单位，国际标准单位为 m。

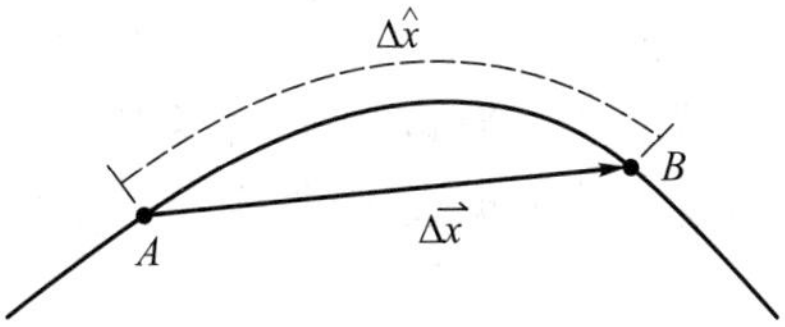

图 2-1-8　路程与位移

四、速度与加速度

质点位置发生变化时，有快慢之分，在力学上一般用速度来反映位置变化的快慢程度。当运动速度在运动过程中发生变化时，采用加速度来描述速度变化的快慢程度。

（一）速度

速度是位移与通过这段位移所经历的时间之比，其表达式为：

$$\vec{v}=\frac{\Delta\vec{x}}{\Delta t}$$

点的速度也称线速度，速度的单位是 m/s。公式中的箭头表示该物理量是矢量，其方向与位移方向相同，即与图 2-1-8 中 $\Delta\vec{x}$ 的方向相同。由该公式算出的速度又称为平均速度。平均速度是一段时间内速度的平均值，只能反映运动的大致情况。虽然平均速度并不能准确反映任意时刻物体运动的快慢，但如果位移比较小，仍能得到有价值的分析结果。例如，在百米跑研究中，要了解运动过程中运动员跑速的变化特点，常常要测量运动员的分段速度。如把 100 m 分成 10 段，每段 10 m，测出运动员通过每段所需的时间，从而分别求出每一段的平均速度，这可大致反映出运动员在 100 m 跑的过程中速度的变化特点（图 2-1-9）。

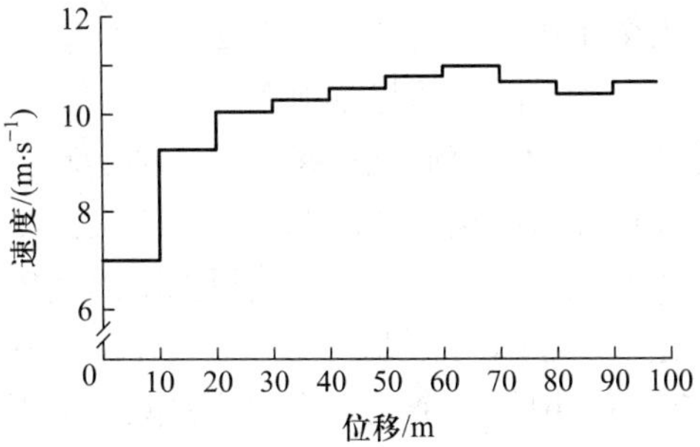

图 2-1-9　百米跑分段速度图

问题：表 2-1-1 为 2009 年在柏林举办的第 12 届国际田联世界田径锦标赛男子 100 m 短跑决赛中博尔特和泰森·盖伊每 10 m 的间隔时间和平均速度，请根据表中数据，评述两人的专项能力特点。

▶ 表 2-1-1 博尔特和泰森·盖伊 100 m 分段成绩表

间距 / m	博尔特		泰森·盖伊	
	间隔时间 / s	平均速度 /(m · s^{-1})	间隔时间 / s	平均速度 /(m · s^{-1})
0～10	1.89	5.29	1.91	5.24
>10～20	0.99	10.10	1.01	9.90
>20～30	0.90	11.11	0.91	10.99
>30～40	0.86	11.63	0.87	11.49
>40～50	0.83	12.05	0.85	11.76
>50～60	0.82	12.20	0.84	11.90
>60～70	0.81	12.35	0.81	12.35
>70～80	0.82	12.20	0.82	12.20
>80～90	0.83	12.05	0.84	11.90
>90～100	0.83	12.05	0.85	11.76

在运动技术分析中，由于人体或器械在运动过程中的速度总是不断变化的，有时需要关注运动的瞬时速度。瞬时速度是指物体在某一时刻或通过运动轨迹上某一点时的速度，又称即时速度。比如，乒乓球的击球速度是指在击打结束后乒乓球离开拍面时的即时速度，短跑起跑的出发速度则是指后腿足尖离开起跑器时人体重心的即时速度（图 2-1-10）。一些关键时刻的瞬时速度可以直接反映出运动员的技术与专项能力。

要精确地描述变速运动，就必须把每一时刻的运动状况反映出来。实际上这就是如何理解和计算瞬时速度的问题。在体育实践中，大部分运动还没有能代表它运动规律的数学公式，因此，这里的瞬时速度只能用逐步逼近法求得。在数学上，这一方法又叫做取“极限”。简要地说，就是将平均速度的时间间隔取得无限小，用每一个无限短的位移除以无限短的时间所得出的值就定义为瞬时速度。这样，就使平均速度转化为瞬时速度：

图 2-1-10 短跑起跑的出发速度

$$\vec{v} = \lim_{\Delta t \to 0} \frac{\Delta \vec{x}}{\Delta t}$$

式中：lim 为极限记号，该式表明瞬时速度是当时间间隔 Δt 趋向于零（无限短）时，位移与时间的比值，其方向沿轨迹的切线方向。图 2-1-11 中的 $\vec{v}_A$ 就是 A 点的瞬间速度。

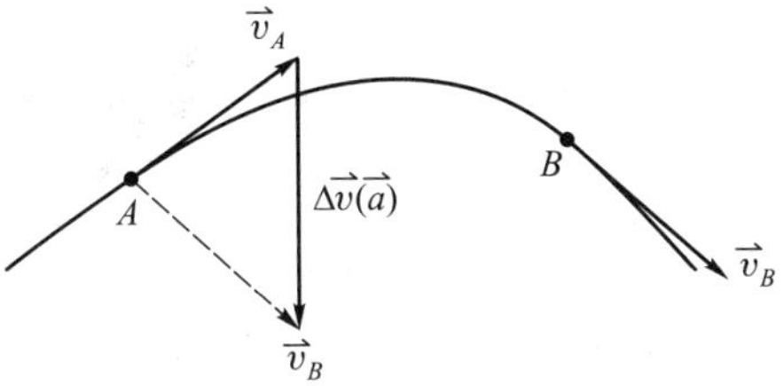

图 2-1-11 速度与加速度

根据这个原理，可以用高速摄像所得到的连续图片序列来计算人体运动的瞬时速度。当摄像频率足够高时，相应地，每幅图片之间的时间间隔也就足够短。在这样短的时间内，人体或器械的运动可以近似看作是匀速的，用求平均速度的方法得出的速度值就可以认为是瞬时速度。一般，捕捉人体与器械的低速运动时，通常可将拍摄速度设置为 100~200 帧 / s，而研究乒乓球的高速旋转运动时，通常需将拍摄速度调高至 3 000~4 000 帧 / s，这样才能清楚地捕捉到球体的瞬时旋转动作。

典型的人体运动最大速率

（二）加速度

在变速运动中，速度是变化的，研究点的速度变化规律时，要采用描述速度变化快慢的物理量——加速度，记为 $\boldsymbol{a}$。与速度类似，加速度也有平均加速度与瞬时加速度之分。根据图 2-1-11，瞬时加速度的定义式为：

$$\vec{a}=\lim_{\Delta t\to 0}\frac{\vec{v}_B-\vec{v}_A}{\Delta t}=\lim_{\Delta t\to 0}\frac{\Delta\vec{v}}{\Delta t}$$

上式表明，加速度即速度的时间变化率，方向与 $\Delta\vec{v}$ 的方向相同。加速度单位为 m/s^2。点的加速度也称线加速度。

加速度是一个矢量，有大小和方向。在某一指定方向上，加速度可取正值、零或负值，这三种情况反映了不同的运动性质（表 2-1-2）。

▶　表 2-1-2　运动过程中加速度与速度的三种关系

$a>0$ 加速运动	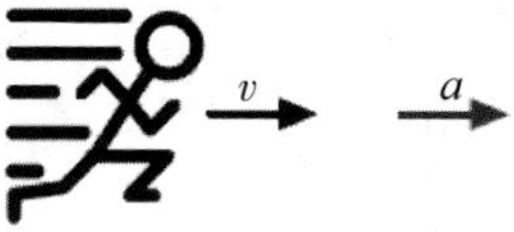 加速度方向与速度方向相同
$a=0$ 匀速运动	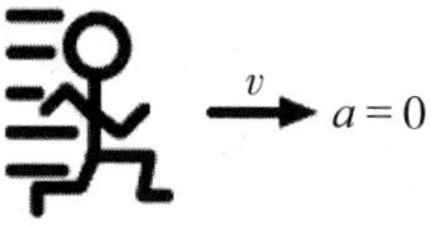
$a<0$ 减速运动	加速度方向与速度方向相反 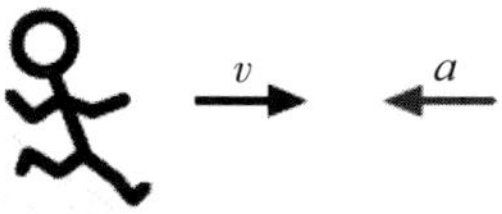

在人体运动中，加速运动通常出现在运动的爆发阶段，比如短跑的起跑与加速跑阶段，各种起动、蹬跳和投掷的最后用力阶段都属于此种运动。匀速运动通常发生在周期性运动项目的途中阶段，比如中长距离的跑或游泳等，此时人体重心的速度基本维持在一个稳定的水平，但要注意严格的匀速运动是不存在的。减速运动通常发生在动作结束或动作切换阶段，如人体的各种急停、制动和缓冲动作属于这类运动。

五、瞬时速度与瞬时加速度的实用计算方法

通过以上的学习，我们掌握了瞬时速度与瞬时加速度的概念。从定义上，我们可知瞬时的概念是 $\Delta t\to 0$，由于 Δt 是个变数，所以在实际应用中我们往往根据研究需要，把 Δt 取为某一具体的数值来代替无限小的理论意义，比如，当拍摄速度为 200 帧 / s 时，Δt 就为 1/200 s。这样就用“有限”代替了“无限”，用“平均”代替了“瞬时”。

计算某点瞬间速度或瞬时加速度的前提是已经获取了该点在每一帧运

动画面上的真实空间坐标，在直角坐标系中即为（x_i，y_i，z_i），下标 i 表示帧的顺序编号。例如，乒乓球在飞行过程中的各时刻位置如图 2-1-12 所示，已知每帧画面上乒乓球的二维坐标值，图中虚线方框内连续 3 帧上的乒乓球坐标分别为：（x_{i-1}，y_{i-1}）、（x_i，y_i）和（x_{i+1}，y_{i+1}），每两帧之间的时间间隔设为 Δt。

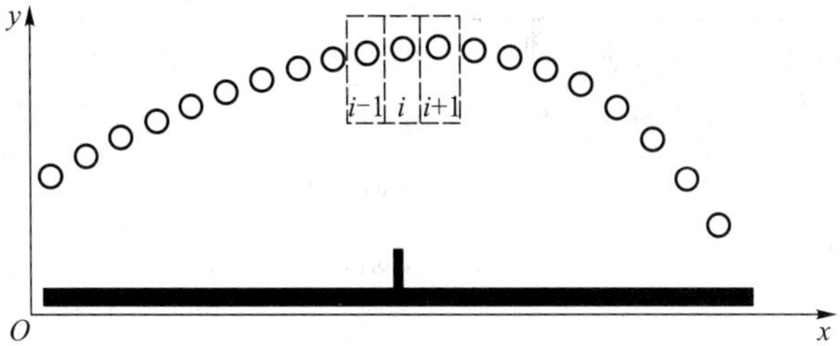

图 2-1-12　乒乓球飞行多帧画面叠加示意图

（一）瞬时速度计算方法

以水平瞬时速度的计算为例。相邻两帧画面上乒乓球的水平坐标之差为水平位移 Δx，当 Δt 足够小时，$\Delta x/\Delta t$ 即为瞬时速度。问题在于，若求图中第 i 帧画面乒乓球的水平瞬时速度 v_{xi}，位移 Δx 是取 $x_{i+1}-x_i$，还是取 x_i-x_{i-1}？事实上，这两种位移取值所得到的瞬间速度都不能准确地反映第 i 帧画面的速度情况，而更接近于它们之间（$i-1$ 帧与 i 帧之间或 i+1 帧与 i 帧之间）的某个时刻速度，为了理论解决这个问题，我们将 Δx 取为第 i 帧前后相邻的两帧位置之差，即 $x_{i+1}-x_{i-1}$，时间则扩展为 $2\Delta t$，这样所得到的速度值正好可以代表位于中间的第 i 帧的水平瞬时速度：

$$v_{xi}=\frac{x_{i+1}-x_{i-1}}{2\Delta t}$$

垂直瞬时速度的计算也同理：

$$v_{yi}=\frac{y_{i+1}-y_{i-1}}{2\Delta t}$$

（二）瞬时加速度计算方法

根据加速度的定义可知，加速度反映的是速度变化的快慢。由此，第 i 帧的水平与垂直瞬时加速度应为：

$$a_{xi}=\frac{v_{x(i+1)}-v_{x(i-1)}}{2\Delta t}，\quad a_{yi}=\frac{v_{y(i+1)}-v_{y(i-1)}}{2\Delta t}$$

注意，由上式可知，在瞬时加速度的计算之前，必须先完成相应的瞬时速度的计算。

问题：表 2-1-3 为乒乓球飞行过程中所捕捉到的球心轨迹的连续坐标数据（采样频率为 200 Hz），请据此完成各帧的水平与垂直瞬间速度的计算。

▶ 表 2-1-3 乒乓球球心坐标时间序列

序号	水平坐标 x/m	垂直坐标 y/m	水平速度 v_x/(m·s^{-1})	垂直速度 v_y/(m·s^{-1})	序号	水平坐标 x/m	垂直坐标 y/m	水平速度 v_x/(m·s^{-1})	垂直速度 v_y/(m·s^{-1})
1	0.477	0.234			16	1.814	0.135		
2	0.573	0.231			17	1.894	0.127		
3	0.669	0.229			18	1.974	0.118		
4	0.763	0.225			19	2.052	0.108		
5	0.856	0.221			20	2.129	0.098		
6	0.948	0.216			21	2.205	0.087		
7	1.040	0.210			22	2.280	0.076		
8	1.130	0.204			23	2.353	0.064		
9	1.219	0.197			24	2.426	0.051		
10	1.307	0.189			25	2.497	0.039		
11	1.394	0.181			26	2.568	0.025		
12	1.480	0.173			27	2.639	0.014		
13	1.565	0.163			28	2.708	0.011		
14	1.650	0.154			29	2.777	0.018		
15	1.733	0.144			30	2.842	0.032		

六、点的几种有规律运动

规律运动是指那些在理想化条件下可以用数学精确描述，可写出运动方程的确定性运动。典型的点的规律运动有：匀速直线运动、竖直上抛与自由落体、抛物线运动、匀速圆周运动等。比如，铅球在空中飞行时若忽略空气的作用，其飞行轨迹就是严格的抛物线，高台跳水运动员离台后人体重心的运动基本属于自由落体运动。但如果研究乒乓球飞行，空气的作用则是不可忽略的，需要在抛物线运动的基础上进行修正才能揭示其真实的飞行规律。因此，了解简单的规律运动是深入学习复杂运动的基础。

（一）匀速直线运动

匀速直线运动是指速度（大小、方向）不改变的运动。具体地说，它有以下几个特征：① 它的瞬时速度和任意时间内的平均速度相等；② 正因为是匀速运动，因此它的轨迹显然是一条直线；③ 位移和速度的方向都在同一直线上，位移大小等于路程；④ 速度为恒量，因此加速度为 0。

匀速直线运动的位移公式为：$\boldsymbol{s}=\boldsymbol{v}\cdot\boldsymbol{t}$，$\boldsymbol{v}$ 为恒量。把位移公式用图形表示出来，也就是位移－时间曲线（图 2-1-13）。

从图 2-1-13 中可见，匀速直线运动的位移增长与时间增长是成正比的，比值是一个恒量，即速度。在图中，速度就是这条直线的斜率，$v=s/t$。

问题：图 2-1-13 所表示的速度值是多少？

匀速直线运动的速度为恒量，因此其速度－时间曲线是一条平行于时间轴的直线，纵坐标数值不变（图 2-1-14），表明在运动过程中的任何一个时刻速度都是相同的。根据这个图，我们还能求出位移：$s=v\cdot t$。给定时间范围内的位移在数值上就等于速度线与时间轴所构成的矩形的面积值。

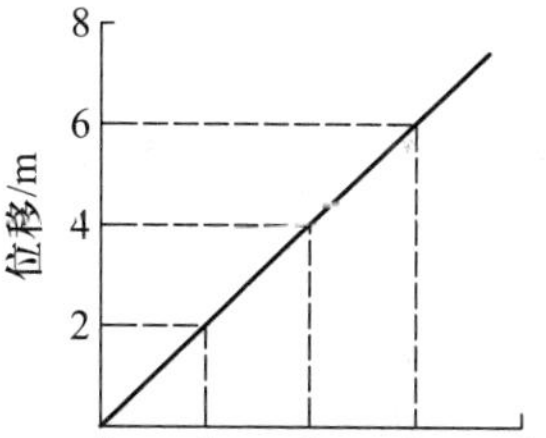

图 2-1-13 匀速直线运动的位移—时间曲线

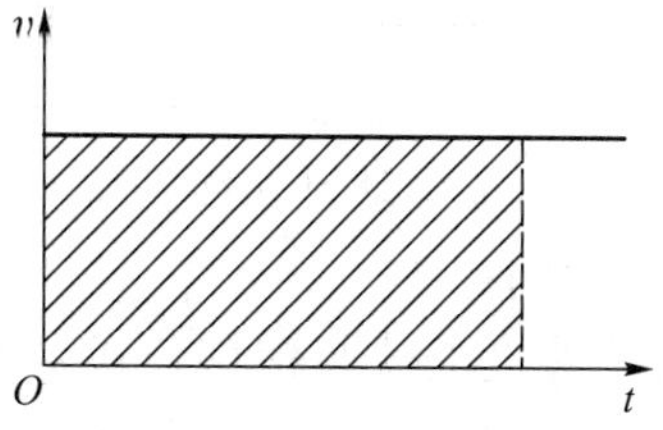

图 2-1-14 匀速直线运动的速度—时间曲线

（二）匀变速直线运动

物体在任一相等时间内，速度增量都相等的直线运动叫做匀变速直线运动，是加速度为恒量的直线运动。与匀速直线运动不同，此时物体的速度不再恒定而要产生变化，但速度的变化无论是增大还是减小都是均匀的（只变大小，不变方向），我们知道加速度是速度变化快慢的量度，假设物体的初

速度为 v_0，经过 t 时间后速度变为 v_t，根据加速度的定义可得 $a=(v_t-v_0)/t$，整理得：

$$v_t=v_0+at \tag{2-1}$$

上式说明质点做匀变速直线运动时，在 t 时刻的速度 v_t 等于初速度 v_0 与在时间 t 内的速度增量 at 之和。根据公式画出速度—时间曲线（图 2-1-15），可见 v_t 随 t 线性增长，v_0 是截距，而直线的斜率就是加速度 a。斜率越大，加速度越大，也就是速度变化越快，斜率越小则表明加速度越小。

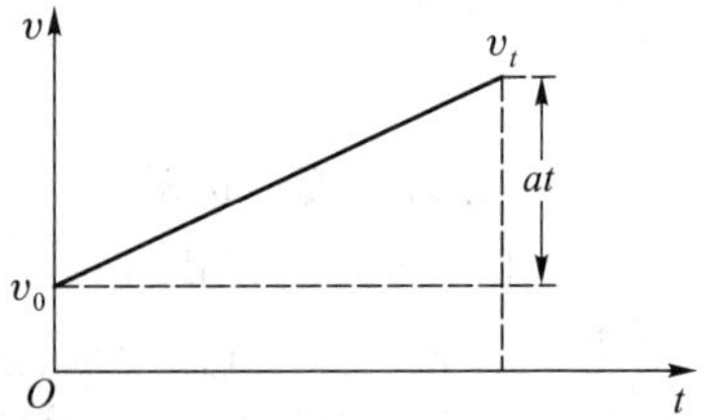

图 2-1-15 匀变速直线运动的速度—时间曲线

对于匀变速直线运动的位移，可将匀速直线运动位移公式 $s=v\cdot t$ 改写为 $s=\frac{(v_0+v_t)}{2}\cdot t$，根据公式（2-1），可得：

$$s=\frac{(v_0+v_t)}{2}\cdot t=\frac{(v_0+v_0+at)}{2}\cdot t=v_0t+\frac{1}{2}at^2 \tag{2-2}$$

公式（2-2）就是质点做匀变速直线运动时的位移公式。

问题：参照图 2-1-14 中通过速度—时间曲线求面积得到位移的方法，请给出匀变速直线运动位移公式的另一种算法。

匀变速直线运动的位移 - 时间曲线是一条抛物线（图 2-1-16），不再是直线。即 s 不再与 t 成正比关系，曲线越陡，加速度越大（v_0 相同时），曲线上任何一点的切线斜率（位移对时间求导就是切线斜率）就等于该时刻的速度大小。

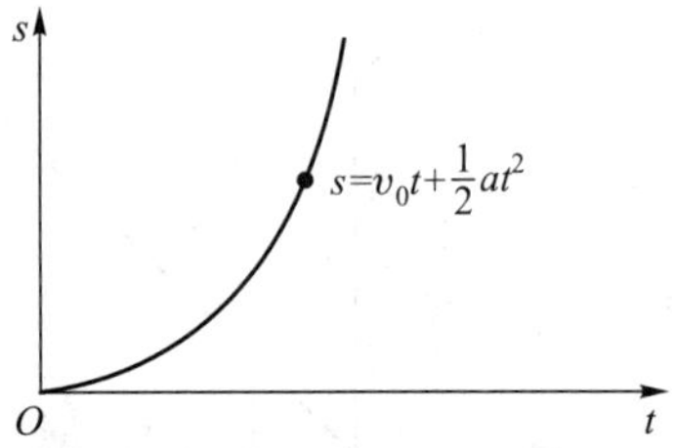

图 2-1-16 匀变速直线运动的位移—时间曲线

有了速度公式与位移公式，我们还可以进一步推导出位移、速度和加速度三者之间的关系式。将公式（2-1）和公式（2-2）合并消去时间 t，可得：

$$v_t^2-v_0^2=2as \tag{2-3}$$

由公式（2-3）可知，对于相同的距离 s，加速度 a 越大，则最终获得的速度 v_t 也越大。

以上三个公式是匀变速直线运动的基本运动方程，在应用时我们要注意初速度与加速度的方向关系。以 v_0 方向为正：a 与 v_0 方向相同，则 $a>0$，物体做加速运动；a 与 v_0 方向相反，则 $a<0$，物体做减速运动。

（三）自由落体与竖直上抛运动

加速度恒定是匀变速直线运动的一个重要特征。在自然界，最接近理想匀变速直线运动的就是物体在空中只受重力作用的情况下（空气作用可忽略时），以恒定的重力加速度在垂直方向上做自由落体或竖直上抛运动。比如，乒乓球抛发球时，球被竖直抛起，即为竖直上抛运动，到达最高点后又竖直落下，即为自由落体运动。

1. 自由落体运动

自由落体运动是指物体从某一高度由静止开始落下的运动。经过科学家的实验证明，在忽略空气阻力的情况下，物体下落的加速度约为 9.8 m/s²，这也就是我们通常所说的重力加速度，它是由地球的引力产生的（地域不同值不同），方向竖直向下，记为 g。由于自由落体是从静止开始下落的，所以 $v_0=0$，之后速度沿着重力加速度的方向逐渐增大。因此，自由落体运动是初速度为 0，加速度为 g 的匀加速运动。可以根据匀变速直线运动方程来推导自由落体的运动方程：

$$\left.\begin{aligned} v_t=v_0+at \\ v_0=0,\ a=g \end{aligned}\right\} \Rightarrow v_t=gt$$

$$\left.\begin{aligned} s=v_0t+\frac{1}{2}at^2 \\ s=H,\ v_0=0,\ a=g \end{aligned}\right\} \Rightarrow H=\frac{1}{2}gt^2$$

$$\left.\begin{aligned} v_t^2-v_0^2=2as \\ s=H,\ v_0=0,\ a=g \end{aligned}\right\} \Rightarrow v_t=\sqrt{2gH}$$

式中 H 为下落距离，根据以上公式可知，对于自由落体运动，对于 t、H 及 v_t，知其一可知其余。

2. 竖直上抛运动

竖直上抛运动是物体具有竖直向上的初速度 v_0，加速度始终为 g 的匀减速直线运动。因为重力加速度 g 是一个恒值，不仅大小不变而且方向永远是竖直向下的，与初速度方向相反，因此物体在上升过程中是匀减速运动，这个减速运动最终会把速度减为 0，这时物体被抛到最高点，接下来就转为自由落体运动，也就是减速→0→反向加速，在上抛过程中：

$$\left.\begin{aligned} v_t=v_0+at \\ a=-g \end{aligned}\right\} \Rightarrow v_t=v_0-gt$$

在最高点时，$v_t=0$，可得到上抛至最高点所需的时间：

$$t=\frac{v_0}{g}$$

$$\left.\begin{aligned}s&=v_0t+\frac{1}{2}at^2\\ s&=H,\ a=-g\end{aligned}\right\}\Rightarrow H=v_0t-\frac{1}{2}gt^2$$，H 为随时间变化所取得的上抛高度。

$$\left.\begin{aligned}v_t^2-v_0^2&=2as\\ s=H,\ a=-g,\ \text{最高点}\ v_t&=0\end{aligned}\right\}\Rightarrow H=\frac{v_0^2}{2g}$$，此时 H 为上抛所能达到的最大高度。

当竖直上抛到最高点后，物体转而自由下落，从最高点回到抛出点的下落时间与上抛所需的时间相同，速度大小也与 v_0 相同，速度方向与 v_0 相反。

（四）斜上抛运动

斜上抛运动是指物体以初速度 v_0 与水平面成 θ 角（$0°<\theta<90°$）的抛物线运动（图 2-1-17）。前面学习的自由落体与竖直上抛是一类只在垂直方向上的匀变速直线运动，然而在体育运动中更为常见的是抛体的初速度不像竖直上抛那样垂直于地面，而是与地面成一锐角，以这种方式抛出的物体，它们在空中也只受到重力的作用，也只存在加速度 g，但由于初速度的方向与加速度的方向不在一条直线上，运动的轨迹不再是直线，而是一条抛物线。在体育运动中，大部分在空中飞行的球体运行轨迹都近似于抛物线，为了由简入深逐步了解相关的知识，我们这里先忽略空气的作用来讨论理想的斜上抛运动。

在斜上抛运动中，重力加速度 g 只在竖直方向上影响着运动速度的变化，而在水平方向上，在忽略空气的作用下水平加速度为 0，水平速度将维持恒定。我们可以按此思路将竖直与水平方向上的运动分离看待，从而简化问题。

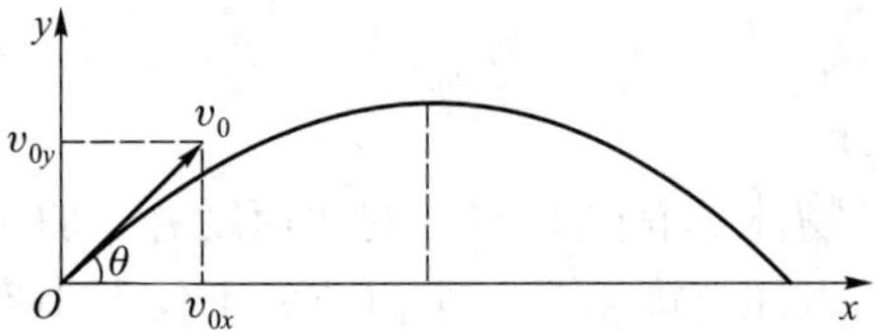

图 2-1-17 斜上抛运动

1. 运动的独立性原理

运动的独立性原理（运动的叠加原理）是质点运动的一个基本原理，它的内容是：“若一物体同时参与几个运动（称为分运动），则每一分运动不受其他分运动的影响。物体的运动由各个彼此独立的分运动叠加而成。”因此，分析人体和器械的运动时可以遵循这一原理，将复杂的运动进行分解，从考察分运动入手，最终综合运动的全貌。运动可以分解，描述运动的位移、速度和加速度同样也可以分解，下文以速度为例进行讲解。

（1）速度的分解。

在体育实践中，有时需要把已知的合速度进行分解以求得它的分速度，这称为速度的分解。速度的分解一般多采用“正交分解”的方法（图 2-1-18），即把一个合速度（v）分解为一个水平分量（v_x）和一个竖直分量（v_y）：

$$v_x = v \cdot \cos\theta$$
$$v_y = v \cdot \sin\theta$$

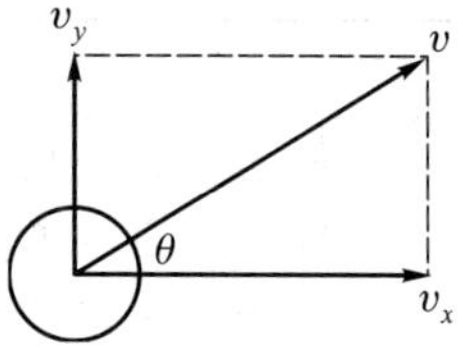

图 2-1-18　速度的分解与合成

（2）速度的合成。

在实际应用中，我们通常是分别测量物体运动的水平位移与垂直位移，再求得各自的方向上的分速度，最后合成为物体运动的合速度。例如，测得乒乓球的水平速度为 v_x，垂直速度为 v_y，则其合速度 v 可根据矢量合成的几何法则求得（图 2-1-18）：

合速度的大小：$v = \sqrt{v_x^2 + v_y^2}$

合速度的方向：$\theta = \mathrm{arctg}\ v_y / v_x$

θ 角一般表示合速度 v 与水平分速度 v_x 之间的夹角。

从速度的合成与分解中可知，两个分速度大小的比例情况，将决定合速度的大小与方向，而合速度的大小与方向又决定了运动的效果。在乒乓球飞行中，高吊弧圈球的垂直速度比较大，合速度的方向角 θ 也更大；而扣杀球时，球体的水平速度大，弧线更平，方向角 θ 也更小。对于乒乓球的飞行运动，击打后瞬间的合速度大小和方向角，可分别称之为击球速度与飞行角。

2. 斜上抛运动的方程

以抛出点为坐标原点建立直角坐标系（图 2-1-17），将初速度 v_0 分别投影到 x 轴和 y 轴上，得到两个分矢量速度 v_{0x} 和 v_{0y}。根据运动的独立性原理，可知斜上抛运动在垂直方向上是加速度为 g 的匀变速直线运动（竖直上抛），在水平方向上是匀速直线运动。在两个方向上各自的运动方程见表 2-1-4。

▶ 表 2-1-4 斜上抛运动两个方向上的运动方程

	s/m	v/(m·s^{-1})	a/(m·s^{-2})
x 方向	$v_0\cos\theta \cdot t$	$v_0\cos\theta$	0
y 方向	$v_0\sin\theta \cdot t-\frac{1}{2}gt^2$	$v_0\sin\theta-gt$	$-g$

斜抛运动的运动独立性

从运动方程可知，忽略空气作用时，质心初速度 v_0 及其角度 θ 决定了斜上抛物体在空中的运动轨迹。

在体育运动中，很多斜上抛运动的抛出点与落点不在一个水平面上，比如篮球投篮、推铅球等，此时篮球或铅球离开手后的飞行情况不仅受抛射角（出手角度 θ）、抛射速度（出手速度 v_0）的影响，还受抛射高度（出手高度 H）的影响（图 2-1-19）。比如在推铅球项目中，出手高度越高，飞行的远度也越大，因此身高臂长的运动员具有身体上的优势。

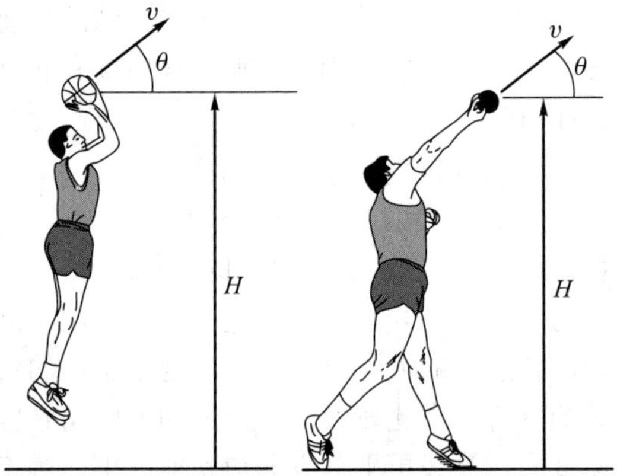

图 2-1-19 体育中器械斜上抛运动的影响因素

问题：图 2-1-20 是篮球罚球投篮的俯视图，测得在篮球飞行过程中相等时间内所得到的水平位移 Δx 均相等，此结果是否合理？

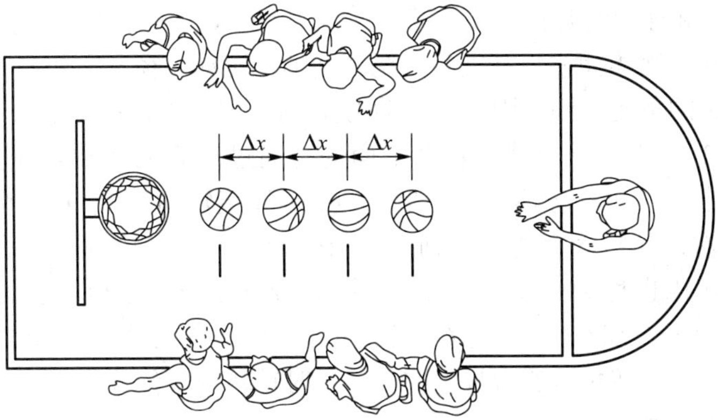

图 2-1-20 篮球罚球投篮的俯视图

第二节 角运动学

描述点的运动时，由于点的运动轨迹是线，所以点的运动学参量，如位移、速度和加速度等也常称之为线量。在人体运动学中，除了要了解比如关节中心、人体或器械重心等特征点的运动情况外，另一项重要的任务就是要对运动过程中人体和器械的姿态（或姿势）进行描述。运动过程中，人体对自身姿态以及对器械姿态的控制，在很大程度上影响着运动成绩，是技术与能力的外在表现。特别是人体姿态，由于人体多环节的生物学特性，使得我们可以产生“千姿百态”的肢体动作，从而满足日常生活需要，或展示力（体育）和美（舞蹈）。从运动生物力学的定义上来说，人体姿态就是指一组相邻环节在空间的相对位置关系，比如小腿以膝关节为中心向大腿靠近即形成屈膝的姿态，而屈膝的程度大小则可由膝关节角度来定量。姿态的描述在本质上就是关节或环节转动角度的描述，为此就必须引入转动运动学参量，这些参量都跟角度有关，如：角位移、角速度、角加速度等，统称为角量。转动运动学也因此称为角运动学。

一、角位置与角位移

在学习相对复杂的人体姿态描述之前，我们先从单个物体转动的描述开始。单物体旋转的情况在体育中也是常见的，许多器械的运动都涉及旋转，比如各种球体和球拍的旋转运动，还有铁饼、标枪等在飞行过程中的姿态变化。

对于转动物体而言，其上各点绕转动轴的转动半径各不相同，但在相同时间内转过的角度相同。因而，转动物体空间位置的变化可用角度来反映。

设图 2-2-1 中乒乓球的转动平面为与通过球心的转轴 O 垂直的平面。在此平面中，于转动球体上，任取一点 A，连接转动半径 OA，在某一时刻 t_1，位于 OA，其与固定的水平轴所夹角度为 φ_1，该角度即可代表球体当前的位置，所以也称为角位置。经 Δt 后，在 t_2 时刻转到 OB 位置，与水平轴所成夹角为 φ_2。那么，OA 与 OB 之间的夹角 $\Delta\varphi$ 称为物体在 Δt 内对转轴 O 的角位移，又称转角。通常规定物体的逆时针转动角位移为正值，顺时针转动角位移为负值。

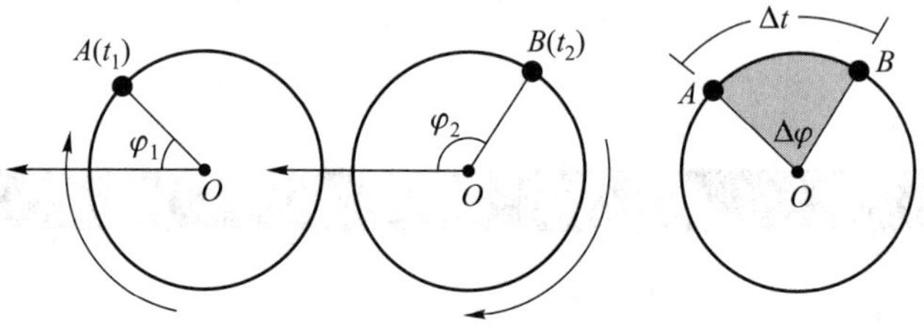

图 2-2-1 角位置与角位移

常使用度、弧度、周、转等作为角位移的单位。在力学计算中，一般使用弧度（rad）作为角位移的单位。1 rad 等于长度与半径相等的圆弧所对的圆心角，即 360° /2π。

由于物体在运动过程中可产生绕多个轴在不同平面内的转动，在描述角位置与角位移时需要指明旋转平面或旋转轴，一般可以通过不同的转动术语来区分转动的类型。比如，乒乓球的旋转有上下旋（绕横轴）、左右侧旋（绕垂直轴）和顺逆旋（绕前后轴），有时则是混合旋转，比如侧上旋。而铁饼在飞行中绕通过重心的三个正交轴产生的旋转，术语分别为自旋（绕垂直轴）、横滚（绕前后轴）和俯仰（绕左右轴），见图 2-2-2。

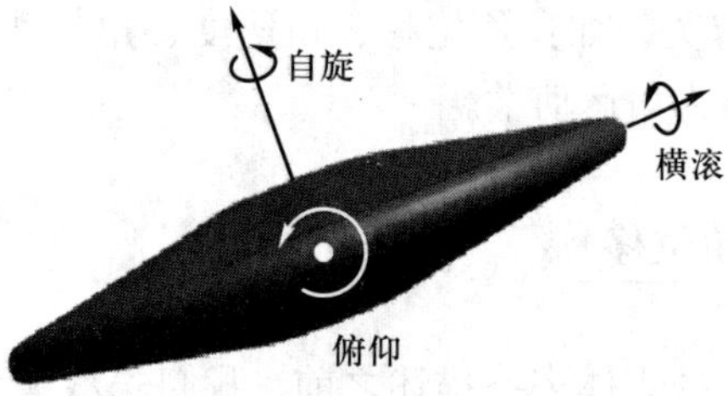

图 2-2-2 铁饼飞行的三种转动

二、环节角与关节角

除了这些旋转运动显著的器械角运动学描述，更为常用的是各种技术动作中人体的环节或关节的姿态及运动描述。环节的位置可用环节角描述，而相邻环节间的位置描述则需要用关节角来表达。

（一）环节角

单一环节的转动描述时，可在环节运动平面内寻找两个骨性标志点，保证其连线在人体处于标准解剖位时，基本与平面内的水平或垂直轴线相平行，并规定两线平行时夹角为 0°。这样，通过描述这两条线在运动过程中所形成的夹角（角位置）就可以描述环节在不同时刻的姿态。在人体运动中，躯干和骨盆的环节角描述较为常见。图 2-2-3 是骨盆的三种运动形式：

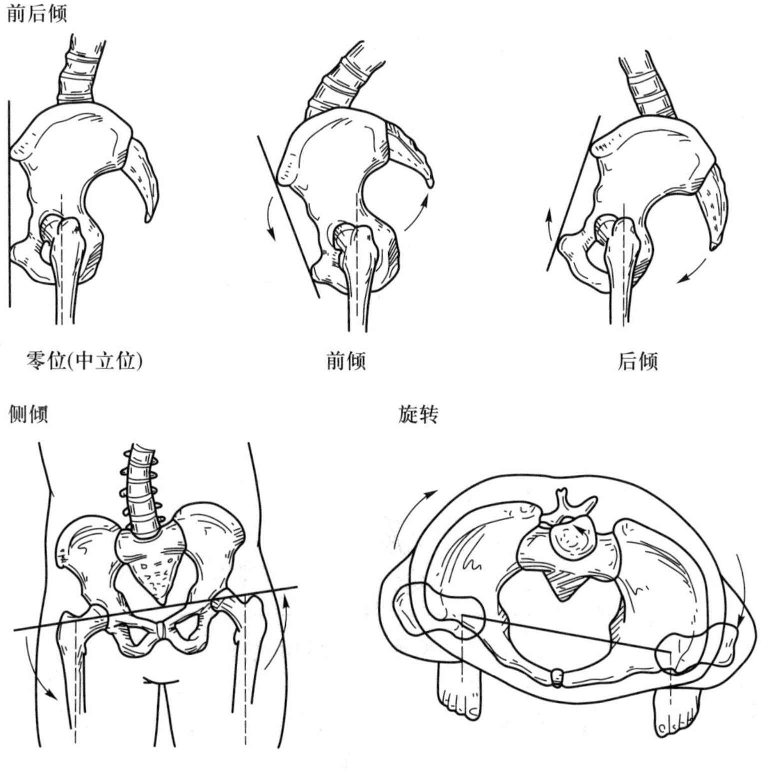

图 2-2-3　骨盆环节的转动形式

（1）前后倾。在矢状面上，以髂前上棘和髂前下棘的连线代表骨盆位置（图中实线），以平面内垂直线为参考，当两线平行时为零位，即表示前后倾角为 0°，相对于垂线逆时针向前转动为前倾，顺时针向后转动为后倾。人体在直立姿态下，骨盆轻微前倾（约 10°）。

（2）左右侧倾。在额状面上，以左右大转子连线代表骨盆位置。以平面内水平线为参考，左右大转子连线顺时针或逆时针转动时产生左右侧倾角。

（3）旋转。在水平面上，以左右大转子连线代表骨盆位置。以平面内水平线（或平行站立的双足间连线）为参考，左右大转子连线顺时针或逆时针转动时产生左右旋转角。

另外，在一些持拍运动项目中，球拍的运动是十分重要的，其运动学参数可直接反映击球的质量，包括球拍中心的线速度、拍面的角度等，因此可以将球拍视为附加于手臂末端的一个独立环节，来考察其运动。

（二）关节角

人体的关节角是远侧环节相对于近侧环节的角度。比如膝关节角度是指小腿相对于大腿的角度，肘关节角度是指前臂相对于上臂的角度等。通常，在运动图片上确定三个点的位置即可定量关节角，比如髋关节中心、膝关节中心、踝关节中心三点依次连线即可描述膝关节角。图 2-2-4 给出了下肢三关节的两种关节姿态角的定义：

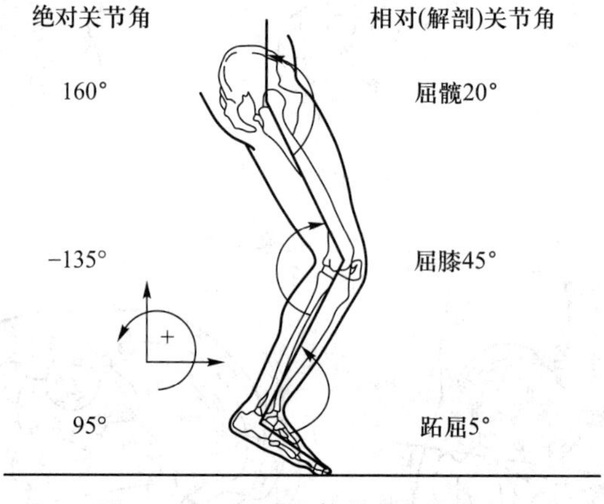

图 2-2-4 两种人体关节角的定义

（1）绝对关节角。在运动平面内，远侧环节与近侧环节所形成的 180° 内的绝对夹角，逆时针为正，顺时针为负。

（2）相对关节角。相对于标准解剖位，通过指定关节活动的类型（屈 / 伸、外展 / 内收、旋内 / 旋外等）来产生相对于标准解剖位的关节角（标准解剖位时各关节角度为 0°）。

环节角或关节角表达环节或关节在某个时刻的角位置（姿态），不同时刻的角位置差也就构成了环节或关节运动的角位移。

问题：请大致画出下肢处于屈髋 30°、屈膝 60° 和跖背屈 20° 时的三环节姿态棍图，并在图上标出髋、膝、踝的三关节角度。

人体转动的转动轴

三、角速度与角加速度

物体在单位时间内转动的角度叫角速度，用 ω 表示。设物体在 Δt 时间内角位移为 $\Delta\varphi$，那么物体转动的快慢可用平均角速度来描述：

$$\omega = \Delta\varphi / \Delta t$$

当时间 Δt 趋于无限小时，此时的 ω 称为瞬时角速度，是转动物体在某一时刻转动快慢的反映。即：

$$\omega = \lim_{\Delta t \to 0} \Delta\varphi / \Delta t$$

角速度的单位为 rad/s。对于高速旋转的物体，比如乒乓球，它的旋转速度通常更多采用“r/s”来描述，优秀运动员在拉弧圈球时，可使乒乓球产生 150 r/s 以上的角速度。

人体运动中典型的最大角速度

问题：利用高速摄像测量乒乓球转速时，通常采用在球体上做标记的方式来观察标记的旋转，从而推算转速（图 2-2-5），假设拍摄的频率为 3 000 帧/s，标记旋转一周共计产生 25 帧画面，求乒乓球旋转一周的平均角速度为多少？

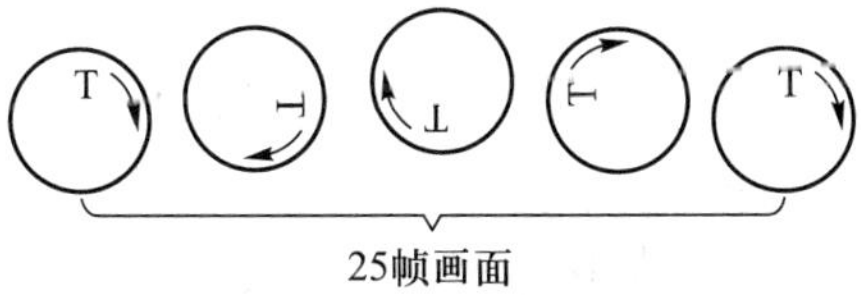

图 2-2-5 乒乓球转速测量的视频影像法

当转动物体的转动角速度在运动过程中产生变化时，若要深入研究，还必须引入描述角速度变化的物理量——角加速度。如果在 Δt 时间内物体转动角速度由 ω_0 变为 ω_t，则角加速度 β：

$$\beta = \frac{\omega_t - \omega_0}{\Delta t}$$

角加速度等于单位时间内角速度的变化量。其值越大，表明角速度变化越快。角加速度的单位为 rad/s^2。

四、定轴转动时角量与线量之间的关系

刚体做定轴转动时，其上任意一点的线速度与线加速度都不相同，这是由于任意一点离转轴的距离不同，但这些线量与角量是存在一定关系的。

（一）角位移与弧长

如图 2-2-6 所示，在屈肘过程中，$\Delta\varphi$ 为角位移，即转动的角度（单位为 rad）。手上一点 P 在转动过程中所对应的弧长为 $\Delta\hat{s}$，R 为转动半径，即 P 点至肘关节中心的距离。则：

$$\Delta\varphi = \frac{\Delta\hat{s}}{R}$$

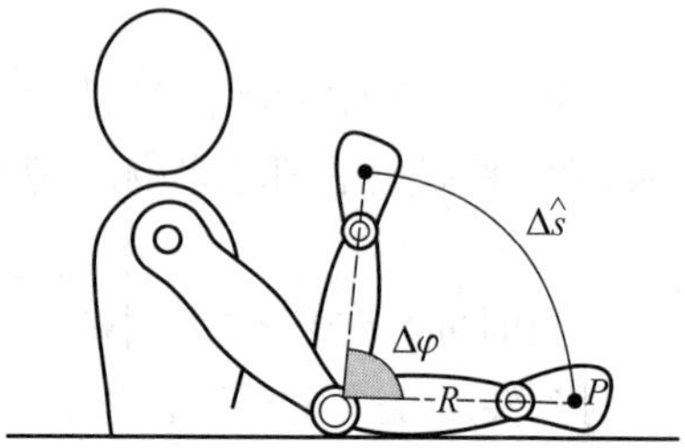

图 2-2-6 角位移与弧长的关系

（二）角速度与线速度

角速度：$\omega = \lim\limits_{\Delta t \to 0} \dfrac{\Delta\varphi}{\Delta t}$

P 点的线速度：$v_P = \lim\limits_{\Delta t \to 0} \dfrac{\Delta\hat{s}}{\Delta t} = \lim\limits_{\Delta t \to 0} \dfrac{R \cdot \Delta\varphi}{\Delta t} = R \cdot \omega$

从角速度与线速度的关系可知，在相同的角速度下，转动半径越大，则相应的线速度也越大。因此，通过手腕动作转动球拍与乒乓球摩擦时，球体与拍面不同部位接触所获得的旋转效果是不同的，越接近球拍下部，接触点的速度就越大（图 2-2-7），越能制造出强的旋转。

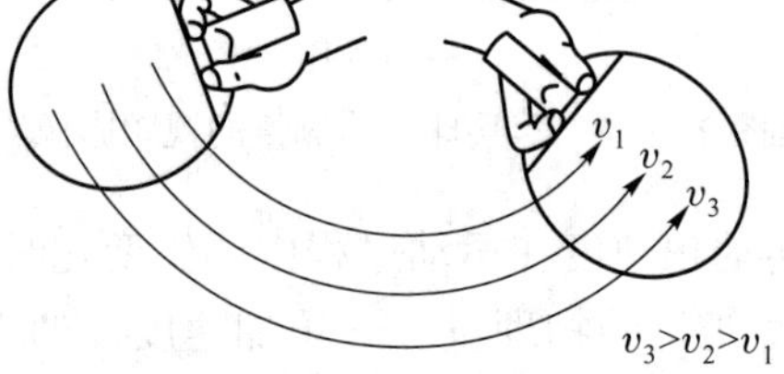

图 2-2-7 不同击球部位的速度关系

（三）角加速度与线加速度

角加速度：$\beta = \lim\limits_{\Delta t \to 0} \dfrac{\Delta\omega}{\Delta t}$

相应的 P 点（图 2-2-6）的线加速度包括切向加速度和法向加速度。

切向加速度：$a_t = R \cdot \beta$

法向加速度：$a_n = \dfrac{v^2}{R} = R \cdot \omega^2$

问题：如图 2-2-8 所示，乒乓球运动员做正手拉球动作，以肩关节为固定轴，从 A 位置到 B 位置，整个手臂在动作过程中保持姿态不变，假设整个过程用时为 0.5 s，转过的角度 $\Delta\varphi$ 为 60°，问在拉球过程中的平均角速度为多少？若球拍中心点至肩关节中心的直线距离为 80 cm，则此过程中的球拍中心点平均线速度的大小为多少？

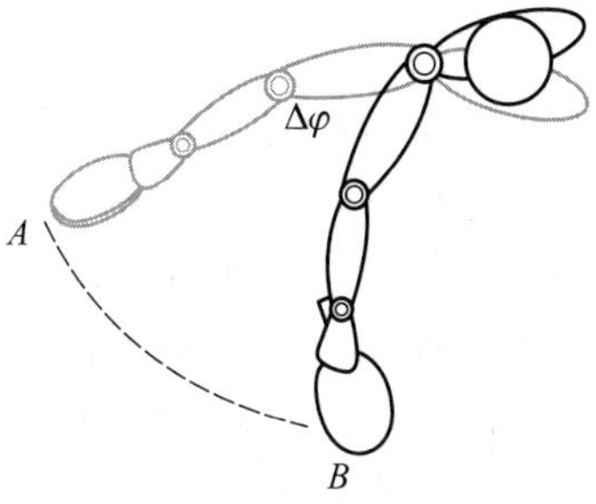

图 2-2-8　乒乓球正手拉球动作

五、复合运动

在描述物体转动时，总需要确定一个基准点，比如乒乓球旋转是球绕通过球心的轴进行转动，人体环节的运动是环节绕通过关节中心的解剖轴进行转动，跳水、花滑等项目则经常是身体绕通过人体重心的基本轴产生各种转动动作。在多数情况下，基准点（转动轴）的位置在运动过程中是会变化的，因此若要完整描述物体在空间中的一般运动，必须将基准点的线运动与绕基准点的角运动结合在一起，这种基准点的线运动伴随绕基准点的角运动的运动形式就称为复合运动。

（一）惯性参考系与非惯性参考系

任何形式的运动，都可视为几个简单运动的合成，依据各自不同的特点加以解决。复合运动同样遵循运动的独立性原理（运动的叠加原理），我们可以将之视为基准点的线运动与绕基准点的角运动的叠加，而这两种不同的运动是在不同性质的参考系中加以考查的。

（1）惯性参考系。把相对于地球静止的物体或相对于地球做匀速直线运动的物体作为参考标准的参考系叫惯性参考系，称为静坐标系或静系。如乒乓球台就是静坐标系。

（2）非惯性参考系。把相对于地球做变速运动的物体作为参考标准的参考系叫非惯性参考系，又叫动参考系或动系。如在球心上建立动参考系，研究球体相对于球心的转动，或在球拍上建立参考系，研究球体相对于球拍的速度（摩擦）。另外，在描述人体肢体运动状态时，也往往需要采用这种坐标系，例如，描述上肢击球动作时，往往可将参考系（原点）建立在肩关节处。

（二）绝对运动、相对运动和牵连运动

运动着的质点（动点）相对于静参考系的运动，称为绝对运动。动点相对于动参考系的运动，称为相对运动。动参考系相对于静参考系的运动，称为牵连运动。应该指出，绝对运动和相对运动都是指动点的运动，而牵连运动则是指动参考系的运动，也就是与动参考系固连着的刚体的运动。例如，把球台作为静参考系 Oxy，将飞行中的乒乓球的球心看作动参考系 $O'x'y'$（平动参考系），球体表面某点 A 看作一个动点，那么该表面动点 A 相对球心的运动称为相对运动，球心相对球台的运动称为牵连运动，而动点 A 相对于球台的运动为绝对运动（图 2-2-9）。

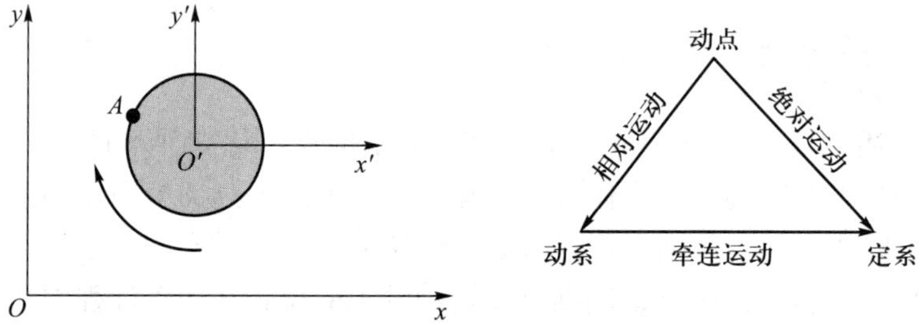

图 2-2-9 绝对运动、相对运动和牵连运动的关系

（三）质点速度合成定理

动点的绝对速度等于其牵连速度与相对速度的矢量和。

$$\vec{v_a}=\vec{v_e}+\vec{v_r}$$

式中：$\vec{v_a}$ 为绝对速度，$\vec{v_e}$ 为牵连速度，$\vec{v_r}$ 为相对速度。

当乒乓球触台时，球与台面的摩擦力取决于接触点的水平绝对速度，绝对速度越大，摩擦力越大，球与台面碰撞后的速度改变就越大，可加大球的“杀伤力”。但要注意，上旋球接触点水平相对速度与牵连速度的方向相反，而下旋球则相同。

运动学量的特性

问题：设乒乓球在飞行中球心的水平速度 v_x 为 8 m/s，球体转速 ω 为 120 r/s，在速度不衰减的情况下与球台接触（图 2-2-10），试分析乒乓球与球台接触时的接触点水平速度（球的直径为 40 mm）。

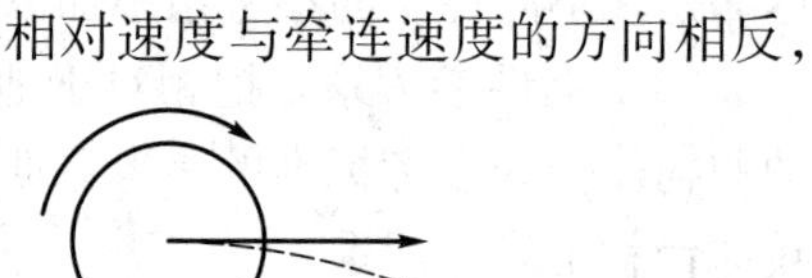

图 2-2-10 乒乓球触台时的速度分析

第三节　运动学特征

人体或器械的运动都是在一定的空间和时间中进行的，所以对运动的描述无非就是从空间、时间和时空三方面考虑。在前面的学习中，我们已经了解了诸如位移、路程、时间、角度、速度、加速度等运动学概念，在分析具体运动项目中这些运动学概念将各自演化为针对性的技术参数，并成为技术、体能、战术等评价体系中的重要指标。这些能反映专项个体技术特点的运动学参数可称为“专项动作技术的运动学特征”。

对于特定的专项技术动作而言，运动学特征可以是基于动作技术生物力学原理所确定的描述专项动作技术的一些常用运动学特征，也可以是对基本特征进行细化或异化所得到的运动学特征。使用多少个运动学特征去描述和分析一个技术动作，并不是固定不变的，而是视分析研究的目标而定的。

一、运动学特征的结构

运动学特征包括空间特征、时间特征和时空特征三个方面。

（一）空间特征

空间特征揭示人体在特定时刻的姿态，质心的轨迹，质心或人体某些部分在特定时间段内的位移（包括线位移和角位移）等与时间无直接相关的空间关系。空间特征参数一般为长度，角度或这些量的比值，例如，跑或走的步长，三级跳远每跳的距离及这三跳距离之比（称为空间节律）等。

（二）时间特征

时间特征仅仅揭示人体运动与时间的关系，包括运动的持续时间、（周期性）运动的频率和运动的时间结构——节律（动作各阶段持续时间之比）等。例如，支撑时间，腾空时间，步频，支撑时间与腾空时间之比（时间节律）等。

（三）时空特征

时空特征是人体完成运动动作时人体位置变化的快慢情况，全面展示了动作的时间和空间特征，不同动作的不同时空特征决定了动作形式外貌的差异。运动实践中经常用“快”和“慢”等词汇描述两个动作的不同，包括人体的位置随时间变化的快慢（速度）和人体速度变化的快慢（加速度），它们的单位分别为 m/s 和 m/s^2。例如，起跳离地时质心腾起速度，铅球出手速度，途中跑单步平均速度等。

为了统一，下面给出一些田径运动中常用的基本运动学特征和某些术语的定义：

（1）单步步长——足着地到另一足着地人体质心移动的水平距离。

（2）支撑距离——足着地到同足离地人体质心移动的水平距离。

（3）腾空距离——足离地到另一足着地人体质心移动的水平距离。

（4）着地距离——足着地时，人体质心至着地点的水平距离。

（5）后蹬距离（离地距离）——足离地时，人体质心至离地点的水平距离，着地距离与离地距离之和等于支撑距离。

（6）垂直位置时刻——质心位于支撑点的正上方的时刻。

（7）最大缓冲时刻——支撑期支撑腿膝关节屈曲到最小的时刻。

（8）前支撑阶段——从足着地时刻到垂直位置时刻的动作阶段。

（9）后支撑阶段——从垂直位置时刻到蹬离地面时刻的动作阶段。

（10）缓冲阶段——从足着地时刻到最大缓冲时刻的动作阶段。

（11）蹬伸阶段——从最大缓冲时刻到蹬离地面时刻的动作阶段。

（12）前蹬阶段——从最大缓冲时刻到垂直位置时刻的动作阶段（跳高、跳远起跳中可能出现的动作阶段）。

（13）着地角——在足着地时刻，人体质心至着地点的连线与水平轴前方的夹角。

（14）离地角——在足蹬离地面时刻，人体质心至离地点连线与水平轴前方的夹角。

（15）起跳、起跨（腾起）角——离地腾空瞬间，人体质心速度方向与水平轴前方的夹角。

（16）环节（如大腿、小腿、躯干等）角度及角速度——环节纵轴与水平轴前方或垂直轴的夹角及环节绕轴旋转的速度。

（17）关节（如髋、膝、踝等）角度——相邻两个环节纵轴间的夹角。

（18）器械出手角——器械出手时，器械质心速度与水平轴前方的夹角。

（19）器械倾角（姿态角）——器械（铁饼、标枪）轴线与水平轴前方的夹角。

（20）器械迎角（攻角）——器械轴线与器械出手速度之间的夹角。在不考虑风速的前提下，迎角等于倾角减出手角。

二、运动学特征的常用表达方法

通过运动学分析得到的运动学特征的具体结果，一般有图形法和表格法两种表达方法。

（一）图形法

利用图形方式来描述运动学特征具有生动、直观的特点。一般常见的图形有以下几种：

1. 运动轨迹图

这种图将运动过程中各时刻人体或器械的特征点运动的位置描记出来，然后连接这些位置点，得到运动轨迹曲线。为了更清楚地表现轨迹，有时还会给出整个人体（或局部肢体）的姿态（图 2-3-1 至图 2-3-3）。

2. 时间曲线图

这种图是以坐标系的 *x* 轴和 *y* 轴分别代表时间和运动学量，表达运动学特征随时间变化的曲线。常见的有角度、速度、加速度等随时间变化的曲线等（图 2-3-4 至图 2-3-6）。

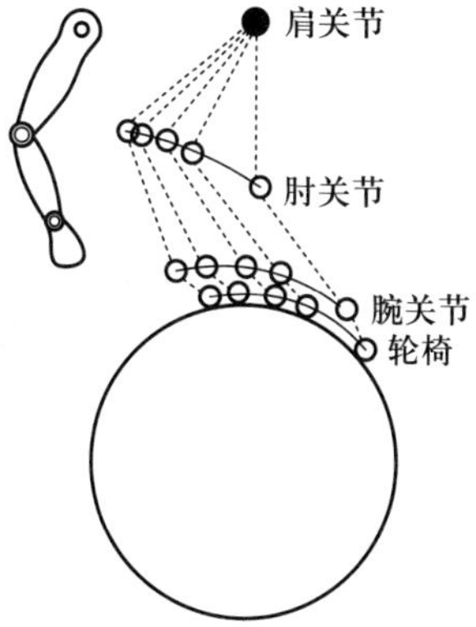

图 2-3-1　轮椅推进时肩、肘、腕三点相对于轮椅的运动轨迹

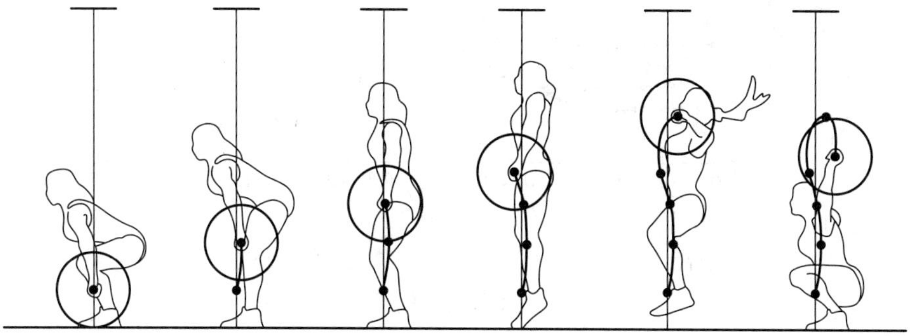

图 2-3-2　抓举动作过程中杠铃重心的轨迹（侧面）

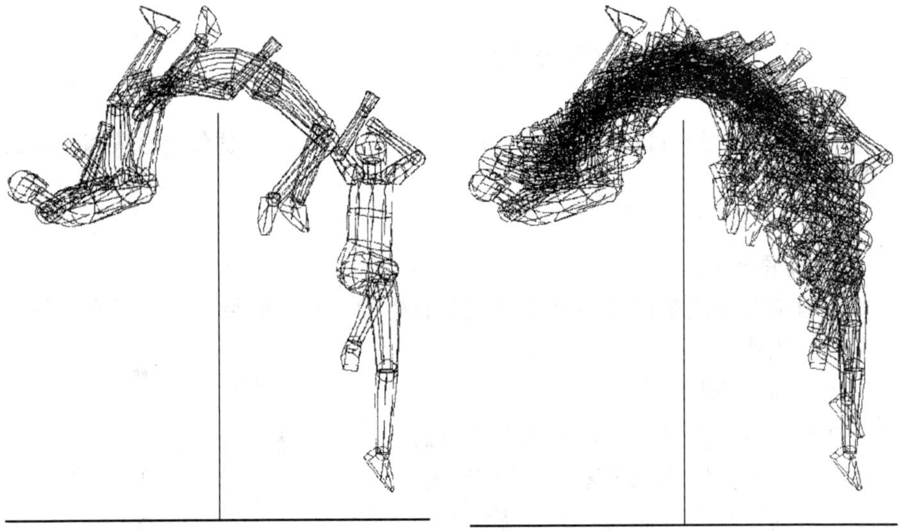

图 2-3-3 跳高过杆的三个关键姿态图和全部姿态连续图

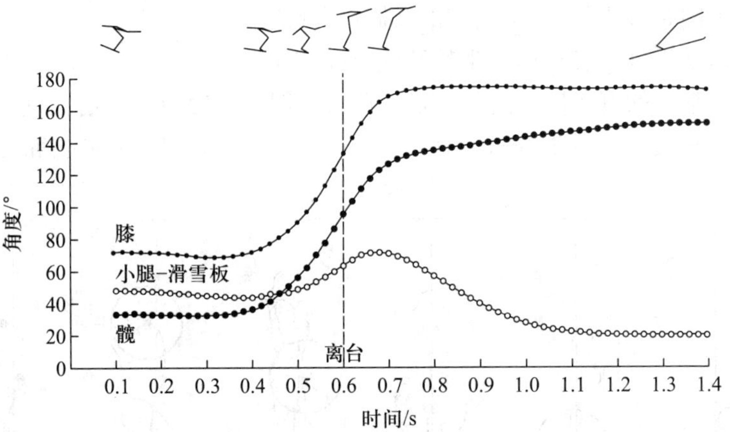

图 2-3-4 跳台滑雪起跳前后滑雪运动员的膝关节角、小腿—滑雪板夹角和髋关节角变化图

注：起跳动作在离开跳台前平均 0.28 s 处开始。

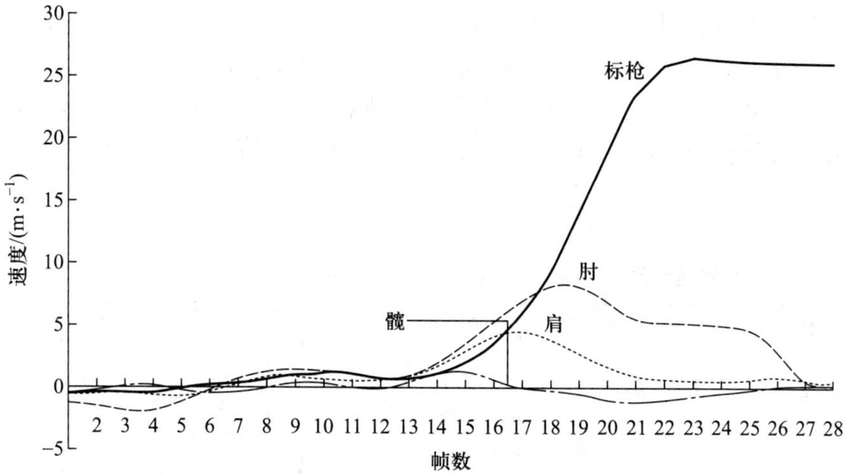

图 2-3-5　投掷标枪中各关节和标枪质心速度变化图

注：每帧的时间间隔为 1/50 s。从中可见髋、肩、肘的依次发力导致的速度增大。

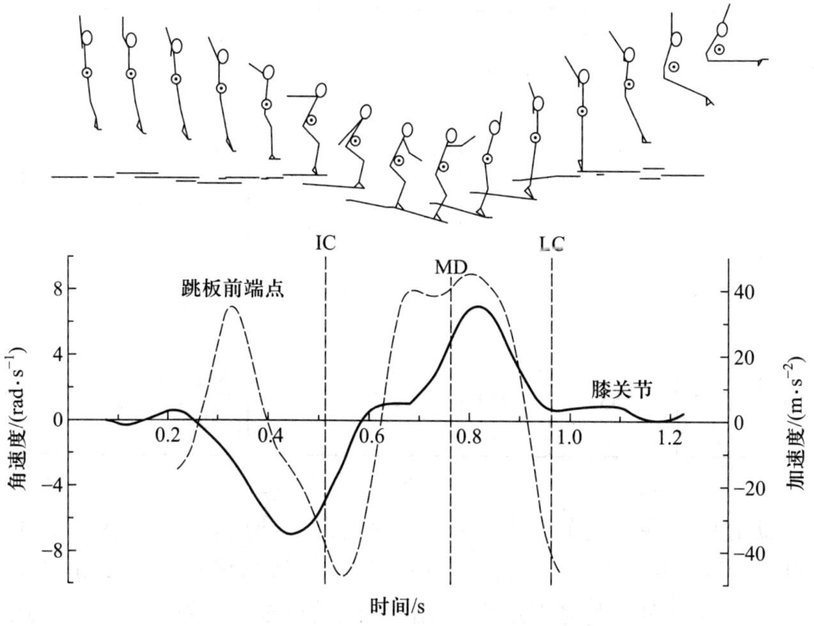

图 2-3-6　跳板跳水运动员反身翻腾半周屈体时膝关节角速度和

跳板前端点的垂直加速度变化图

注：实线表示膝关节角速度，虚线表示跳板前端点的垂直加速度；IC 表示触板时刻，MD 表示最大压板时刻，LC 表示离板时刻。

（二）表格法

图形法中的时间曲线主要反映的是整个动作过程中的运动学特征随时间的变化规律，比较直观。有时我们还需要将重要的运动学特征数值以表格的形式给出，这样才能构成完整的指标结果。表 2-3-1 给出的是优秀男、女短跑运动员主要运动学特征值，这些数值可以在运动训练中作为参考。

▶ 表 2-3-1 优秀男、女短跑运动员主要运动学特征值（取统计平均值）

运动项目	缓冲阶段时间 /ms	蹬伸阶段时间 /ms	腾空阶段时间 /ms	步频 /（步 · s^{-1}）	单步步长 /mm	单步平均速度 /（m · s^{-1}）	重心腾空波动的最大高度 /mm	支撑期躯干与水平面的夹角	着地角	离地角
男子 100 m	29.8	69.2	124.0	4.495	2 120	9.504	18.8	79.0° ~ 82.9°	107.6°	61.4°
女子 100 m	31.3	74.0	122.0	4.407	1 943	8.553	18.2	79.5° ~ 82.8°	107.7°	61.0°
女子 200 m	34.5	78.4	139.3	3.939	2 062	8.178	23.8	81.4° ~ 82.8°	108.0°	62.4°
女子 400 m	52.8	100.6	128.4	3.559	1 979	7.025	20.2	83.3° ~ 85.5°	111.0°	60.4°

在研究中，往往把图形法与表格法结合起来使用。在一些专项技术分析软件中所产生的技术指标报告，也往往包括图形与表格，图 2-3-7 是短跑专项分析软件针对短跑途中跑所给出的某运动员在一个跑动周期内的运动学特征参数的结果。

支撑时重心前移距离：	0.806 m
腾空时重心前移距离：	1.331 m
单步步长：	2.137 m
下肢着地角：	74.5°
下肢离地角：	63.4°
着地时的膝关节屈角：	153.6°
最大缓冲时膝关节屈角：	141.0°
离地时的膝关节屈角：	151.8°
单步步频：	4.76 步 / s
单步时间：	0.21 s
腾空时间：	0.13 s
支撑时间：	0.08 s
缓冲时间：	0.04 s
蹬伸时间：	0.04 s
单步平均速度：	10.18 m / s
着地足触地前的水平速度：	2.80 m / s
缓冲时膝关节平均角速度：	−316.36° / s
蹬伸时膝关节平均角速度：	270.38° / s

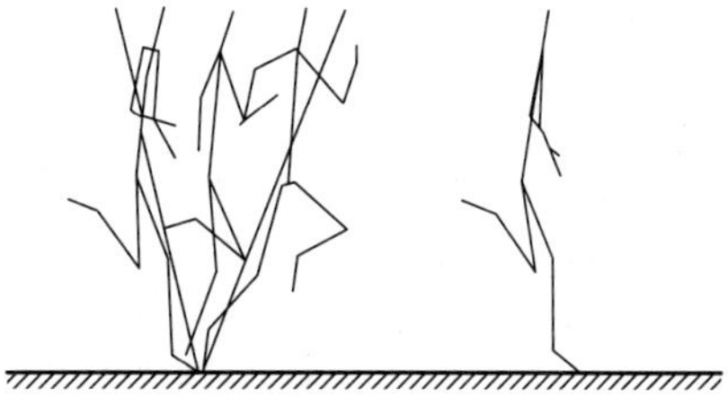

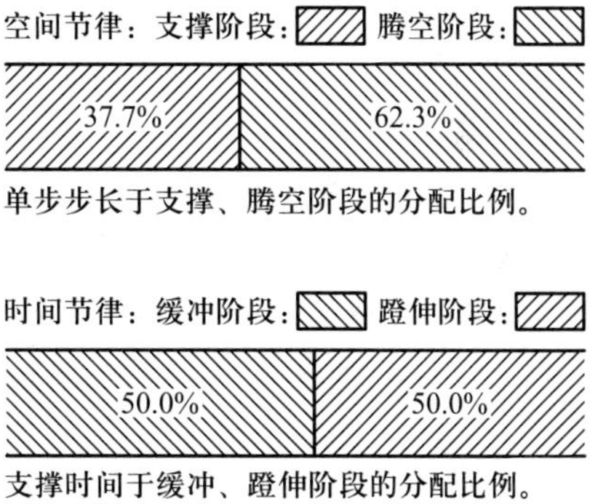

图 2-3-7　短跑运动员的途中跑技术运动学特征结果报告

复习思考题

1. 人体运动的运动学的任务是什么?

2. 比较平均速度与瞬时速度的定义并理解两者之间的关系，同时给出适用条件。

3. 环节角与关节角的区别是什么? 为什么角运动学特别适合人体运动的分析?

4. 简述定轴转动时角量与线量之间的关系。

5. 简述运动学特征的结构并结合运动项目举例说明。

第三章

人体动力学与人体平衡

▶ 本章导读

本章学习的内容是与人体动力学相关的知识。人体动力学的主要任务就是在运动学的基础上，继续深入探讨人体或器械的运动状态变化与引起这些变化的原因——“力”之间的关系。人体运动中的力主要来自人体肢体与外界环境的相互作用，而相关肌群的收缩在很大程度上主导着这种相互作用的效果。人体就是一个有源的力学系统，能够通过肌肉做功，将体内化学能转化为肢体的机械能，完成各种技术动作。

本章从动力学基本概念出发，介绍人体力学模型，并以牛顿力学为基础展开一些重要的力学定律和定理，包括人体平衡及其力学条件。最后给出常见的人体动力学特征参数。

▶ 学习目标

1. 掌握动力学的基本概念和基础知识；
2. 掌握基本动力学的原理、定律及其应用；
3. 掌握平衡的力学条件；
4. 了解动力学特征参数的含义与用途。

第一节 人体动力学基础

在人体运动的运动学中，我们讨论了如何描述人体或者器械在空间和时间上的运动状态及其变化规律，但这仅是一种外部几何性质的现象描述，未涉及力的来源及运动状态变化的原因。在运动技术研究中，不仅需要掌握各种动作在时间和空间上所表现出来的差异特征，而且更需要了解产生这些差异的内在原因，即研究人体或器械的运动状态变化与引起这些变化的力之间的关系。只有这样，才能有效地确定动作的技术原理和改善运动技术动作的效果。这就涉及动力学方面的问题。用动力学的原理、定律，分析和解决运动技术中的实际问题，在运动生物力学中占有重要的地位。

人体动力学就是研究导致人体和器械的位置和运动状态改变的原因，研究力与运动关系的力学分支。在本节中我们将学习与人体运动中的力学相关的基础知识。

一、力的概念

人们对力的认识，首先是在日常生活中，从肌肉紧张疲劳的感觉中初步形成。如举起一个重物，手臂肌肉会感到紧张，坚持久了，会感到疲劳，人们就认为手臂在用力。在生活实践中，人们进一步认识到，力不一定要与感觉联系在一起，不仅人可以对物体施力，物体之间也能相互施力。不仅人的手可以举起重物，拴在树上的绳子同样可以悬吊重物。经过长期的生活实践，人们认识到，力是物体间的相互作用，力的作用离不开物体。

（一）力的效应与要素

力是物体间的相互作用。人体运动中的力也是物体间的相互作用，它主要是人体肢体与外界物体的相互作用，或器械与人体的相互作用。这种相互作用的结果使人体整体或局部肢体和器械的运动状态发生改变，或者形状发生改变。前者是力的外在效应（或运动效应），后者则是力的内在效应（或变形效应）。例如，跑步蹬地所产生的地面反作用力，增大了人体向前的运动速度；推铅球时手对铅球的推力，使铅球产生运动，而铅球离手后转而受到重力作用做抛物线运动；仰卧起坐时腹肌的收缩，可使人体上半部分相对下半部分的运动状态发生改变，这些都是力的外在效应。在这些体育动作中，力的作用不仅使人体整体或局部肢体以及器械的运动状态发生了改变，而且使相互作用的物体在接触部位发生了形状改变，这是力的内在效应，只是有的物体形变明显，有的不明显。影响力的作用效果的因素有力的大小、方向和作用点，这称为力的三要素（图 3-1-1），只要改变其中任一要素，力的作用效果就会发生改变。因此，在分析问题时，确定一个力的效应，必须同时确定力的三个要素。

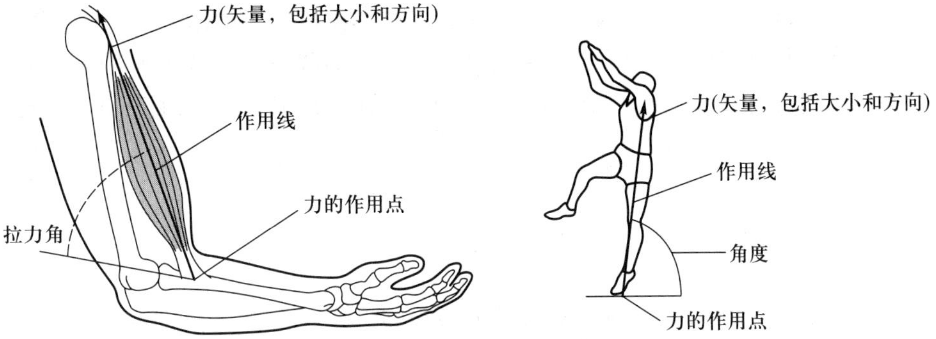

图 3-1-1　力的三要素

由于力具有方向性，是矢量，在几何上可把力表示为一段带箭头的线段。线段的长度代表力的大小，箭头所指的方向代表力的方向，线段的起点代表力的作用点，通常记为$\vec{F}$，单位为 N。力的合成分解遵循平行四边形法则（参见附录）。

（二）力的适应与过载

力无处不在，人体运动就是由人体的肌肉收缩力和作用于人体的外力共同产生和控制的。这些力，除了能调整动作形式外，也能对身体组织产生作用。在大多数情况下，这些力能很好地被身体组织承受并适应。适应是一个自然形成的交互过程，可将其定义为“一个生物体或它的某些部分为能在所处的环境条件下更好地生存所做的改变”。适应性是生物体区别于无生命体的一个重要特征。在竞技体育中，“超量恢复”的训练原则也是遵循了这个自然规律，它通过机体的适应来达到新的能力水平。

然而，适应也是有限度的。所谓科学训练在很大程度上就是要合理地控制训练的强度与训练量，否则就容易产生运动损伤。从运动生物力学的角度来看，作用于人体的力不可超过人体运动系统的承受能力。力对人体所产生的载荷受以下 7 个因素的影响。

（1）力的大小。

（2）力的作用点（力施加于身体的部位）。

（3）力的方向。

（4）力作用的时间（力作用于身体的持续时间）。

（5）力作用的频率（力作用的频繁程度）。

（6）力的可变性（在作用过程中力的大小和方向是否变化）。

（7）加载率（在作用过程中力的大小变化率）。

在体育运动中，力的过载一般出现在人体碰撞类的动作中，此类动作中力的作用特征是冲击力大、作用时间短、力的加载率高。另外，力的长时间重复加载也会引起运动系统的过劳使用，从而导致损伤，比如长时间、长距离跑。

二、人体力学系统中的外力与内力

研究任何问题，都需要确定研究对象的范围，这在力学中称为确定力学系统。若将人体（整体与局部）看作一个力学系统，那么这个系统内部各部分相互作用的力称为内力，而系统外部的作用力则称为外力。

（一）体育运动中人体所受的主要外力

1. 重力

地球表面上物体的重力是指地球对物体的引力，在地面上的人和物，都不可避免地受到重力的作用。如果物体的质量为 m，则物体所受的重力大小为：$G=mg$。g 为重力加速度，一般取值为 9.8 m/s^2。重力的方向垂直于水平面指向地心。

重力是一个质量力，它均匀地分布在作用物体上。构成物体的所有质点均受到重力作用，这些重力合力的作用点就是常说的物体重心。在分析问题时，可以认为整个物体的重力作用在物体的重心上。人体也不例外，人体各部分均受到重力的作用，把各部分所受到的重力合成即为整个人体的重力。而人体重力的作用点即人体重心（重心位置的计算方法见本章第二节）。身体各部分重力的作用点称为环节重心，如上臂重心、前臂重心等。

重力的大小也叫重量。在物理学中，重量与质量是两个不同的概念。它们的区别在于：质量是物体内含物质的多少，是惯性大小的量度，是物质本身的属性，其大小不随物体位置的变动而变动；重量是物体所受地球引力的大小，是产生重力加速度的原因，其大小随物体位置的改变而变化，同一物体在不同的纬度或高度上，其重量不同。

在体育运动中人体每时每刻都受到重力的作用，但由于人体的运动形式不同，重力对人体运动所起的作用也不同。一般而言，当人体运动方向与重力方向相同时，重力起动力作用，如下楼梯；而当人体运动方向与重力方向相反时，重力起阻力作用，如引体向上的上拉过程。

重量和质量

2. 支撑反作用力

当物体处于支撑状态时，力作用于支点（支撑面）上，同时，支点又反作用于物体，这种反作用力称支撑反作用力。支撑反作用力是一种约束反力，最常见的支撑反作用力是人体下肢与地面接触时产生的反作用力，称为地面支撑反作用力。当人体静止站立时，地面支撑反作用力与体重相等，但当人体在支撑状态进行运动时，地面支撑反作用力就可能大于或小于体重（图 3-1-2），即出现超重或失重现象，这与人体重心的加速度的大小与方向有关。

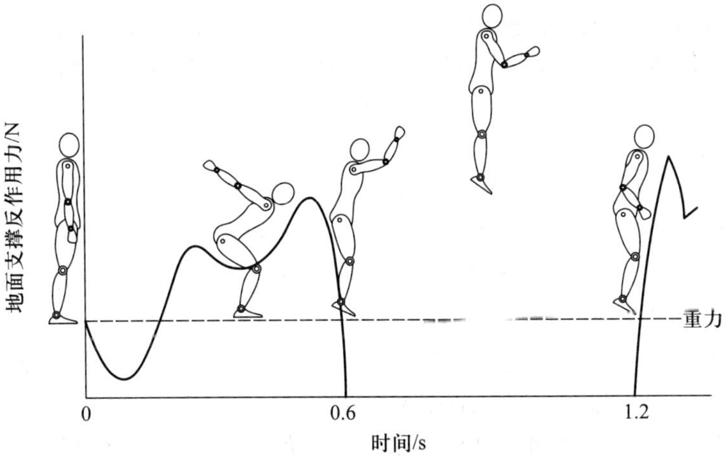

图 3-1-2　原地纵跳时人体受到的地面支撑反作用力

3. 弹性力

弹性力产生在直接接触的物体之间，是因物体的形变而产生的力。弹性力在体育运动中普遍存在，主要表现为运动器材形变产生弹性力作用于人体。例如，在人体作用下跳水跳板的形变，撑杆跳高中撑杆的形变，体操中单杠、双杠、高低杠的形变等（图 3-1-3），都将产生恢复形变的弹性力作用于人体。一般情况下，弹性力的大小与形变量成正比，还与物体的弹性性质有关。例如，弹簧在弹性限度内，弹簧的弹性力 F 与弹簧的形变量（伸长或缩短的长度）x 成正比，即 $F=k\cdot x$，k 为弹簧的弹性系数，由弹簧自身的性质决定。

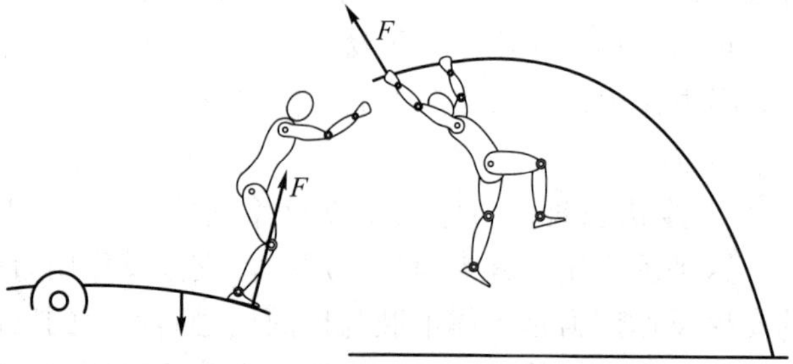

图 3-1-3 体育运动中的弹性力

由于弹性力在运动中普遍存在，运动中运动器材的选择，人体与运动器材的接触形式、接触时间、接触时机都将对人体运动产生重要影响。准确适时地利用弹性力有助于人体完成动作，反之则会造成动作的失败。需要注意的是，有时在体育运动中物体在接触过程中发生的形变是肉眼观察不到的，但弹性力依然存在。从力学本质上讲，前面提到的地面支撑反作用力也是一种弹性力。

4. 摩擦力

摩擦力是相互接触的物体做相对运动或有相对运动趋势时产生的力，也是一种接触力。产生摩擦力的条件是：两个物体产生接触（有接触面），且有正压力（F_N），有相对运动或相对运动趋势。摩擦力的方向永远沿着接触面的切线方向且与物体运动或运动趋势相反。

在体育运动中，摩擦力是普遍存在的。人之所以能走、能跑，靠的是鞋底与地面之间的摩擦力（图 3-1-4）。可以说，没有摩擦力，人就寸步难行。因此，在体育运动中，人们往往利用摩擦力以提高运动效果，如在跑鞋鞋底装钉子或在运动鞋底加上不同的条纹，在体操项目中使用镁粉或松香粉，其目的是增大摩擦力，因为在这些项目中，摩擦力起动力作用。而在滑雪板和自行车轴上涂润滑油，滑冰运动员磨冰刀，游泳衣表面提高光滑性，则是为了减小摩擦力，因为这时的摩擦力对人体运动是起阻力作用的。

图 3-1-4 鞋底与地面之间的摩擦力提供动力

5. 流体作用力

运动员从事的运动项目绝大多数在空气中进行，也有的在水中进行，既然人或器械在流体内进行运动，必然要与流体发生接触，并相互作用，这种作用常常是动态变化的。如铁饼、标枪出手后微逆风能使器械获得升力，游泳时身体与水接触会有阻力产生。这种流体对人体或器械的作用力称为流体作用力。关于流体作用力的更多知识请参见第四章。

（二）人体的内力

对于人体的运动系统，肌力、韧带张力、软骨应力、骨的应力等都属于人体的内力。其中，肌力是人体内力中的主动力（或称可控力）。当肌肉兴奋时，肌肉内大量肌纤维利用化学能收缩，肌肉收缩产生肌力，在肌腱的附着点产生对骨的拉力，从而可以保持一定的人体姿势，控制运动，改变人体同外界周围物体的相互作用。

（三）内力与外力的关系

1. 内力和外力的区分是相对的

如何确定某个力是内力还是外力，取决于研究对象。由于研究对象的不同，同一个力既可看作内力又可看作外力。肌力对于人体整体而言是内力，然而肌力对于作用的人体环节而言就是外力。三角肌肌力对上肢运动而言是外力，而对整个身体而言则是内力。因此，研究人体整体运动时，肌力是人体内力，而在研究人体环节运动时，环节周围的肌力则是环节运动的外力。

2. 内力可以改变作用于人体的外力的大小

人体内力不能直接引起人体整体的运动，例如，当人体腾空时，只受到重力作用，人体总重心只在重力作用下运动，这时人体内力虽然可以引起身体各环节的运动，做出各种腾空姿势，但是不能改变身体总重心的运动轨迹。人体可以通过控制环节的运动产生作用于外界物体的力，外界物体则以相等的力反作用于人体，从而使人体发生整体运动。如跑步蹬地动作，通过蹬地腿肌肉收缩力以及摆动腿和手臂的摆动，人体整体给地面一个作用力，同时地面以支撑反作用力作用于人体，从而使人体向前运动。因此，人体内力和人体外力是相互联系的，人体内力只有通过向外表达才能形成反作用于人体的外力，从而使人体整体产生运动。另外，人体也可以通过产生内力来减小人体受到的外力的作用，如体操中的落地缓冲动作。

不同运动中人体所受的力

3. 外力可用来发展人体内力

肌力的大小除与肌肉的解剖生理特点有关外，还与中枢神经系统对肌肉的协调控制等有关。因此，要发展肌力，必须不断给予肌肉阻力负荷刺激。在体育运动实践中阻力负荷主要是通过外界物体产生的各种力来实现。如弹簧拉力器，是利用弹簧产生的弹力作用于上肢肌肉；负重跑，则是利用沙袋或沙背心的重力作用于下肢肌肉。由此可见，外力可用来发展人体内力。

三、力矩

（一）力矩的概念

力矩亦称“转矩”（力对点之矩），表示力对物体作用时产生转动效果的物理量。物体受力绕某点或定轴转动时，物体的转动效果除了取决于力的大小和方向外，还取决于所绕定点或定轴到力的作用线的距离。

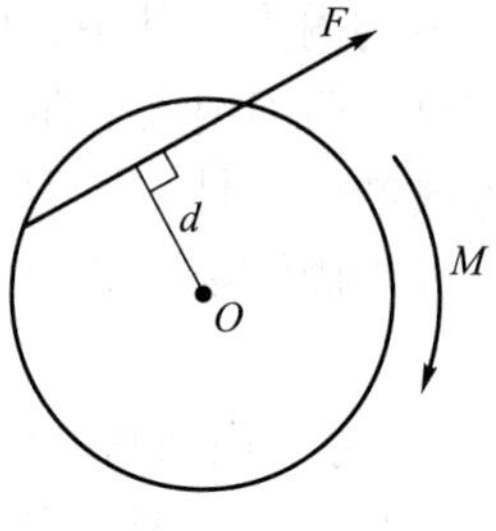

图 3-1-5　力对定点的矩

力矩也是矢量，记为$\vec{M}$，如图 3-1-5 所示，力矩的大小为：

$$M=F\cdot d$$

F 为力，d 为力臂，即转动中心 O 至力的作用线的垂直距离。力矩越大，力对物体的转动效果也就越大。从图中可知，当力的大小一定时，若其作用点与方向发生改变就会影响力臂的大小，进而影响力矩。在乒乓球运动中，为了打出高质量的弧圈球，在适当范围内就要将力的作用线尽量远离球心，加大力臂。技术上就要求拍面与球体在接触时有更多的“相切”动作。

在平面中，按右手螺旋法则可确定力矩方向：张开右手，大拇指伸开垂直于四指，以右手四指沿着力方向，且掌心面向转轴而握拳，大拇指方向即为力矩方向，与右手坐标系 z 轴（朝外）正向一致时取正号，反之则取负号。或者，在力 F 的作用下物体有逆时针转动的倾向，则力矩 M 为正；若在力 F 的作用下物体有顺时针转动的倾向，则力矩 M 为负。

力矩单位由力的单位与长度的单位决定，常用单位为 N · m。

研究人体运动时，由于受力情况不一样，对力矩的称呼也不一样，如肌肉拉力矩（肌肉拉力 × 肌力臂），外力矩（外力 × 外力臂），重力矩（重力 × 重力臂），图 3-1-6 表明了这三者的含义和关系。

图中，以前臂（和手）为受力分析的对象，肘关节屈肌产生肌力矩（$F\times a$），前臂自身的重力 G 产生重力矩（$G\times b$），手中的重物产生外力矩

($W \times c$)。通常肌力矩就是对抗重力矩与外力矩的。

在锻炼相关肌群时，适当加大重力或外力（阻力）的力臂，可以起到更好的刺激效果，例如，图 3-1-7 中人体通过手臂姿态的调整来改变上半身重心至骨盆支撑点的距离（阻力臂），从而改变仰卧起坐的动作难度。

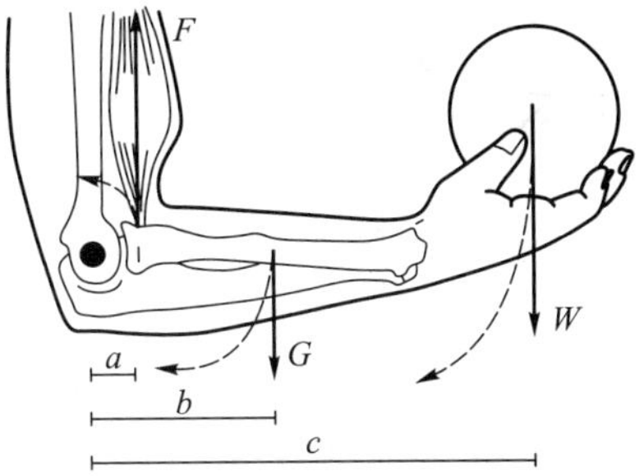

图 3-1-6　人体系统中的力对定点的矩

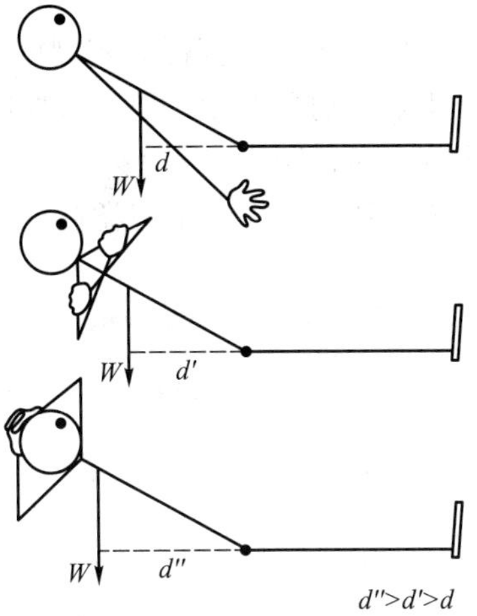

图 3-1-7　仰卧起坐动作中加大重力臂增强对肌肉的刺激

（二）人体运动的骨杠杆

从图 3-1-6 我们可以知道，骨杠杆若无肌肉的力矩作用，在多数情况下是不能平衡的。即使只有重力作用，我们的骨架也会坍塌。人体大约 700 条肌肉在骨的各个部分牵拉着骨架，这些肌肉通过类似缆索的结构即腱组织与骨相连或通过一种扁平结缔组织即腱膜与其他肌肉相连。人体肌肉的重量大约是体重的 40%。

在人体中，每一个长骨都是一个杠杆，相连关节便是支点。杠杆可改变力的方向、大小和力产生的运动速度。杠杆原理是公元前 3 世纪由阿基米德提出的（阿基米德“给我一个支点，我可以撬起整个地球”的经典假设流传千载），而杠杆的实际运用早在阿基米德出生前 2000 年在古亚述和古埃及就开始了。

人体中的杠杆类型见图 3-1-8。颈部肌肉作用于骨骼使头产生屈伸运动是第一类杠杆，图 3-1-8（a）中，支点是第一颈椎，头的重量与颈部肌肉分别在支点两侧控制头的屈伸运动，当肌肉收缩头便抬起。第一类杠杆变更运动方向与速度，改变阻力的大小（头越向前阻力越大）。其支点在动力与阻力之间，这与跷跷板一样，这种杠杆又称为平衡杠杆。

腓肠肌将大腿股骨与跟骨相连构成第二类杠杆。第二类杠杆在以牺牲移动速度与距离的代价下放大了动力，图 3–1–8（b）中，支点跖趾关节线（横向）上，足上的重量成为阻力，这样，腓肠肌能提起比其自身产生的肌力大得多的重量，但与此同时也将移过更多的距离。第二类杠杆又称为省力杠杆。

人体中第三类杠杆的实例见图 3–1–8（c）。在这种情况下，负荷位于手上，支点在肘关节处。肱二头肌收缩拉着前臂向着上臂靠近，这种杠杆系统以力为代价使阻力点速度与移动的距离增大。人体各种大肌群经常要产生几倍于人体体重的力。第三类杠杆又称为速度杠杆。

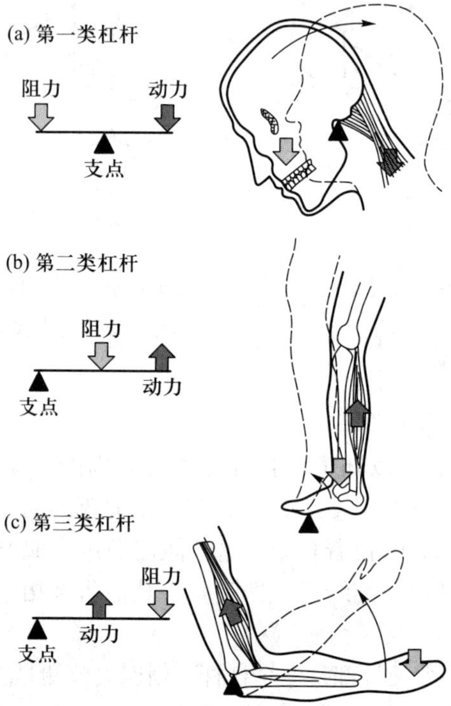

图 3–1–8 人体中的三类骨杠杆

四、隔离体受力分析法

在研究人体或器械的平衡问题时，首先要对研究的对象进行受力分析，即确定研究对象受到哪些力的作用，这些力的作用点和方向等。研究对象可能是某物体或几个物体的组合，亦可能是从一个物体中隔离出的一部分，这一部分称为“隔离体”。为了清楚地表示研究对象的受力情况，就有必要把所研究的对象从周围的物体中分离出来，即将研究对象单独画出，并表示出周围物体作用于它的全部外力，这样的图称为受力图。除了重力外，只考虑与研究对象相接触的物体对它的作用力，如地面支撑反作用力、摩擦力、器械的支撑反作用力、空气的作用力等。应该特别注意的是不要漏画力，也不能任意添加力。图 3–1–9 与图 3–1–10 分别是以人体整体和局部为分析对象画出的受力图。

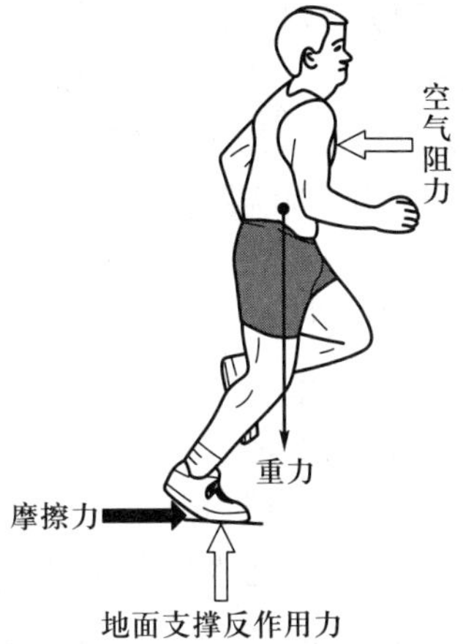

图 3–1–9 跑步过程中人体的受力图

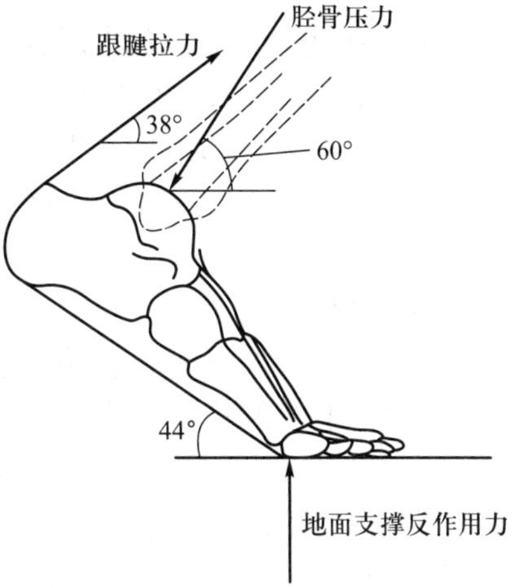

图 3–1–10 跑步蹬离地面时足的受力图

第二节 人体简化模型与惯性参数

对人体受力进行定量分析时，必须建立适当的力学模型，这是动力学研究中很重要的一个步骤。为了不同的研究目的，对所观察的对象或过程做出正确的假设或简化是必要的，其目标就是在满足一定精度的要求下利用合理简化的模型来解决问题。在运动生物力学中，经常需要对人体局部（比如关节）或整个人体进行建模，借此来估算内力和描述重心运动。

一、人体简化模型

人体是一个十分复杂的生物体系统，人体运动是在神经系统控制下的非常复杂的运动，人体从外形观察可分为头、颈、躯干、上肢、下肢等局部环节，上肢又分上臂、前臂和手，下肢又分为大腿、小腿和足，而在运动过程中人体这些环节的运动必须在神经系统的控制下协调有序进行。因此，要研究人体的运动首先就必须对人体进行必要的简化和抽象，建立人体在各种运动中能够代表其力学本质的模型。

（一）质点模型

质点是具有一定质量，而几何形状和尺寸可以忽略不计的物体，是一个理想的物理模型。而人体是有一定质量、一定体积和形状的有机体，一般来说，如果不涉及人体的转动和形变，只研究人体平动，就可忽略人体的形状、体积和内部结构，把人体简化为质点。例如，研究人体跑 100 m 的运动轨迹时，从运动方面忽略人体的形变与上下肢围绕各关节中心的转动动作，把人体简化为质点，把在一定时间内用坐标系确定的空间位置点依次连接起来，就是质点的运动轨迹，这也就代表人体的运动轨迹。在研究人体完成单杠大回环的运动轨迹和运动规律时，如果不考虑整个人体形态的变化，不考虑整个人体各个环节的相对运动，也可把人体看成是一个质点，人体重心运动轨迹即可视为人体运动轨迹，是一条近似圆周的曲线。当研究人体的手或足等肢体运动情况时，有时我们可以把人体的肢体（环节）看作质点，例如在研究单杠大回环过程中手或足的运动轨迹时，就可以把手或足看成是质点。

（二）刚体与多刚体模型

如果研究的人体运动涉及转动运动，就不能不考虑人体的体积和形状，不能再将人体抽象为质点。在运动中人体的形状与体积是改变的，人体各部分形变很小或虽有形变但不影响整体运动，我们也不深究各部分相互作用的本质，仅仅研究人体整体运动，可以忽略人体形状和形变，这时把人体抽象为刚体。刚体可划分为许多极小的部分，而每个极小部分又可看作为许多质点，因而刚体是由许多质点组成的，是一质点组，只是质点组内任意两质点间的距离都保持不变，即刚体是由相互间距离始终保持不变的许多质点组成的连续体。

当研究内容涉及环节的转动时，就不能不考虑环节的形状和体积，因此可以把人体的环节简化为刚体。由于人体由多个环节构成，如把各个环节简化为刚体，那么人体模型可视为多刚体模型。刚体具有 6 个自由度，简单地说，刚体具有 3 个平动自由度和 3 个转动自由度。人体多刚体模型的主要特点是：人体各环节均由具有相同密度和简单几何形状的刚体构成；刚体之间由铰链相连接；不考虑组织形变及器官的不对称性。

不同国家人体多刚体模型因人体惯性参数不同而不同，最为著名的多刚体模型是 1964 年汉纳范（Hanavan）在前人研究的基础上，提出的具有一个头、上下躯干、左右大腿、左右小腿、左右足、左右上臂、左右前臂、左右手 15 个环节，通过球铰连接而成的人体模型，该模型称为汉纳范人体模型（图 3-2-1）。其中头模型为一正椭圆球，上下躯干模型为正椭圆柱，手模型为球体，大腿、小腿、上臂、前臂、足模型为平截头正圆锥体。

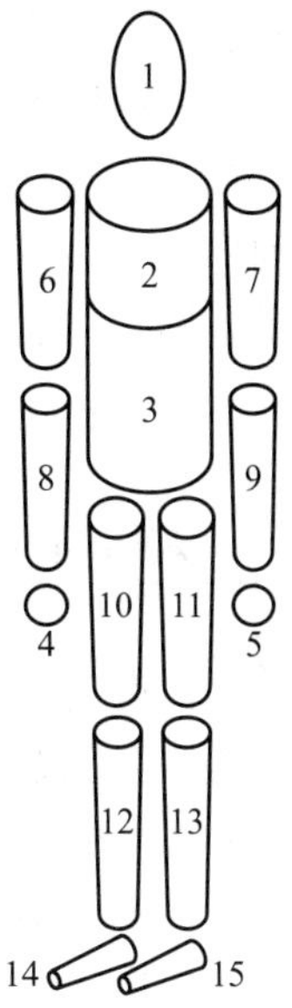

图 3-2-1　汉纳范人体模型

中国人体惯性参数模型

（三）人体简化模型的实用性和局限性

人体运动的复杂性带来研究上的困难，将人体简化为物理模型进行力学研究，为研究带来很大方便，并且可以取得定量数据和资料从而可对其进行分析，揭示人体运动的力学原因和生物学原因，揭示动作技术结构的规律性和合理性。然而复杂人体简化为质点或刚体后，所得到的数据与材料再反馈到复杂人体应用时还存在着较大的差距，因为人体活动受多因素的影响，包括内在和外在的因素，把多因素的问题简化为单因素处理，将其数据资料反馈用于复杂人体时需持谨慎态度。但在实际研究中，不将人体简化很难进行研究，故在教学与科研中仍采用人体简化模型，人体简化模型研究运动规律对运动训练仍具有一定的指导意义。

人体是一个复杂的开放的巨系统，正确地反映出对人体运动时起主要作用的力学因素，建立人体的实体模型，是运动生物力学研究的方向。同一个实际对象，在研究不同物理现象时，很可能用不同模型代替。有生命的人体不同于动物，更不同于无生命的物体，不同的研究问题需要用不同的模型，有些也需要依靠多学科的综合研究，逐步建立人体实体模型。人体实体模型建立，必须掌握人体运动中诸因素之间的关系及其规律。例如，要研究起跳动作这一最基本的动作，必须搞清楚诸因素之间的关系，包括跳起高度与大小腿长度，大小腿围度，大小腿肌肉发力强弱，足的长短和高度，肌纤维成分和类型，膝关节角度以及其他结构的生理、生化、力学特性等的关系，这就需要进行大量的多学科的调查统计，发现一些规律性的材料，建立经验公式，再将其反馈到运动实践中并进行验证，从而确定公理。人体实体模型的建立是在上述基础上确立物理模型，而后确立多种数学方程（一个人体器官就需列出十几个甚至更多的数学方程），数学方程确立后通过计算机运算获得定量数据，将这些数据反馈到人体运动实践中，验证成立后用于指导运动实践。

二、人体惯性参数

人体惯性参数是指人体整体或环节的质量、质心位置、转动惯量及转动半径。人体惯性参数是建立人体模型和进行人体运动技术影像解析的基础数据，其准确程度直接影响着影像解析结果的精度，因而对人体惯性参数的测量研究一直是运动生物力学中的一个重大的基础性课题，具有重要的学术价值和应用前景。

（一）人体环节

1. 人体环节的划分

人体环节包括头、躯干和四肢等。由于这些环节在人体运动过程中相互间位置不断进行调整和改变，这些调整和改变直接影响环节质心和人体质心的位置，因此确定环节的划分方法就显得十分重要。

概括起来，目前划分人体环节的方法大约有两种：一种是以人体的结构功能为依据，将通过关节转动中心的切面作为分割环节的切面，并以关节中心间的连线作为环节的长度；另一种是以人体体表骨性标志点作为划分环节的参考标志，并以此确定环节长度。前一种划分方法与人体结构功能相适应，在影像解析时更符合运动规律，可减少测量误差，但在人体测量时不易准确确定划分点；后一种划分方法尽管易于测量，但在模型个体化时，在满足运动生物力学研究的基本要求方面不如前者，会给影像分析结果带来一定的误差。

2. 人体关节点的判定

运动解剖学、运动生物力学、运动技术原理、人体惯性参数模型及影像分析模型的知识理论是判断和确定人体关节点的原则和方法的理论基础。判定人体关节点的方法是首先在标准的人体骨架图上标出关节转动中心的位置，并找出其与骨性标志的关系；然后在人体体表轮廓图上相应位置，标出关节转动中心位置，并找出其位置与体表及骨性标志的关系；最后依据体表图谱上各关节转动中心（人体关节点）的标志点，确定其与周围解剖结构、形态学标志的关系，并由此归纳出人体关节点位置的判断与确定的原则和方法，将其作为运动生物力学判断和确定人体关节点的依据。

3. 人体环节质量及环节质心

人体各环节的质量叫做各环节的绝对质量，各环节绝对质量与人体质量之比叫做各环节相对质量。环节相对质量并不恒定，躯干的质量最易发生变化，例如餐食、喝水可在短时间内使躯干质量发生较大的变化；四肢质量发生变化较慢，然而经过长期的运动训练，不同项目的运动员之间以及运动员与普通人群之间四肢的相对质量会产生较大的差异。

中国人体环节质量分布与外国人存在明显差异。中国男性的特点是头颈环节相对质量较大，而躯干、上肢及小腿环节相对质量较小。中国女性与欧美女性相比除大腿外，其他肢体均偏小，而与俄罗斯女性相比，则头颈和躯干偏大，四肢偏小。

环节质心是环节的质量中心。人体各环节质心在各环节中几乎都有固定的位置，纵长环节的质心大致位于其纵轴上，靠近近侧端关节。人体环节质心相对位置常用该环节质心上部尺寸占本环节全长的百分比表示。

（二）人体质心与人体重心

1. 人体质心

保持标准解剖姿势的人体，其质心大约位于第二骶椎所在的水平面上。卧姿人体质心向头部移动约 1%。人体直立姿势和卧姿质心之所以存在差异是因为内脏器官与肌肉的位移和血液的重新分配。女子质心的相对高度比男子低 0.5%~2%；婴儿质心的相对高度比成年人约高 10%~15%，到 5 岁时与成年人相等，随后直到老年质心位置几乎不变，仅当衰老时质心高度才略有变化；体型及运动专项对人体质心的高度有一定的影响。

人体姿势改变时，身体总质心位置随之改变，在某些情况下，特别是当前倾或后仰时，总质心可能移到体外。

2. 人体重心

评定一个体育动作完成的质量，分析动作的技术特征和纠正错误动作等，都需要从运动时人体重心的变化规律的角度出发，因而，人体重心的问题在体育动作分析中占有很重要的地位。

（1）人体重心的位置。

地球上的物体无不受地心引力的作用，每个物体都是由无数微小的物质（分子、原子等）组成，这些微小物质也受重力作用，人体也不例外，人体的微小生命单位是细胞，每个细胞也都受地心引力的作用，地心引力即重力，重力的大小就是物体的重量，重力的作用方向始终竖直向下，指向地心，重力的作用点就是物体的重心。

由于组成物体的每个微小分子都受重力的作用，所以每个分子都有一个重心，整个物体的重心就是各个分子重力的合力作用点。人体由头、躯干、上臂、前臂、手、大腿、小腿、足等多个环节组成，每个环节都受到重力的作用，各有自己的重心，这些环节的重心是组成这些环节的每一微小部分的重力的合力作用点。例如，头的重心、躯干重心、上臂重心等。人体全部环节（整个人体）所受到重力的合力作用点就叫做人体重心或人体总重心。由此可知，重心是重力的作用点，它在物体上仅仅是一个几何点。几何形状固定的物体，其重心位置是固定不变的。例如，铁饼、标枪、铅球等物的重心位置是固定的，而人体重心不像物体那样恒定在一个点上（图 3-2-2）。

图 3-2-2 跳高过程人体重心的位置变化

人体重心是一个变量，随着呼吸、消化、血液循环等生理过程的进行，在一定范围内移动。在相对静止的状态下，其变化范围一般在 1.5～2 cm。据测定，站立时，人体重心一般在身体正中面上第三骶椎上缘前方 7 cm 处。由于性别、年龄、体型不同，人体重心位置略有不同，一般男子重心位置的相对高度比女子高，这是由于女子的骨盆带较大以及肩带发育弱于男性。

儿童的头和躯干的质量相对大一些，则身体重心相对高度比成年人高些。在体育运动中，由于身体姿势的变化，重心位置也随之变化，这种变化对运动技术动作的影响较大。例如，手臂上举，重心升高；体后伸，重心后移；下蹲，重心下降；向左体侧屈，重心左移。做大幅度的体前屈动作或体操“桥”动作时（图 3-2-3），人体重心可以

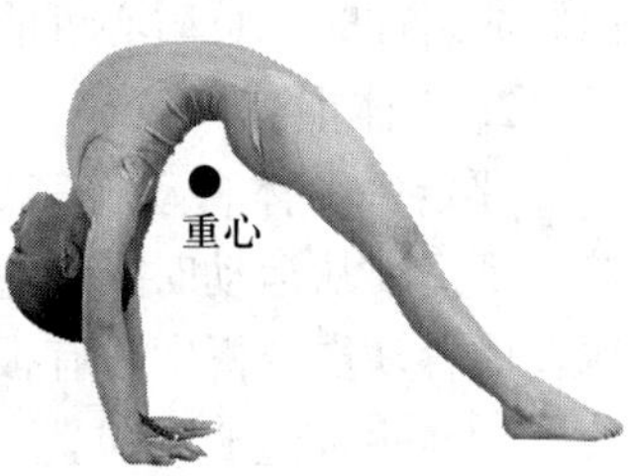

图 3-2-3 在做体操“桥”动作时人体重心的位置

移出体外。重心移动的方向总是与环节移动方向一致，并且重心移动的幅度取决于环节移动的幅度和移动环节的质量，环节移动的幅度越大，重心移动的幅度也越大，移动环节的质量越大，则重心移动的幅度越大。

（2）人体重心测量原理与方法。

测量人体重心对于分析和评价体育运动技术动作的合理性、可能性、稳定性、经济性和实效性都是十分重要的。

直接测量法是通过一定的测量仪器（如重心板）对人体不同姿势的重心位置进行直接测量，直接测量法可测量人体一维或二维的重心位置，对人体三维空间的重心位置尚无法测量。具体方法主要有两支点磅秤显示一维重心测量法（平板法，图 3-2-4）和三支点磅秤显示二维重心测量法（三角板法）。直接测量法的力学原理主要是合力矩原理，即一个系统各部分重力矩之和等于系统总重力的力矩。

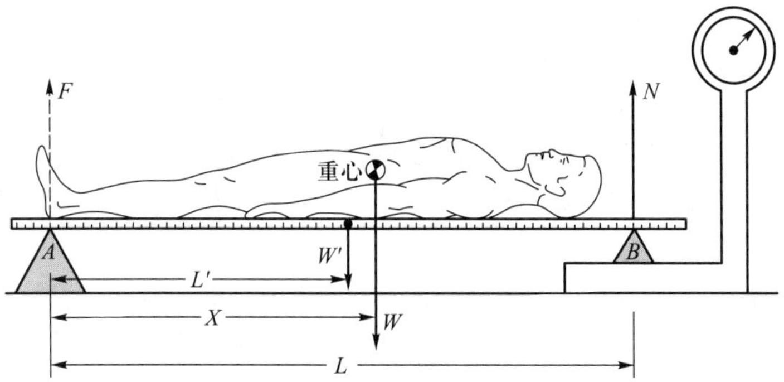

图 3-2-4　一维重心测量法（平板法）

间接测量法是通过一定的方法对人体进行实测，测试数据经统计学处理，得出人体环节相对质量、环节质心相对位置等人体惯性参数及相关回归方程，利用这些参数及方程，用相应方法对人体质心位置进行推算。

（三）人体转动惯量

1. 质量与转动惯量

平动的物体具有惯性，用物体的质量来度量；转动物体同样也具有惯性，用转动惯量来度量。

质量是物体含有物质的多少，是物体的固有属性，是只有大小没有方向的标量，是度量平动物体惯性大小的物理量，用以描述物体保持原有运动状态的能力。物体质量越大，保持原有运动状态的能力也越大；反之，物体质量越小，保持原有运动状态的能力也越小。

转动惯量是量度转动物体惯性大小的物理量，用以描述物体保持原有转动状态的能力。转动惯量越大，转动状态越不容易改变。例如对不同的刚体，要得到同样的角速度，则转动惯量愈大的刚体所需的外力矩愈大。因此，在这种意义上，它类似于牛顿第二定律 $F=ma$ 中的质量 m。例如，直体后空翻比团身后空翻难度大，其原因就是直体时，身体质量分布离转轴较远，转动惯量较大；团身时，身体质量分布较集中，离转轴较近，转动惯量较小。单杠大回环的难度较腹回环大，则是由于二者的转动轴的位置不同。单杠大回环时人体的转轴在身体的一端，身体质量分布离转轴较远，转动惯量较大；腹回环时转轴在身体中间，身体质量分布离转轴较近，转动惯量较小（图 3-2-5）。

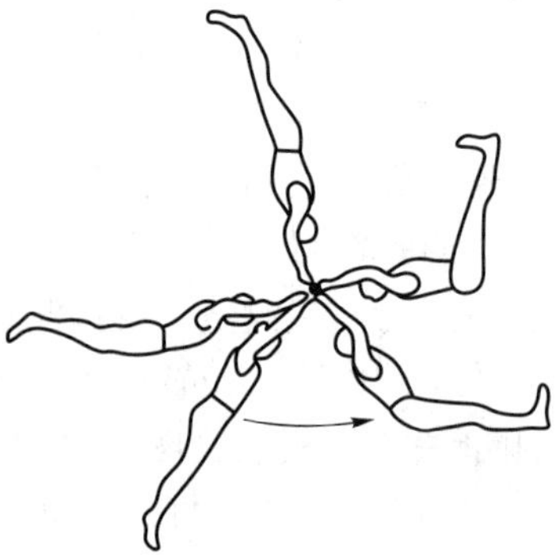

图 3-2-5 单杠大回环时身体质量分布与转动惯量的关系

理论上，对于质量为 m 的质点，如果它离转轴的垂直距离为 r，那么这个质点的转动惯量等于这个质点的质量与其至转动轴距离平方的乘积。即：

$$I=mr^2$$

一般物体可视为质点的集合，那么这个物体的转动惯量就等于各质点对转轴转动惯量的总和。若转动轴已确定，组成该物体的各质点到转动轴的距离 r 就已确定，组成该物体的质点数也不增减，因此转动惯量也就是不再改变的某一定值。所以，在指出物体转动惯量的大小时，须同时指明是相对哪一转动轴而言，只有转动轴改变时物体转动惯量才可能改变。

对于一般的刚体，如果转动轴确定，转动惯量也就不会改变。对于形状规则的物体，可通过积分计算转动惯量的大小。

2. 人体转动惯量的特点

人体转动惯量可以用刚体转动惯量的定义和公式，但要考虑其可变性。虽然组成人体或环节的质量不会改变，但由于人体的质量分布受呼吸和血液循环等因素的影响而随时都在变化，尤其是人体在运动过程中，受中枢神经的控制，经常需要根据体育动作的目的改变身体姿势，这会造成人体或环节的质量相对转动轴的分布状态发生改变。因此，对人体某一姿势下转动惯量的计算或测量，只能说明某一瞬间的情况。正因为人体转动惯量这种可变性，人体可以根据不同的动作目的，调节身体姿势改变转动惯量，从而达到自我控制动作的目的（相关力学原理在本章第七节阐述）。

第三节 人体平衡及其力学条件

人体平衡属于静力学研究范畴，而静力学是研究物体或物体系在外力作用下处于平衡状态的性质和行为的力学分支。体育运动中人体运动的静力学主要讨论人体在完成静力学动作即处于相对静止的姿势（或称平衡状态）时的受力情况及获得平衡和维持平衡的力学条件。

平衡动作包括两类。一类是静态平衡动作。体育运动中的静止动作，如体操中的吊环十字支撑、倒立，体操、武术等项目的各种落地动作，田径中的起跑姿势，体操技巧中的造型动作等，都要求在一定的时间内保持相对静止的姿势才算完成动作，以上属于静态平衡动作。还有一类是动态平衡动作，如花样滑冰中的造型动作，它需要在滑行或旋转中保持一定的身体姿势。无论是静态平衡动作还是动态平衡动作，均必须满足一定的力学条件才能在运动中维持平衡。

一、人体平衡的力学条件

当物体保持平衡时，作用在物体上的一切外力相互平衡，也就是物体所受合外力为 0，所受合外力矩为 0。这些条件对于人体也同样适用，它的数学表达式为：

$$\sum F_i = 0 \tag{3-1}$$

$$\sum M_i = 0 \tag{3-2}$$

公式 3-1 是物体不产生平动的力学条件，公式 3-2 是物体不产生转动的力学条件。显然，如果某物体符合上面两个条件，则物体既不发生平动，也不发生转动，处于平衡状态。

在判定物体平衡的时候，有时需要求分力的合力，有时需要对合力进行分解，力的合成和分解的具体方法请参见附录。

二、体育中的人体平衡

平衡的稳定性，是指人体抵抗各种干扰作用保持平衡的能力，平衡的稳定性又称平衡的稳定程度或稳定度。人体平衡的稳定度包括两个方面：一是人体静止时抵抗各种干扰的能力，这种能力称为静态稳定度；二是指人体重心偏移平衡位置后，干扰因素除去时，人体仍能恢复初始平衡的能力，此为人体平衡的动态稳定度。

平衡的稳定性对于静止和运动中的人体很重要，平衡能力强的人能最大限度达到平衡的稳定。在体育运动中，人体平衡的稳定性直接影响动作的成败和成绩的高低，例如举重成功的标志是保持杠铃举起达 3 s，高难度平衡动作的稳定性对体操、武术的比赛成绩影响更大，一个稳定性很高的平衡动作的完成常常会瞬间改写成绩的排名。人体在运动中的稳定性，需要通过各种平衡训练获得。

（一）人体平衡的类型

根据重心与支撑点的位置关系可以把人体平衡分为上支撑平衡、下支撑平衡和混合支撑平衡三种。当支撑点在人体重心上方时为上支撑平衡，如体操中的各种悬垂动作。当支撑点在人体重心下方时为下支撑平衡，如站立。当有的支撑点在人体重心上方而同时有的支撑点位于人体重心下方时，为混合支撑平衡，如肋木侧身平衡。

根据平衡的稳定程度可将人体的平衡分为稳定平衡、有限稳定平衡、不稳定平衡和随遇稳定平衡四种。稳定平衡指人体的姿位不论有多大的偏离都能恢复到原来姿位的平衡；有限稳定平衡指人体姿位的偏离仅在一定范围内能够恢复到原来姿位的平衡；不稳定平衡指人体只要有极小的偏离就一定倾倒的平衡。随遇平衡指人体位置无论怎样偏离，始终都能在新位置下保持平衡。

通常上支撑平衡，都是稳定的平衡。下支撑中的面支撑平衡都是有限度平衡，这在体育运动中最为常见（图 3-3-1（a））。下支撑平衡时，当人体重心投影落在支撑面内时是稳定的，当重心偏离，重心投影落在支撑面外时，则平衡被破坏。不稳定平衡仅见于下支撑平衡中的点支撑或线支撑，杂技中自行车定车和高空走钢丝（图 3-3-1（b））等是不稳定平衡，它们的

(a)

(b)

图 3-3-1 有限度平衡和不稳定平衡

支撑面很窄，可近似看作线支撑。有限稳定平衡和不稳定平衡都属于下支撑平衡，两者主要区别在于支撑面大小和支撑状态的不同。随遇平衡的特点是物体偏离原来位置时，重心高度不变，体育运动中球体的平衡则属于随遇平衡，体育动作中的前滚翻动作，可近似看作随遇平衡。

（二）影响人体稳定性的因素

体育运动中的人体平衡大多是下支撑平衡，影响下支撑平衡稳定度的主要因素有：

1. 支撑面的面积

在物体的下支撑平衡中，都有一定的支撑面。支撑面的面积愈大，物体平衡的稳定性也愈大。支撑面的面积由各支撑部位的表面积及各支撑部位之间所围的面积组成（图 3–3–2），当具有多个支撑部位时，它们之间的距离愈大，支撑面的面积也愈大，因而稳定性也愈大。因此，两脚开立比两脚并立的稳定性大，两脚站立比单脚站立的稳定性大，而单臂手倒立比双臂手倒立难度更大。各种运动的支撑面见图 3–3–3。

2. 重心位置

重心位置对稳定性也有影响。一般地讲，重心愈低，稳定性就愈大。

以上两点只能一般地说明物体的稳应性大小，而不能反映不同方向上稳定性的差异。如马步动作，人体在前后方向上的稳定性就比左右方向上差。如果此时人体前后方向上受到力的作用，则更容易失去平衡。由此发现，平衡的稳定性还决定于重心垂直投影在支撑面中的相对位置。若重心垂直投影接近支撑面边缘，那么物体在这一侧的稳定性就小。如在短跑的蹲踞式起跑及游泳的出发姿势中，都尽量使身体前移以使重心垂直投影接近支撑面边缘，目的就是减小向前的稳应性，以便听到枪声或口令时及时失去平衡，从而有利于起跑或出发。

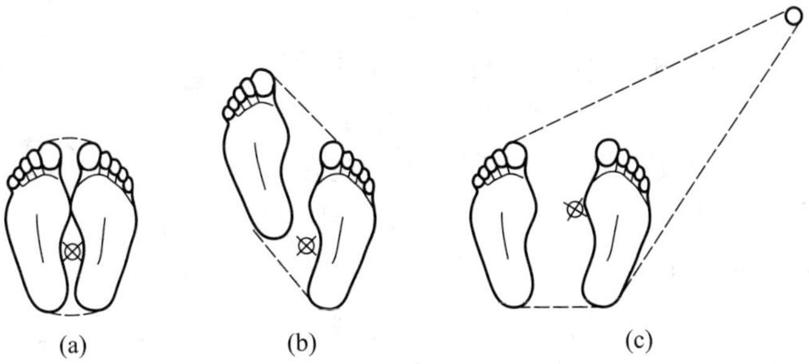

图 3–3–2　支撑面的定义

图 3-3-3 人体运动中的支撑面

3. 稳定角

所谓稳定角就是重心垂直投影线（或称重力作用线）和重心至支撑面边缘相应点的连线间的夹角（图 3-3-4）。稳定角愈大，物体的稳定程度愈大，即物体在某方位上平衡稳定性的储备能力愈大。稳定角能定量说明物体在多大范围内倾倒时，重力仍能产生恢复力矩使物体恢复到原来的平衡位置上。一旦物体倾斜角度大于稳定角时，重力就产生倾倒力矩使物体倾倒。稳定角综合地反映了支撑面的面积、重心位置及重心垂直投影在支撑面内的相对位置这

图 3-3-4 稳定角

注：α_1 左稳定角；α_2 右稳定角。

三个因素对稳定性的影响。如果要增大某方位的稳定性，则要增大在此方向上的稳定角。

4. 稳定系数

一个物体是否失去平衡取决于该物体的重心垂直投影是否落在支撑面内。如落在支撑面内，则保持平衡；落在支撑面之外，则失去平衡。

我们可用稳定系数这一参量来判断。当物体开始倾斜时，随着物体的倾斜，重力产生一个使物体恢复到原来平衡位置的恢复力矩。恢复力矩等于重力的大小乘以重力对倾倒支点的力臂。在倾倒的过程中，如恢复力矩大于倾倒力矩，即重心垂直投影在支撑面内，则恢复力矩使物体恢复到原来的位置上。若在倾倒过程中，重力对倾倒支点的力臂不断缩短，随着倾倒的加剧，恢复力矩不断减小。当倾倒使重力作用线通过支点时，恢复力矩变为0，重力矩则起着加剧倾倒的作用。若有一倾倒力作用在物体上，倾倒力所产生的倾倒力矩为倾倒力乘以倾倒力对倾倒支点的力臂。稳定系数就定义为倾倒力开始作用时稳定力矩与倾倒力矩的比值：

$$k=\frac{\text{稳定力矩}}{\text{倾倒力矩}}$$

三、人体平衡的特点

以上主要从刚体平衡的角度讨论了平衡的一些问题，这对刚体自然是成立的。而人体既符合刚体的平衡原理，又具有人体平衡的生物学特征。人体是受高级神经活动控制的杠杆系统，人体不仅可以保持平衡，而且在平衡遭到破坏时还能恢复平衡。杂技演员走钢丝索，如果把人视为刚体，那是不可能实现的。因此人体的平衡有其自身的特点。

（一）人体不能处于绝对静止的状态

人体在维持平衡的过程中，不可能是绝对静止的。呼吸系统和血液循环的存在造成了人体总重心在一定的范围内波动，肌肉的张力在任何时候都不可能恒定，因此身体姿势的维持不可能严格不变。当维持平衡的时间较长，肌肉出现疲劳时，这种不稳定性就更加明显。最优秀的射击运动员，在射击瞄准时，也不可能把枪口控制到绝对静止状态（纹丝不动）。测试结果说明，我国优秀步枪运动员立射时击发前4 s内枪口的晃动范围一般在2 mm以内。因此，可认为人体平衡是一种相对的静态平衡。

（二）人体内力在维持平衡中起重要作用

在某些静力性姿势中，不仅重力和地面支撑反作用力对维持平衡起重要作用，肌肉和韧带的拉力在调节重心位置、维持平衡中也起到重要作用，如燕式平衡。

（三）人体的补偿动作有助于维持平衡

人体在完成或维持静力性姿势的过程中，当人体重心发生偏移有失去平衡的倾向时，人体能借助补偿动作在一定范围内“中和”或“抵消”重心的不适宜移动。如用左手提起重物，身体的重心也向左移，此时人体能自动地完成一系列动作，身体的一部分向右倾斜并将右臂伸向右侧，从而使身体和重物两者的总重心向右移。补偿动作与破坏平衡的动作同时发生，避免总重心向不适宜的方向移动，当补偿动作不足以维持平衡时，则需借助恢复动作维持原有的平衡或获得新的平衡。如双杠上的手倒立，当身体在某一方向上发生倾倒过程中，及时调节两手对杠的作用力，可以产生新的力矩平衡倾倒力矩，控制身体的位置，维持原有的平衡。另外恢复动作也可以改变支撑面，使重心投影进入新的支撑面，获得新的平衡。如投掷标枪，枪出手后，人体向前倾倒无法恢复时自动向前跨出一步，获得一个新的支撑面，得到新的平衡。

（四）人体具有自我控制、调节和恢复平衡的能力

人体不仅能维持平衡，在有失去平衡的趋势时，还可以通过视觉和本体感觉，在大脑皮质的控制调节下，用肌肉收缩产生平衡的力学条件，恢复和维持平衡。这种平衡能力，可以通过训练不断加强，能够使人体完成一些单从力学角度来看非常困难的平衡动作。例如，吊环前“水平”、高台定车等体操和杂技中一些高难平衡动作。有训练和无训练的人，保持平衡的能力差别很大。

（五）人体的平衡受心理因素的影响

在一些大型国际比赛中，由于运动员赛前的心理紧张和比赛环境的影响，运动员的心理负担很大，这会导致其反射性协调机制失调，从而造成平衡动作的失败，这种现象在比赛中屡见不鲜。比较典型的例子是女子平衡木的比赛，在平常训练中能够轻松完成的平衡动作，到了大型比赛中，运动员常因心理因素没有调节好而造成动作失败。在运动速度较高的项目中，如高山滑雪、冲浪等项目，运动员由于惧速心理也常常使平衡遭破坏。

因此，加强运动员意志品质和心理训练对提高平衡动作的稳定性也是很重要的。

（六）人体的平衡动作消耗肌肉的生理能

从力学的角度看，静止状态不能引起机械功，因为力的作用没有引起任何位移。刚体的平衡不消耗能量。然而，人体的平衡离不开肌肉的收缩作用，而肌肉的收缩必定消耗一定的生理能。长时间的平衡使能量消耗增多，肌肉出现疲劳，这会使人体控制平衡的能力降低。因此，把刚体的稳定指标应用于人体，只能是一般性的力学评估，人体的平衡必然要考虑人的生物学因素。

人体姿势控制系统

第四节　牛顿运动定律及其运用

人体运动的动力学，仍然是以牛顿力学为基础的，同时，它还采用了力学的研究方法。但人体的运动受人体的结构、机能状态、心理因素、精神状态等诸多因素的影响，与非生命体的机械运动有着本质的区别，有些生物学的因素目前还无法定量描述，只能通过一些直接或间接的测量，获得一些反映生物学特征的指标。通过对这些指标的分析，得出一些定性的结论。因此用单纯的非生命体的机械运动来等效人体运动是有一定局限性的。为了简化起见，在研究中仍然把人体简化为质点或刚体进行研究，但在研究实际问题时，一定要考虑人体的生物学因素。

牛顿的科学贡献

一、牛顿第一定律

（一）牛顿第一定律的内容

任何物体，在不受外力作用时，都保持静止状态或匀速直线运动状态，即物体具有保持它原有运动状态不变的性质，这种性质称为惯性。因此，牛顿第一定律也叫惯性定律。

（二）牛顿第一定律在体育中的应用实例

在体育运动中，常遇到惯性问题，如在短跑起跑后，人体跑速不能立即达到最大速度，而在冲刺之后，人体也不能立即停下来。这都是惯性的缘故。

掌握了惯性定律，在体育运动中合理利用惯性，可减小能量消耗，从而提高运动成绩。如在中长跑中，用适宜的较稳定的速度跑，可使肌肉的放松和收缩适时、有节奏，动作更加经济协调，能够减小能量消耗，这比改变速度省力得多。而在举重的上举技术中如能保持动作的连贯性，尽可能避免频繁改变运动速度，则能较容易完成动作，减小不必要的能量消耗；反之，动作中途停顿，则会加大动作难度，甚至会导致动作失败。

二、牛顿第二定律

（一）牛顿第二定律的内容

当一个物体受到的合外力不为0时，物体运动的加速度与合外力成正比，与其质量成反比，加速度的方向与合外力的方向一致。

$$\sum \vec{F} = m\vec{a}$$

$\sum \vec{F}$的单位是N，m的单位是kg，$\vec{a}$的单位是$\mathrm{m/s^2}$。

（1）$\sum \vec{F}$为合外力。

（2）此关系式为矢量关系式。

（3）此关系式为加速度与合外力的瞬时关系。

（二）牛顿第二定律在体育中的应用实例

在体育运动中，牛顿第二运动定律有广泛的应用，这是因为人体的各种动力性动作几乎都具有加速度，有加速度就必然有力的作用。公式中的质量m在实践中是比较容易测定的，问题的焦点往往集中在解决F和a上，如果能确切知道二者中的一个，那么根据公式，另一个就十分容易确定了。

随着测力台等仪器的出现，我们已经可以测定一些动作中人体对地面的作用力，它等于地面对人体的作用力，利用牛顿第二定律计算得到a。当$a=0$时，人体（视为质点）做匀速直线运动，这种运动在人体运动中很少；当$a<0$时，人体做减速运动；当$a>0$时，人体做加速运动。而对于人体的某一运动环节（视为质点），可通过解析运动学测量的影像得到其a，从而根据牛顿第二定律计算F。需要指出的是，测力台和影像解析存在一定误差。

三、牛顿第三定律

（一）牛顿第三定律的内容

若物体 A 对物体 B 作用一力 F_{AB}，则物体 B 同时以力 F_{BA} 反作用于物体 A，两力大小相等，方向相反，并作用在同一直线上，即 $F_{AB}=-F_{BA}$。牛顿第三定律也称为作用力和反作用力定律，它表明了物体间的相互作用关系。

（二）牛顿第三定律在体育中的应用实例

在各种运动中，作用力与反作用力的问题是普遍存在的。只有弄清它们的关系，才能正确分析体育运动中各力的特点并对其进行深入分析。

在跑、跳等动作中，人们一般都知道要跑得更快、跳得更高更远就必须加大蹬地力量。实际上人体所获得的动力并不是人的蹬地力，而是地面对人的反作用力，这就是人向后下用力而身体却向前上方运动的原因。要获得较大的反作用力作为人体运动的动力，必须加大人的蹬地力，这又取决于人体肌肉活动引起的对地面作用力的大小。肌肉活动是主动的，要提高人体运动效果，最重要的是要提高肌肉收缩的力量以加大蹬地力从而得到一个更大的反作用力（图 3-4-1）。另外，在实践中采取一些措施利用外部条件在一定程度上也可提高地面对人体的作用力，例如，在跑鞋、跳鞋上安上钉子，起跑时用起跑器等（图 3-4-2）。

图 3-4-1　跳高起跳蹬地获得地面反作用力

图 3-4-2　起跑时用起跑器获得更大反作用力

有人认为，在推铅球最后用力阶段，人对铅球的作用力大于铅球对人的作用力，因为铅球向前飞出而人不会向后摔倒，这是错误的观点。推铅球最后用力阶段手与铅球之间的作用力是作用力与反作用力，它们大小相等，方向相反，作用在不同的物体上，因而这两个物体所获得的加速度的大小必然跟它们的质量成反比，而加速度的方向则相反。在推铅球时，手对铅球施加一向前的作用力，铅球质量小，获得较大的向前的加速度，于是向前飞出；铅球对手施加一相等的向后的作用力，而人体质量较大，获得的向后的加速度较小，几乎为 0。这就是铅球向前飞出而人体不会向后摔的原因（图 3-4-3）。

图 3-4-3　推铅球动作

而在链球运动中，人带动链球做圆周运动时，手臂通过铁链对球施加向心力，不断改变球的运动方向，使球得以实现圆周运动。同时，铁链对手臂施加一相等向外的离心力，它作用在手臂上。有人认为松手后，链球沿切线飞出去，是离心力作用的结果，这是不对的。因为，第一，离心力是沿半径指向外的，所以不可能使链球沿切线方向飞出去；第二，离心力作用在手上，不会对链球产生作用；第三，松手后，向心力消失，离心力也同时消失，不可能再产生作用力。正确的解释是，松手后链球不再受向心力的作用，因惯性沿切线方向飞出（图 3-4-4）。

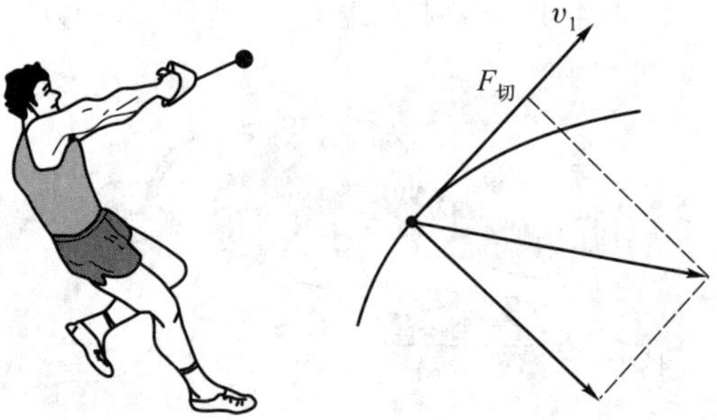

图 3-4-4　投掷链球动作及链球受力分析

第五节　动量定理、动量守恒定律及其应用

一、动量与冲量的概念

（一）动量

动量是速度与质量的乘积，是物体运动量的量度。

$$\vec{K}=m\vec{v}$$

动量描述物体在一定运动状态下所具有的“运动量”。动量是矢量，方向与速度方向一致，单位为 kg·m/s。

（二）冲量

冲量是作用于物体的外力与外力作用时间的乘积。

$$\vec{I}=\vec{F}\cdot\Delta t$$

冲量是力在一定时间间隔内的累积效应，冲量是矢量，方向与力的方向相同。冲量的单位为 N·s。可以从力与时间的曲线上通过计算（运用数值积分方法）获得冲量值，其几何意义为时间轴与力的曲线所围成的面积（图 3-5-1）。

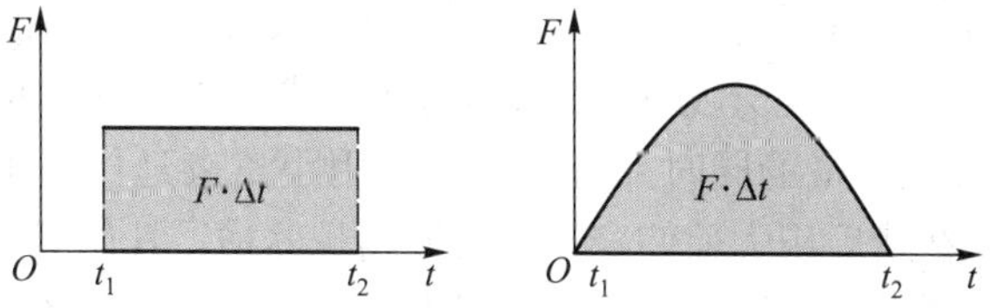

图 3-5-1　恒力与变力的冲量

二、动量定理及其应用

（一）动量定理

物体在运动过程中，在某段时间内动量的改变 ΔK 等于所受合外力在这段时间内的冲量 I。即：

$$\Delta K=I \quad 或 \quad F(t-t_0)=mv_t-mv_0$$

与牛顿第二定律的关系：

$$F(t-t_0)=mv_t-mv_0 \Rightarrow F=\frac{mv_t-mv_0}{t-t_0}=m\times\frac{v_t-v_0}{t-t_0}=ma$$

在应用动量定理时要注意：

（1）矢量性。动量定理中，力和速度都是矢量，在具体定量分析时须采用动量定理的分量式来考察物体在规定的不同方向上的受力及由此产生的动量变化。

$$\sum F_x\cdot\Delta t=mv_{xt}-mv_{x0}$$
$$\sum F_y\cdot\Delta t=mv_{yt}-mv_{y0}$$
$$\sum F_z\cdot\Delta t=mv_{zt}-mv_{z0}$$

（2）冲力的平均性。在体育运动所涉及的打击和碰撞过程中，物体间的作用力一般都不是恒力，而是冲击性的作用力。这种瞬时作用力或加速度通常很难测定，但可通过测定物体在打击或碰撞前后动量的变化，来确定冲力的冲量大小，并根据作用时长 Δt，计算得到冲力的平均值。因此，动量定理中的力是一个平均冲力，这与牛顿第二定律中的瞬时作用力是有本质区别的。

（二）动量定理的应用

动量定理在体育运动中有着较为广泛的应用。根据这个定理，可对运动技术提出一些一般性的原则。

在投掷项目中，为了增加器械的出手动量，应增加最后用力阶段器械的冲量。这要求在发挥最大力量的同时延长作用时间。根据人体肌肉的用力特点，如果有意识地放慢动作的速度以延长作用时间，反而会降低肌肉的紧张度，使肌肉的爆发性用力不能充分发挥，这就不能达到增加冲量的目的。正确的做法是在发挥肌肉最大力量的同时，通过延长作用距离来延长作用时间。如在投掷项目中，往往在最后用力前使身体尽可能超越器械，其作用是一方面可使原动肌充分拉长，为最后用力发挥最大的爆发力提供一个良好的生理条件；另一方面以延长最后用力作用距离的方式延长作用时间，达到增大冲量的目的。

若要减小外界对人体的冲力，就得延长作用的时间，这在动作技术中叫缓冲作用。由动量定理可知，如果动量的变化是一个常量，即冲量值也是一个常量，这时延长作用时间，就可以减少冲力的大小。如在体操的落地动作中，运动员由高处跳下着地时，总是用前脚掌着地，然后迅速过渡到全脚掌，同时屈膝屈髋伸踝，其目的也是延长地面的冲击时间，减少地面对人体的冲力作用，以保护人体不受损伤。

此外，应用动量定理还可以计算人体运动中的一些力学参数。在跳跃项目中，用测力台测出起跳力，根据起跳力随时间变化的曲线就可以求出人体所受的冲量，然后运用动量定理，则可以求出人体腾空瞬时的速度。而在另一些情况下，在动作的摄影图片上计算出人体或器械的运动速度，则可以计算出相应的平均冲力大小。在动作技术的诊断中，还可以通过计算动量的传递来判断动作技术是否合理。

例题 1：体重 60 kg 的体操运动员，从高处落下着地瞬间向下的速度为 10 m/s，落地缓冲时间为 1.5 s，求他受到的冲力。如缓冲时间为 0.5 s，冲力是多少？

解：由动量定理可知

$$F(t-t_0)=mv_t-mv_0$$

其中 $t-t_0=\Delta t$ 为缓冲时间，$v_t=0$，$v_0=10\ \text{m/s}$

则

$$F_1=\frac{-mv_0}{\Delta t}=-\frac{60\times 10}{1.5}\ \text{N}=-400\ \text{N}$$

$$F_2=\frac{-mv_0}{\Delta t}=-\frac{60\times 10}{0.5}\ \text{N}=-1\ 200\ \text{N}$$

负号表示运动员受力方向向上。

答：当缓冲时间为 1.5 s 时受到的冲力为 400 N，缓冲时间为 0.5 s 时受到的冲力为 1 200 N。

例题 2：体重 60 kg 的体操运动员，从 3.2 m 处做单杠下法，落到海绵垫上，经 0.4 s 停止，此时重心离垫高 0.7 m，该运动员两脚所受到的平均力是多少？（g 取 9.8 m/s²）

解：因为自由落体的末速度为缓冲的初速度，缓冲结束速度为 0，取竖直向下为正故有

$$v_0=\sqrt{2gh}=\sqrt{2\times 9.8\times(3.2-0.7)}\ \text{m/s}=7\ \text{m/s}$$

$$v_t=0$$

设 F' 为两脚受到的平均力

$$\sum F\cdot\Delta t=m(v_t-v_0)$$

对运动员进行受力分析可得

$$\sum F=F'-G$$

所以

$$(F'-G)\Delta t=m(v_t-v_0)$$

则

$$F'=\frac{m(v_t-v_0)}{\Delta t}+G=-1\ 638\ \text{N}$$

答：运动员两脚所受到的平均力为 1 638 N，方向竖直向上。

三、动量守恒定律及其应用

(一)动量守恒定律

任何物质系统在不受外力或所受外力之和为 0 时，其总动量保持不变。即当 $F \cdot \Delta t = 0$ 时，有

$$mv_t - mv_0 = 0$$

则

$$mv_t = mv_0 = \text{常量}$$

这是对一个物体而言的。在研究某些问题时，需要把相互作用的两个或两个以上的物体作为一个整体来考虑，也就是把它们看成是一个孤立的力学系统。系统外对系统内物体的作用，只要外力为 0，就可以用动量守恒定律来讨论。但在实际中，绝对不受外力作用的系统是不存在的。一般只要在涉及的时间内，外力或合外力甚微，与内力相比可以忽略时，也可以近似认为在该时间内系统的动量守恒。而内力不管它多复杂和多大，都不能改变系统的总动量。体育中的一些问题，就是按上述思想处理的。

(二)动量守恒定律的应用

1. 动量守恒定律在体育动作中的应用

动量守恒定律在分析运动技术动作时具有重要的意义。例如，上下肢的鞭打动作通过大环节带动小环节，借助近侧环节的制动来加大远侧环节的速度。其力学机理就是在相邻肌群的收缩力作用下，使动量由近侧环节转移到远侧环节。

在体操练习中，也经常运用这个原理。大多数的摆动动作，开始用两腿踢(或蹬或甩)的动作，接着迅速制动腿的动作，都运用到了动量守恒定律。在没有外力的作用下，两腿的动量减小(由于制动)必然会增加上体的动量，这就有助于身体顺利地由一种姿势转为另一种姿势。

2. 动量守恒定律在碰撞中的应用

碰撞有三种类型：弹性碰撞，非弹性碰撞和完全非弹性碰撞。在碰撞过程中，物体的动量和动能都发生变化，其变化情况可以以宏观物体为例加以分析，如图 3-5-2 所示。

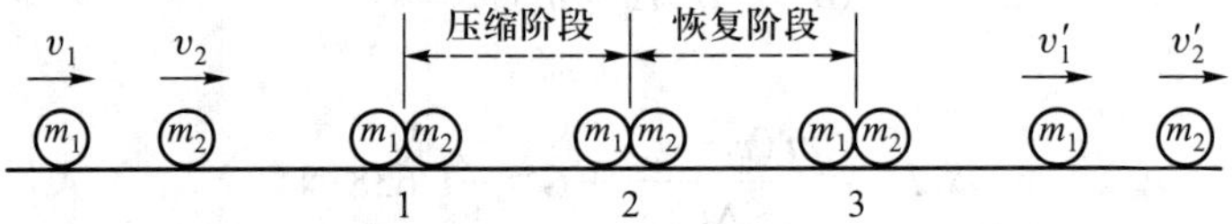

图 3-5-2 球的碰撞过程

碰撞分为三个阶段，第一个阶段从状态 1 到状态 2，为压缩阶段，物体自相互接触到具有相同的速度。在这阶段，由于两物体之间相互作用力的大小相等、方向相反，作用时间也相同，所以两物体间相互作用的冲量大小相等，由此产生的动量变化量也相等，只是变化方向相反。这阶段总动量是守恒的。由于物体发生了形变，一部分动能转化为其他形式的能，动能显然不再守恒。这部分转化了的动能是否还会重新转变为动能，取决于材料的性质。

如果相撞的物体是完全范性体（形变后不恢复，如湿泥球），形变就不能恢复，这部分动能就转化为内能等其他形式的能，最后两物体连在一起，以同一速度运动，这就是完全非弹性碰撞，碰撞前后总动量不变而总动能减少（这时动能损失最多）。

台球的入袋碰撞点

如果两个相撞的物体是弹性体，碰撞将进入第二阶段，即从状态 2 到状态 3，为恢复阶段，自两物体具有相同的速度开始分离到完全分开为止。同样，在这阶段内，由于两个物体间的弹力的冲量大小相等，方向相反，所以动量的改变量也相等，只是方向相反，两物体的总动量仍没有变化。

如果相撞的物体是完全弹性体，那么在第一阶段转化为弹性势能的动能在第二阶段又全部转变为动能，所以动能守恒，这就是完全弹性碰撞。实际物体间的碰撞介于弹性碰撞和完全非弹性碰撞之间，即为非弹性碰撞（形变有恢复又未完全恢复），系统有能量损失，系统动量守恒而动能不守恒。

第六节　人体运动中的功能关系

人体在运动过程中，肌肉收缩力牵引骨杠杆发生机械位移，从而对外做功。其结果或是改变人体的运动速度、姿势和位置，使人体的能量状态发生改变；或是改变器械的运动速度或空间位置，使器械的能量状态发生变化。这些过程实质上是人体在中枢神经系统的支配下，体内储存的化学能转换为机械能的过程。即使人体完成静力性工作，虽然没有改变人体或器械的机械能，但也消耗了人体的化学能，这些化学能以热量的形式散发。因此，普遍地讲，人体的运动过程就是能量的转换过程。掌握人体运动中的功能关系及能量转换特点，对正确认识人体运动的规律，分析研究运动技术，提高运动成绩是十分重要的。

在力学上，功和能是两个密切联系的力学量。功是能量转换的量度。凡是有一种能量转化为另一种能量，其过程都可以通过做功体现。能量是物体做功大小的反映。如果一个物体能够做功，则表明物体具有能量。物体做功越大，说明该物体具有的能量就越大。

一、机械功和机械能

（一）机械功

在体育运动中，人体的各种运动形式——推、拉、蹬伸、缓冲、鞭打等动作，都是通过肌肉收缩力使人体及环节或器械发生一定的位移，这时肌肉收缩力就对外界做了功。由此可知，功是力对物体作用效果的一种量度，它反映了力对物体作用效果随物体位移的累积。

对某一物体或系统而言，功的大小等于外力与物体沿力的方向所发生的位移的乘积。如果恒力 F 与直线位移 s 的夹角为 α，那么 F 所做的功为：

$$W=Fs\cos\alpha$$

而内力对物体或系统不做功。功只有大小，没有方向，是标量。功的正负表示外力对物体做功，还是物体克服阻力（物体反抗外力）做功。正功与负功也表明外力与位移是同向还是反向，并不是功有方向。

在体育运动中，常常运用外力做功来完成各种动作技术，这些运动中外力做正功。如撑杆跳中运用杆的弹力对人体做功完成过杆；蹦床也是运用了弹力做功。而在大部分运动中，摩擦力的存在阻碍人体运动，对人体做负功。

（二）机械能

功和能是两个密切联系的力学量，功是能量转换的量度，能量是物体做功的能力。如果一个物体能够做功，则表明物体具有能量，物体做功的能力越大，具有的能量就越大。

物体因机械运动所具有的能量叫做机械能。机械能包括动能和势能。

1. 动能

水流可以冲走沙石，飞行的导弹可以穿透硬物，这些现象表明运动着的物体能够做功，因而具有能。物体由于本身的运动而具有的能量叫做动能。如果物体的质量为 m，平动速度为 v，则它所具有的平动动能为：

$$E_K=\frac{1}{2}mv^2$$

同样，转动的物体也具有能量。如果物体的转动惯量为 I，转动角速度为 ω，那么，其转动动能为：

$$E_{\omega}=\frac{1}{2}I\omega^2$$

2. 势能

由相互作用的物体间的相对位置决定的能量叫势能。它包括重力势能和弹性势能两种。

由于物体与地球的相对位置发生变化而具有的能量叫重力势能。一个质量为 m 的物体，距地面的高度为 h，那么它具有的重力势能为：

$$E_g=mgh$$

由公式可知，物体的位置越高，重力势能越大。

物体由于发生弹性形变所具有的能量叫做弹性势能。在弹性限度内，如果物体的弹性系数为 k，伸长量为 x，那么它所具有的弹性势能为：

$$E_e=\frac{1}{2}kx^2$$

只要是弹性体，发生形变时就具有弹性势能。例如蹦床、篮球、足球、乒乓球等在外力作用下发生形变时它们都具有弹性势能。

能量是标量，其单位与功的单位相同，为 J。

二、功能原理

设质量为 m 的物体，在恒力 F 的作用下，在光滑的桌面移动一段距离 s 后，速度由 v_0 逐渐增大到 v_t。根据牛顿第二定律及匀加速直线运动规律

$$F=ma$$

$$s=\frac{v_t^2-v_0^2}{2a}$$

把 F、s 代入功的公式

$$W=Fs=\frac{m(v_t^2-v_0^2)}{2}$$

所以
$$Fs=\frac{1}{2}mv_t^2-\frac{1}{2}mv_0^2$$

除重力、弹性力以外的力对研究对象所做的功，等于研究对象的机械能的增量，这个结论叫功能原理。其中机械能的增量包括动能、重力势能和弹性势能的增量。

功是能的表现，能是做功的本领。功和能之间是可以相互转化的。能的

量值是通过做功来确定的。功能原理将功和能之间的关系量化地表现出来。

三、机械能守恒定律

由功能原理可知，如果系统所受内外力（除重力和弹性力）都不做功或所做功的总和为0，或物体所受合外力为0，即$\sum W=0$，这时系统的总机械能保持不变：

$$E_2-E_1=0\Rightarrow E_2=E_1$$

或为：

$$\frac{1}{2}mv^2+mgh+\frac{1}{2}ks^2=\frac{1}{2}mv_0^2+mgh_0+\frac{1}{2}ks_0^2$$

这一规律叫机械能守恒定律。在这种情况下，系统的动能和势能可以相互转换，但机械能的总量不变。这种能量的转化现象，在体育运动中大量存在。如在单杠大回环动作中，如果不存在手与杠间的摩擦力以及运动过程中的空气阻力，并且人的肌肉收缩力也不做功，那么运动过程中的机械能是守恒的。在上摆阶段，动能不断地转变为重力势能；在下摆阶段，重力势能不断地转变为动能，机械能不变。在跳水运动中，如果不计空气阻力，那么运动员离开跳板后到落水之前在空中的运动过程中机械能守恒；在下落过程中，势能不断地转变为动能，但机械能的总量不变。

在体育运动中，严格的机械能守恒是不存在的。因为在运动中，人体所具有的机械能可以通过肌肉活动而增加（由化学能转化为机械能），也可以由于克服摩擦力而消耗一部分。但就自然界总的能量来讲是守恒的。在这个前提下，各种形式的能是可以相互转化的。但能量不能创造，也不能消灭，只能由一种形式转化为另一种形式，这是自然界最普遍最重要的规律——普遍的能量守恒和转化定律。

人体运动的能量与效率

四、功能原理的应用实例

例题：在自行车运动中，某运动员从坡顶由静止开始滑下，坡高10 m，车到坡底时具有的速度为11 m/s，则在此过程中摩擦力做了多少功？（人和车共重100 kg，g取10 m/s^2）

解：由功能原理可知

$$W_{外}=mgh_t-mgh_0+\frac{1}{2}mv_t^2-\frac{1}{2}mv_0^2$$

在自行车运动中，不计空气阻力，则只有摩擦力做功。

$$W_{摩}=mgh_t-mgh_0+\frac{1}{2}mv_t^2-\frac{1}{2}mv_0^2$$

$$=0-100\times10\times10+1/2\times100\times11^2-0\ \text{J}=-3\ 950\ \text{J}$$

负号表示摩擦力做功与位移方向相反。

答：此过程中摩擦力做功 3 950 J。

第七节　转动定律与动量矩定理

一、转动定律

刚体绕固定轴转动时，在总外力矩的作用下，所获得的角加速度与外力矩的大小成正比，与转动惯量成反比。用公式表示为：

$$\sum M=I\beta$$

这就是刚体的定轴转动定律。式中的 M 是矢量，方向与 β 的方向相同。M、I、β 都是对同一转轴而言。转动定律可以看成是牛顿第二定律的转动形式。

二、动量矩定理及其应用

在人体的转动运动中，力矩与时间的乘积叫冲量矩，它表示外力矩对转动物体作用在时间上的累积效应。转动惯量与角速度的乘积叫动量矩（或角动量），反映了刚体的转动状态。作用在转动物体上的冲量矩等于同一时间内转动物体动量矩的改变。用公式表示为：

$$M(t_2-t_1)=I_2\omega_2-I_1\omega_1$$

式中冲量矩的单位为 N·m·s，方向与力矩方向相同；动量矩的单位为 $\text{kg}\cdot\text{m}^2/\text{s}$，方向与角速度方向相同。

人体的各种运动都是以骨杠杆的转动为基础的。这些转动是肌肉力矩作用的结果。对于关节轴而言，肌肉的拉力矩（简称肌力矩）在人体自身完成动作时就是外力矩。由转动定律可知，肌力矩大于阻力矩，环节做克制性工作；肌力矩小于阻力矩，环节做退让性工作；肌力矩等于阻力矩，环节处于平衡状态，肌肉做等长收缩，完成静力性工作。

在一些技术动作中，需要加大偏心力矩的作用。例如跳水的前空翻动作，必须在蹬板瞬间形成向前的偏心力矩。蹬板力向后下方，动支撑反力向前上方，从人体重心的后方通过，动支撑反力为偏心力。根据转动定律或动量矩定理，显然，加大偏心力矩，能使人体在空中完成一定的转动动作。

而在肢体的转动中，由于人的肌肉力量有限，当肌力矩一定时，减小肢体的转动惯量，可增大转动角加速度，最终可以增加转动的角速度。如跑步摆臂摆腿时，常采用屈肘摆臂的方式；小腿在后摆时，尽量靠近大腿的折叠动作可使整个下肢绕髋关节轴的转动惯量减小，从而能提高摆动的角速度。

除了肢体的转动动作，在体育运动中器械的旋转也是如此，如乒乓球、排球、铁饼的旋转也都需要借助偏心力矩。以乒乓球为例，在击球过程中，尽量摩擦球的上部（增大力臂），加大摩擦球的距离（增加力矩作用的时间）和增加挥臂击球的速度（增大打击力），均能增加乒乓球的旋转速度。

三、动量矩守恒定律及其应用

当物体所受的合外力矩为0时，其总动量矩保持不变，这就是动量矩守恒定律。用公式表示为：

当 $M=0$ 时，则

$$I_1\omega_1 = I_2\omega_2 = \text{常量}$$

在体育运动中，动量矩守恒定律应用很广泛。在跑步中，肩轴同髋轴的相向转动，使肩轴的动量矩与髋轴的动量矩维持量值相等、方向相反。在短距离跑时，肩轴同髋轴扭转不大，主要是肩同腿的相向运动。在中距离跑中，送髋动作则明显些。

在挺身式跳远的空中动作中，运动员在空中时水平方向动量矩守恒，其空中动作的任务是采取适宜的姿势，减小在起跳制动时产生的绕额状轴转动的角速度，并为落地动作做好准备。因此，要求运动员在起跳后摆动腿前伸，然后向后下方摆动，两腿在身体后方并拢并背腿（伸大腿），同时两臂向后上方摆，使整个身体呈背身挺胸姿势。此时，头、臂与下肢产生相向运动。当落地前做收腹举腿动作和上身的前屈下压动作，有利于举腿前伸。在体育运动中这种现象在许多项目中都可见到。如跨栏时的下上肢运动；排球扣球的背伸挺胸和收腹挥臂的扣杀，都可用动量矩守恒定律进行力学分析。

复习思考题

1. 体育运动中人体受到的主要外力有哪些？举例说明。

2. 回答下列问题，并用体育实例说明。

（1）物体受恒力作用时，是否只能做匀加速直线运动？

（2）当人体或器械同时受到几个不同方向外力作用时，是否一定做加速运动？

3. 人体平衡的类型有哪些？其平衡各有何特点？请举例说明。

4. 运动中人体或器械的动量是如何转换的？举例说明。

5. 举例说明体育运动中功和能的转换及其意义。

6. 表明人体转动运动变化的力学原理有哪些？这些原理如何指导体育运动中人体的转动？举例说明。

第四章

体育运动中的流体力学

▶ 本章导读

本章首先介绍了流体力学的基本知识，包括静止流体内的压强、理想流体、片流、湍流、流体的连续性原理、伯努利定律、马格努斯效应等。之后，本章将这些知识联系实际，介绍了游泳时水对人体的阻力和动力，在跑、自行车等运动中空气对人体的影响，标枪飞行时的空气动力学效应，空气对飞行球体的作用。

▶ 学习目标

了解运动环境中的流体对人体和器械的作用效果和形成机制。

第一节 流体力学的基本知识

流体的特性

流体主要包括气体和液体，流体具有黏滞性和流动性，两种性质是矛盾的统一。

一、静止流体内的压强

流体内部任何方向都有压强，在同一深度，各个方向的压强都相等。流体内部某一深度的压强等于流体的密度 ρ、重力加速度 g、深度 h 三者的乘积，即 $p=\rho gh$。

二、理想流体

在流体力学中，理想流体是一个理想化的模型。

实际流体在流动时各层间有相对滑动，相邻层间存在着摩擦力，称内摩擦力或黏滞力。实际流体是可压缩的，液体较难，气体却很容易，但很小的压强差就能使气体迅速流动。因此，在不少问题里，黏滞性和压缩性对流体运动的影响很小，是次要的因素，而流动性是主要因素。为了突出流体的这个主要特征，使问题简化，我们引入了理想流体的概念。我们把定常的、无旋的、不可压缩和没有黏滞性的流体称为理想流体。

三、流线和流管

在研究流体运动时，常用流线的概念来描述流体的运动情况。流线是这样的一系列曲线：流经曲线上各点的流体质点，它的速度都和曲线相切（如图 4-1-1）。既然空间各点的流速具有一个确定的方向，所以流线与流线不相交。对于稳恒流动，流线保持不变，流体质点就沿着流线运动。在这种情况下，流线也就是质点的运动轨迹。

由一束流线所围成的管状区域，称流管（图 4-1-1）。因流线不相交，流体中的质点不会与流管“壁”相交。换句话说，流体的质点不可能穿过流管“壁”。管内的质点始终在管内，管外质点始终在管外。在流体力学中，往往取一段流管作为代表加以研究。

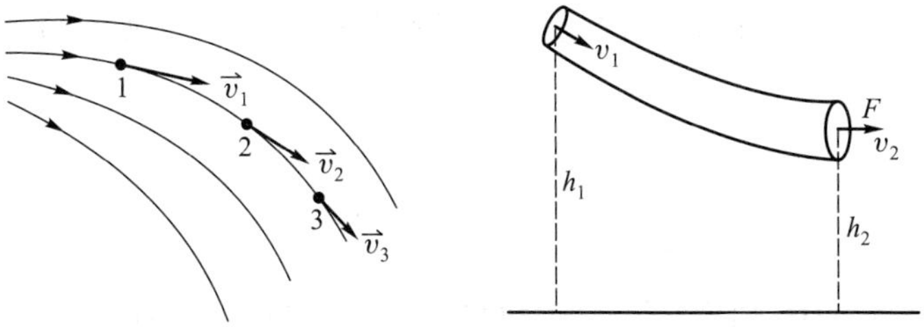

图 4-1-1　流线与流管

四、片流、湍流和涡流

仔细研究流体在管中的流动时，会发现流动有两种形式。当流速小时，流线与管轴平行，可把流动的液体分为流层，这种流层分明的流体称为片流。当流速增到一定时，流体质点的轨迹失去层状的性质而变为混杂的流动，这称为湍流。影响层流转变为湍流的因素有流速（v）、密度（ρ）、管径（l）、黏滞系数（η）。

当流体流过置于其中的一个非流线型物体时，即使速度不大，片流也可能被破坏，这就变为涡流，离开物体表面的液流在物体后面分裂成单个的涡旋。如图 4-1-2。

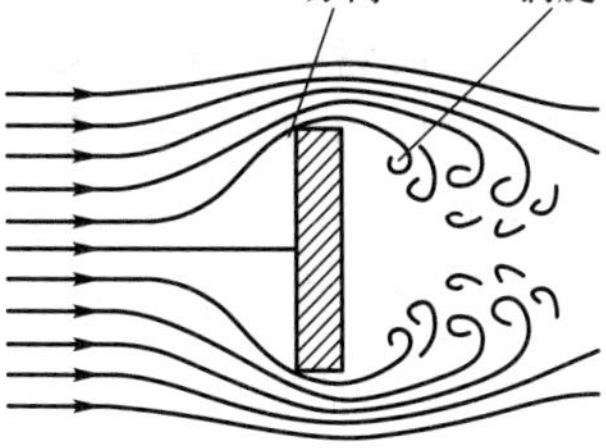

图 4-1-2　涡流

涡旋的形成使物体在流体中运动时受到一个附加的阻力，因为涡旋具有转动能，这只可能由运动物体所做的功来供给，这个功可以理解成物体抵抗附加阻力所做的功。为了减少这种因涡旋引起的附加阻力，可以尽量使物体成为流线型，力求避免涡旋的形成。

五、流体的连续性原理

为什么流体在管子里流过时，在狭窄处会流动得快些呢？其中必有规律性。为了研究流体在流管中流动的规律性，可把流管设想为一根粗细不均匀而又不能改变形状的管子，理想流体沿着这个管子流动。

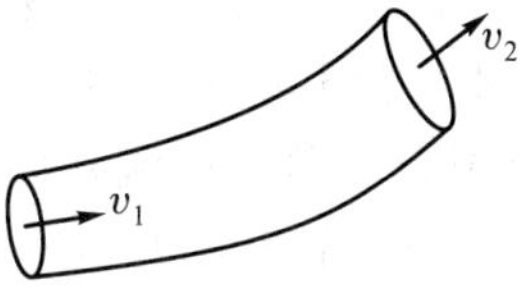

图 4-1-3　流体的连续性原理

我们任意选取两个垂直于流管的截面 1 和 2，其截面面积分别为 S_1 和 S_2（图 4-1-3），流体在两截面处的流速分别为 v_1 和 v_2。对于理想

流体来说，在 t 时间内，通过截面 1 的流体体积，必等于通过截面 2 的流体体积，即

$$S_1v_1t=S_2v_2t$$

或写为

$$S_1v_1=S_2v_2$$

这一关系式对任何垂直于流管的截面都是成立的。所以在同一流管中任何点附近的垂直截面面积与流体在该点的流速的乘积是一个恒量，即

$$Sv=\text{恒量}$$

式中 Sv 表示单位时间流过流管中任一截面的流体体积，称为流量，这是一个恒量。因此流速与截面面积成反比，即在流管截面大的地方流速小，截面小的地方流速大。上述称为流体的连续性原理。

六、流速与压强的关系——伯努利定律

在一根粗细不一的管子里，在粗和细的部分各插一支比多管（流体中的压强由管内液柱的高度显示出来），让流管中充满液体。

当流管中的液体没有流动时，两个比多管内液面高度相等。当流管内的液体稳定流动时，比多管显示出粗细两部分的压强不同（图 4–1–4），截面大的地方压强大，截面小的地方压强小。根据流体的连续性原理可知，流速是跟截面成反比的，于是从上述实验中可得出结论：流速大的地方压强小，流速小的地方压强大。这个结论对于气体也成立，称为伯努利定律。如果用流线来说明，就是流线疏的地方压强大，流线密的地方压强小。

伯努利方程应用实例

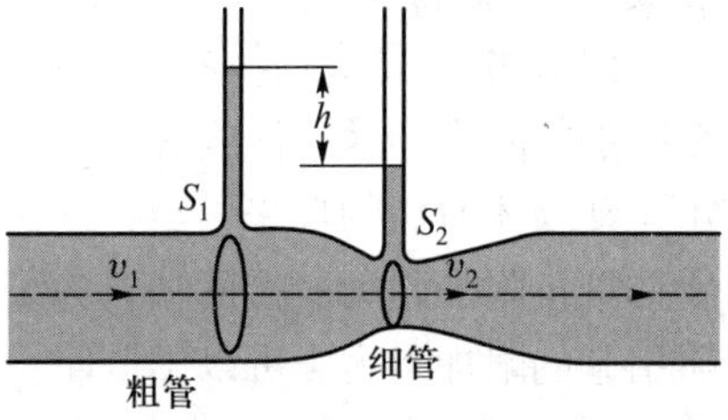

图 4–1–4　流速不同压强不同

七、马格努斯效应

研究在空气中旋转并以一定速度向前运动的球体时会发现，由于球体表面不光滑和流体的黏滞性作用，紧靠球表面一层的流体将随着球体转动，在球体周围形成环流附面层。球体周围的流线如图 4–1–5 所示。当球体沿顺时针方向旋转同时以速度 v 向前运动时，在球体上方环流和片流具有相同的方向，因而流体相对于球的运动速度较大；在球体下方由于环流和片流的方

向相反，所以流体的运动速度较小。根据伯努利定律，流速大处压强小，流速小处压强大，球体受到一个由下方指向上方的力，这个力使球的飞行轨迹发生变化（图 4-1-6），这种现象就是马格努斯效应造成的。空气动力使旋转物体改变运动轨迹的效应称为马格努斯效应。在体育运动中，旋转球在空中飞行时，都会发生马格努斯效应，如图 4-1-7 所示的乒乓球运动。马格努斯效应的大小取决于运动物体的速度、转速，流体密度，球体质量、形状及表面粗糙程度等。

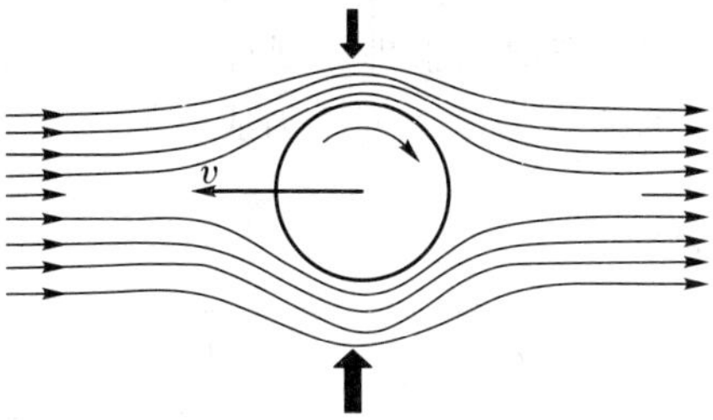

图 4-1-5　旋转球周围空气流线

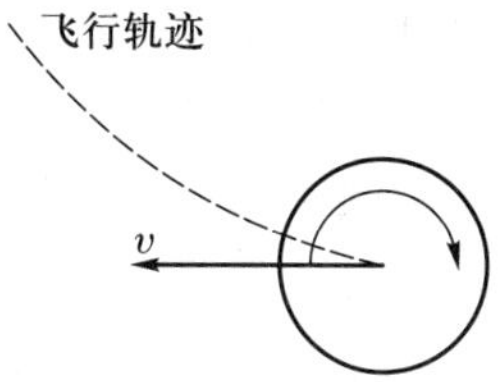

图 4-1-6　马格努斯效应

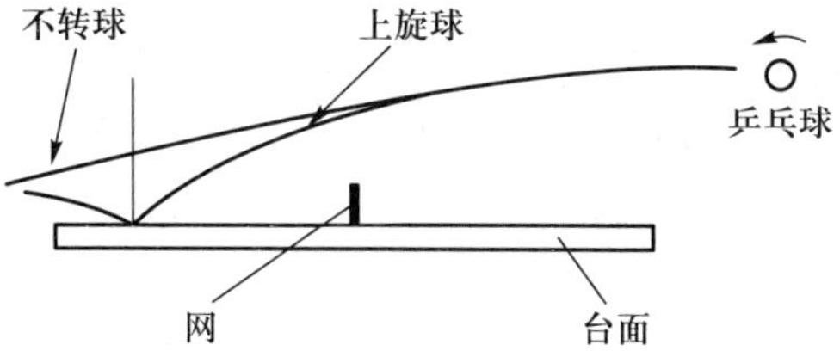

图 4-1-7　马格努斯效应对乒乓球轨迹的影响

第二节　水对人体的阻力和动力

人体在水中运动其阻力一般由摩擦阻力、形状阻力、兴波阻力和碎波阻力等组成。动力主要由人体在水中完成技术动作而获得。现就游泳进行分析。

一、水对人体的阻力

（一）摩擦阻力

游泳时人体摩擦阻力主要取决于运动速度、浸水面积和接触面的粗糙程度等。人体皮肤光滑带油质且有弹性，不同部位的粗糙程度不同，而且在游泳过程中身体浮沉不定，浸水面积也不稳定。表 4–2–1 中的数据表明摩擦阻力在游泳的总阻力中只占小部分，而且随着游进速度的提高，它所占的比例相对降低。对运动员的实测数据说明，游进速度大于 1 m/s 时，摩擦阻力不超过总阻力的 15%。

（二）形状阻力

运动员游进时其背部和身后会产生涡旋，这使身体消耗一定的能量而且也形成阻力。形状阻力与运动员的体型、姿势及游进速度有关，是游泳时阻力的主要成分。表 4–2–1 提供了游泳时不同速度下的阻力成分值。

▶ 表 4–2–1 游泳时不同速度下的阻力成分值

速度 /（m/s^{-1}）	总阻力 / kg	摩擦阻力 / kg	形状阻力 / kg	兴波阻力和碎波阻力 /kg	形阻 / 总阻	摩阻 / 总阻	波阻 / 总阻
0.601	1.010	0.173	0.813	0.024	0.805	0.171	0.024
0.790	1.780	0.281	1.321	0.178	0.742	0.158	0.100
1.006	3.000	0.433	2.035	0.532	0.678	0.144	0.177
1.203	4.400	0.597	2.806	0.997	0.638	0.136	0.227
1.425	6.300	0.810	3.807	1.683	0.604	0.129	0.267
1.603	7.400	1.001	4.705	1.694	0.636	0.135	0.229
1.701	8.000	1.114	5.236	1.650	0.654	0.139	0.206
1.821	10.000	1.249	5.870	2.881	0.587	0.125	0.288
1.905	10.200	1.367	6.425	2.408	0.630	0.134	0.236
2.027	13.300	1.530	7.191	4.579	0.541	0.115	0.344
2.117	14.600	1.655	7.778	5.167	0.533	0.113	0.354

注：人体模型卧水姿势，头仰角为 55°，髋关节伸 20°，膝关节屈 15°。

上述资料表明，当游速达到一定程度时，形状阻力所占的比例相当大，随着游速增加，形状阻力的绝对值与速度的平方成正比，但在总阻力成分中它占的比例则随游速增加而有所下降。游速达到 2 m/s 时，形状阻力仍占总阻力的 50% 以上。当身体慢速运动并保持一个好的流线时，几乎不形成涡旋，此时，形状阻力趋于零，总的流体阻力主要是摩擦阻力。

由于形状阻力随流速的平方增加，摩擦阻力随游速线性增加，故形状阻力在比赛时的重要性比摩擦阻力大，如何减小它，便十分重要。游泳者头和身体不在同一水平面上时，攻角（身体纵轴与水流速度方向之间的夹角）将增大，形状阻力增加。因此运动员可利用身体的伸展和选择最佳的蹬腿深度，以减小攻角从而减小形状阻力。如图 4-2-1 所示。

阻力系数与形状的关系

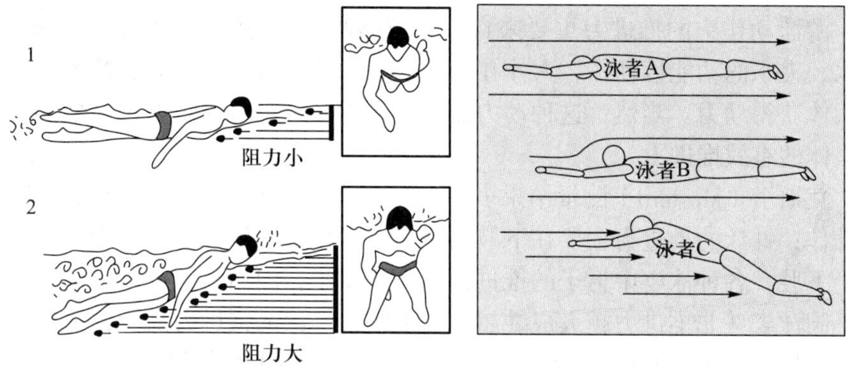

图 4-2-1 不同姿势游泳时的形状阻力

（三）兴波阻力和碎波阻力

游泳时，部分身体浮出水面进行正常的划臂和打腿，运动员是在两种流体（水和空气）的共界面运动。运动员游进时破坏了液体平衡，使液面振荡产生波浪，额外消耗能量由此产生的阻力称为兴波阻力。运动员速度较快或划臂和打腿的动作会使波浪破碎形成飞沫，造成水花，这部分能量损耗由碎波阻力引起。在游泳运动中常把它归入兴波阻力成分之中。研究资料表明，航船碎波阻力最大时可达到总阻力的 25%，所以游泳技术中水花飞溅的程度也可以用来评价技术优劣。

表 4-2-1 中，总阻力减去摩擦阻力和形状阻力，余下的值为兴波阻力和碎波阻力。它在总阻力中所占的比例随游速的增加而增大。相反摩擦阻力和形状阻力在总阻力中所占的比例则随游速的增加而减小。兴波阻力的测定比较复杂，其阻力系数并不随游速增加而单调递增，而是有起伏的增加，这是兴波阻力的固有特点。由表 4-2-1 可见，当游速为 1.6~1.7 m/s 时，总阻力的递增减小，而兴波阻力的比例也相对减小，然后两者都急剧增加。

当游速接近最大值时，兴波阻力对流体总阻力的贡献变得很重要，因而兴波阻力也是制约游速提高的重要因素。

减小兴波阻力的方法是使身体尽可能潜入水中。当身体部分在水面上时，向前的截面积减小，这将使形状阻力、摩擦阻力减小，而兴波阻力急剧增加。因此在水和空气的共界面上运动，总的阻力实际上要比在水下大得多。

二、游泳时的推进力

游泳动作中的推进力主要来自人体肢体产生的与游进方向相反的划水、蹬水、夹水的功能性动作，人体在动作过程中受到水给予人的反冲力，从而使人体获得动力。当然，这种动力需减去人体在游进时的阻力，剩余部分才是人体的有效推进力。

莫斯塔（Mosterd）测量结果表明，自由泳和仰泳推进力主要来自上肢滑水动作；蛙泳的推进力主要在下肢的蹬夹水动作；蝶泳的推进力较平均地来自上下肢。各种泳姿中男子的推进力均大于女子，因而男子成绩更好。但是对不同泳姿并非推进力越大成绩越好。例如，蛙泳的推进力高于自由泳，但成绩不如自由泳，这与蛙泳姿势和回返动作阻力有很大关系。

第三节 空气对人体和器械的作用

体育运动中空气对人体的力学作用大多数项目都可以忽略不计，只有在运动速度较快的项目如短跑、自行车运动中有讨论意义。这些项目中空气对人体运动速度的影响较大，人体受到的阻力不能轻视。

一、短跑中人体所受的阻力

运动员短跑时受到流体的阻力有摩擦阻力和形状阻力。摩擦阻力主要是由空气的黏滞性形成的摩擦力，所以又称黏滞阻力。形状阻力主要是由人体的形状形成的运动前后方向的压强差构成的阻力，所以也叫压差阻力。对于短跑时人体所受到的两种阻力各是多少没有深究。一般短跑时人体阻力可笼统地按下式计算：$R = c\rho Sv^2$。式中 c 为阻力系数，ρ 为空气的密度，S 为运动员与空气正面接触面积，v 为运动员与空气的相对运动速度。例如对于 100 m 跑成绩在 10 s 左右的运动员，若其阻力系数为 0.4（$N \cdot s^2$）/（$kg \cdot m$）（由体型和跑姿决定），运动员与空气的正面接触面积为 0.6 m^2，运动员相对于空气的速度为 10 m/s，则其在运动中所受到的阻力为：$R = 0.4 \times 1.3 \times 0.6 \times 10^2$ N = 31.2 N。若此时有风且运动员是顶风跑，设风速为 2 m/s，其他条件不变，则此时运动员跑步时所受的空气阻力为：$R = 0.4 \times 1.3 \times 0.6 \times 12^2$ N = 44.9 N。阻力增幅较大，说明保持原有成绩是有一定困难的。反之，顺风则会使人体所受的阻力减小。

二、自行车运动的空气阻力

自行车运动为高速运动项目，与空气动力学有密切的联系。骑车姿势、跟骑距离、跟骑人数都会对自行车运动员受到的空气阻力产生影响。

（一）骑姿与空气阻力

利用风洞，对比赛实际情况的 4 种骑姿做空气动力学测定。姿势的确定主要靠姿势角 α（躯干与竖直方向的夹角）和肘关节角 β 来确定。4 种骑姿为：全力冲刺（$\alpha = 110°$，$\beta = 75°$）；匀高速（$\alpha = 90°$，$\beta = 90°$）；正常比赛骑行（$\alpha = 70°$，$\beta = 125°$）；放松骑行（$\alpha = 50°$，$\beta = 180°$）。实验结果表明，随着风速的增大，阻力明显增加。骑行姿势对阻力有较大的影响，当 α 角由 110° 变到 90° 时，阻力增加 14%，α 角由 90° 变到 70° 时，阻力增加 20%；α 角由 70° 变到 50° 时，阻力增加 14%。在比赛中合理选择骑行姿势，减小阻力，对提高骑速是很有效的。

（二）跟骑时的阻力

当两个物体放置在流动的流体中时，由于后一物体的存在，前一物体尾流区域的流态发生改变，这使两物体受到的阻力发生改变。阻力的变化情况视两物体的距离而定。实验结果表明，两人正向跟骑，骑距在 10~40 cm 时，后者的阻力约减少为其单独存在自由流时的 50%；骑距为 160 cm 时，阻力减少 40%；骑距为 360 cm 时，阻力减少 28%。当然前者的阻力也相应减少，但减少率更低。这些结果可为运动员在比赛时选择跟骑方式提供依据。当 3~4 人跟骑时，最后一人的阻力均小于前者，与单人车在自由流中比较，阻力减小在 50% 以上，当跟骑人数再增加时，后者阻力减小的幅度不大，仅为 5%。

研究运动时空气对人体的阻力，在运动技术结构中主要是为了改进身体的姿势以减小空气的阻力，如在自行车运动、速度滑冰、滑雪等项目中，采用合理的姿势对减小空气阻力具有特别重要的意义。

三、空气对运动器械飞行的作用

在体育运动中使用了很多运动器械，运动速度快的运动器械受到流体的影响较大。有些形状不规则的器械如标枪，其飞行受到空气的作用比较复杂。再有轻器械如乒乓球受空气的影响也很大。还有高速旋转的球体飞行也受到空气动力效应。下面逐一进行讨论。

（一）标枪飞行时的空气动力学效应

标枪是长细比很大的旋成体，飞行的速度较大，且重量较轻，飞行中受到的空气作用很明显。首先我们对标枪的飞行状态作如下定义：投掷角（出手角）是指器械出手瞬间通过重心的速度矢量与水平线所构成的夹角；姿态角（倾角）是指器械出手瞬间器械轴与水平线所构成的夹角；迎角（攻角）是指器械轴线与器械出手速度之间的夹角。（如图 4-3-1 所示，投掷角 θ，迎角 α，姿态角 ϕ）。影响标枪飞行受到的空气动力效应的因素主要有以下几个。

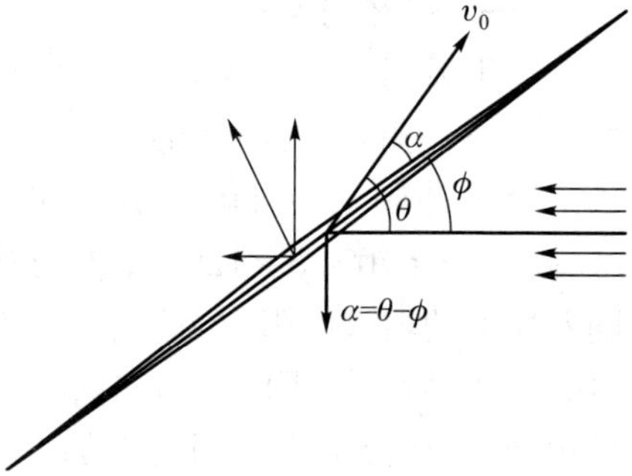

图 4-3-1 标枪投掷中的空气动力学

1. 压力中心的位置

对空中飞行的物体来说，压力中心就是飞行中空气动力对器械的合力作用点。压力中心与物体的形状有关，一般不受飞行速度的影响，但受迎角的影响较大，特别是在零迎角附近它的变化尤为明显。一般在迎角大于 15° 后变化才趋向平缓。因此，压力中心的位置在运动中不是固定不变的。

压力中心与器械飞行的稳定性有关。如果压力中心在器械质心的后面（相对于飞行方向），这时无论是受抬头力矩还是低头力矩的干扰，都会产生恢复原来平衡的力矩，有利于增加滑翔距离。若压力中心在器械质心的前面，则很容易受到其他力矩的干扰，易造成飞行不稳定。标枪的压力中心在器械质心的后面才能保证标枪着地后能够有效计算成绩。而且压力中心离器械质心的远近与出手速度、投掷距离有关，一般压力中心紧靠器械质心之后能增大飞行远度。但压力中心越靠近器械质心，就要求出手速度越大。与此同时，器械受其他初始条件（如出手角、倾角）的干扰也特别明显，稍有偏离就会使飞行远度减小。所以，为了获得最佳运动成绩，不同训练水平的运动员使用标枪的空气动力学特性应有所区别。

2. 升阻比

所谓升阻比就是升力与阻力的比值，也称为滑翔数。任何非动力飞行的物体，其滑翔性能主要取决于升阻比。实际上升阻比在整个飞行过程中都起作用，它对飞行轨迹的最大高度和飞行时间有重要的影响，而和飞行速度的关系不大。升阻比的大小一般随飞行迎角而变化，用风洞测量标枪气动力的实验表明，迎角为 25° 时，升阻比达到最大值即为 1.0～1.5。然而运动员以 25° 迎角投掷并不能提高成绩，只有适宜的升阻比才能延长飞行距离。迎角接近并超过 30° 时，升力突然减小，而迎角为 0° 或接近 90° 时，升力也接近 0。

空气阻力小有利于增加投掷距离，但阻力小不一定能投得最远。因为器械在爬升和滑翔过程中，有出手后的惯性作用，也有升力的升举作用，升举作用增加了飞行高度和时间，但小的阻力和大的升力不一定能统一起来，如迎角为 0° 时阻力最小，但此时的升力也很小。阻力小对减缓速度下降有利，但不能延长飞行的时间，对增加投掷距离有一定的影响。

3. 器械的旋转效应

标枪在空中飞行时会绕器械的纵轴以一定的角速度旋转。旋转力矩是在运动员最后用力出手瞬间获得的。器械的旋转产生的陀螺效应可增加其飞行的稳定性，为取得良好成绩创造有利条件。标枪飞行时如果不旋转，它会在俯仰力矩作用下很快低头扎向地面，导致飞行距离缩短；或者它会一直抬头而使标枪尾部着地没有成绩。

标枪参数的变化与成绩

4. 投掷条件组合

在出手速度一定时，标枪出手时的角度对飞行距离有较大的影响。高水平标枪运动员男子平均出手角为 32°～34°，女子为 33°～34°。技术水平较低的运动员出手角较大。尽管计算表明正攻角或负攻角能有效地增加投掷距离，但有研究表明在运动实践中运动员通常致力于以零攻角进行投掷。

5. 风速和风向

投掷时风速和风向对器械的飞行有一定的影响，所以理论上的最佳出手角、倾角和攻角总是在一定范围内波动，要考虑各种因素才能求出最佳值。投掷标枪时，风速对距离的影响较小，但顺风总是使距离增大，而逆风使距离减小。

（二）空气对球体的作用

球体在空气中运动时可分为旋转飞行和不旋转飞行。两种飞行球所受到的空气作用效应完全不一样。

1. 足球的香蕉球

在足球运动中罚角球和在禁区附近罚直接任意球时，为绕过防守队员的人墙或使守门员的判断失误，常采用侧旋球或上旋球直接射门。这两种球都会使球的飞行路线发生偏转，从而出现足球绕过人墙或接近球门时突然拐弯的现象，因其飞行路线似香蕉，故称为“香蕉球”。这是马格努斯效应的结果（图 4−3−2）。

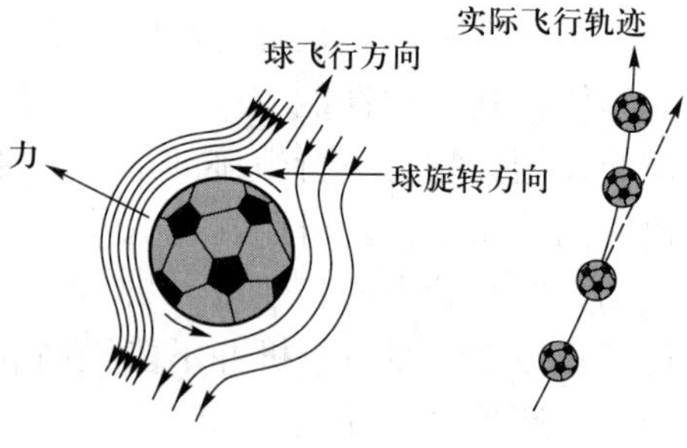

图 4−3−2　香蕉球的形成机制

至于有些旋转球在飞行一段时间以后出现突然拐弯的现象，是因为球在刚开始运动时，其平动速度较大，单位时间内其平动位移较大，旋转的压力差虽然不断改变着平动速度的方向，但相对于平动运动的速度来说，它所引起的运动轨迹的变化较小。在球体运动末期，因平动速度大幅度减小，而旋转的角速度减小较慢，故球体的偏转比较明显，球体会出现突然转弯的现象。

2. 乒乓球的旋转球

图 4−3−3（a）所示为上旋球在空中受到球体上下压差作用后的飞行轨迹与不转球的飞行轨迹比较（下旋球正好相反）；图 4−3−3（b）所示为左、右侧旋球在空中的飞行轨迹，左侧旋向右拐，右侧旋则向左拐。马格努斯效应的大小取决于运动物体的速度、转速，流体密度以及球体质量、形状、表面粗糙程度。

3. 排球飘球

在排球比赛中，有时运动员发出的球在空中飞行的轨迹不是一条光滑的抛物线，这种球称之为飘球。发飘球时需手掌大力击球的中心，球不旋转，速度很快飞向对方，飞行过程中出现飘晃以迷惑对手。

飘球的形成原因如下：运动员大力击球，使球变形且不旋转地快速飞行。由于球的表面粗糙不光滑以及球的严重变形，球表面空气附面层不对称运动，因此飞行球四周受到的空气压力不均匀，形成了压强差。由于排球重量较轻，压强差使排球脱离了抛物线轨迹。因为排球的震荡变形，所以压强差的位置变化不定，形成了飘浮不定的飘球。

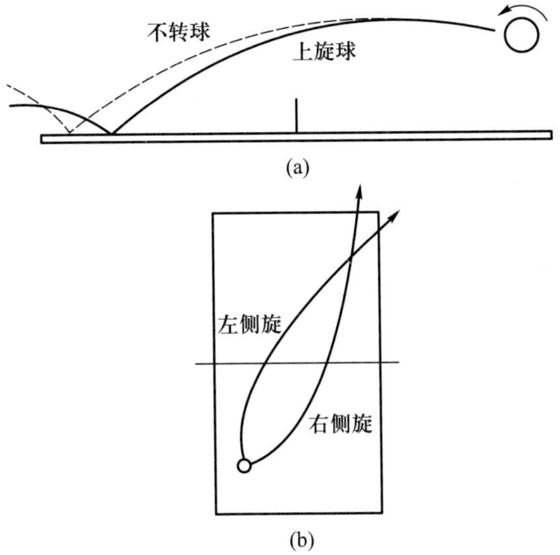

图 4-3-3　马格努斯效应对乒乓球轨迹的影响

复习思考题

1. 说明流线的概念及其在体育运动中的应用。
2. 简述流体的流速与压强的关系。
3. 举体育运动实例说明马格努斯效应对运动器械飞行的影响。
4. 水对人体的阻力有哪些？影响这些阻力的因素又有哪些？
5. 影响标枪飞行的空气动力学因素有哪些？
6. 解释为什么上旋球的发球曲线向下？在体育运动中，让球旋转有什么好处？

第五章

骨和肌肉的生物力学特性

本章导读

本章主要围绕骨和肌肉的生物力学特性介绍骨和肌肉在运动中的作用及表现，从而指导运动训练。

学习目标

1. 了解骨的力学性质；
2. 掌握骨在运动中的受力形式与表现；
3. 了解离体肌和在体肌的生物力学特性；
4. 了解运动训练对骨骼肌力学性能的影响。

第一节 骨的生物力学

骨的作用是保护内脏器官，为肌肉提供坚强的支撑和附着部位，以利于肌肉收缩和人体运动。所以骨具有支撑、保护和运动机能。

一、骨的力学性质

（一）强度与刚度

从生物力学角度来讲，骨是一种两相复合材料，一相为无机物，另一相为胶原和无定形基质。从功能上来说，骨最重要的力学性能是它的强度和刚度。强度是指材料或构件受力时抵抗破坏的能力，而刚度是指材料在受载时抵抗形变的能力。研究骨在载荷即外力影响下的力学特征改变，有助于我们更好地理解骨（或者其他类似结构的组织）的强度和刚度以及其他力学特征。载荷（力）能造成组织结构体形变或者尺寸改变，当一个已知方向的力作用于结构体，我们可以测出结构体的形变并绘制出载荷—形变曲线。通过曲线图可以得到关于结构体的强度、刚度以及其他力学性能的信息。

图 5-1-1 表示某一韧性纤维结构组织（比如长骨）的假想载荷—形变曲线。在曲线的弹性范围（*A*–*B*）内加载，卸去载荷后结构可以复原，即不发生永久性形变。如继续加载，材料最外层的纤维在某一点（*B*）上开始屈服，此点称为屈服点。载荷继续增加超过屈服点则进入曲线的非弹性（塑性）范围，将造成永久性形变。如在非弹性范围继续加载，则达到结构的极限断裂点（*C*）。如果组织负载到达塑性区 *D* 点然后取消载荷，*A* 和 *D′* 之间的距离就代表着结构体发生的永久性形变量。

载荷—形变曲线反映了决定结构体强度的三个参数：① 结构体破坏前所能承受载荷；② 结构在破坏时发生的总形变；③ 结构体在破坏前能够积累的能量。在曲线图上，由载荷和形变所表达的强度（或称极限强度），可用极限断裂点来表示。曲线下方的面积代表了强度的能量积累，面积越大，说明结构体在负载时积累的能量就越多。结构的刚度，则用弹性区的斜率（Δ载荷 /Δ形变）表示，斜率越大，材料刚度越高。

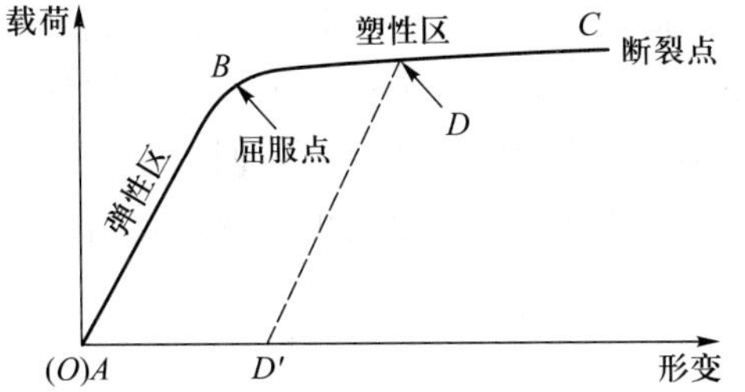

图 5-1-1 由韧性材料组成的结构体的载荷—形变曲线

（二）应力与应变

载荷—形变曲线可用于测定大小、形状和性质不同的物体的强度和刚度。当检查某一确定材料的力学性能以及比较不同材料的力学性能时，必须使试样和试验条件标准化。当测试标准大小和形状的试样时，可测定单位面积上的载荷并用长度来表示形变量。根据标准试样的载荷和形变量所绘制的曲线称为应力—应变曲线。应力是指结构体内某一平面对外部负荷的反应，用单位面积上的力表示，同截面垂直的力称为正应力或法向应力，同截面相切的力称为剪应力或切应力。测定骨试样的应力最常用单位是 N/cm^2。应变是结构体受到外来载荷时的形变。应变有两种基本形式，即线应变和角应变。线应变又叫正应变，它是某一方向上微小线段因形变产生的长度增量（伸长时为正）与原长度的比值；角应变又叫剪应变或切应变，它是两个相互垂直方向上的微小线段在形变后夹角的改变量（以弧度表示，角度减小时为正）。

将一骨的标准试样置于夹具中加载至破坏，即可获得骨的应力和应变值，获得应力—应变曲线（图 5-1-2）。

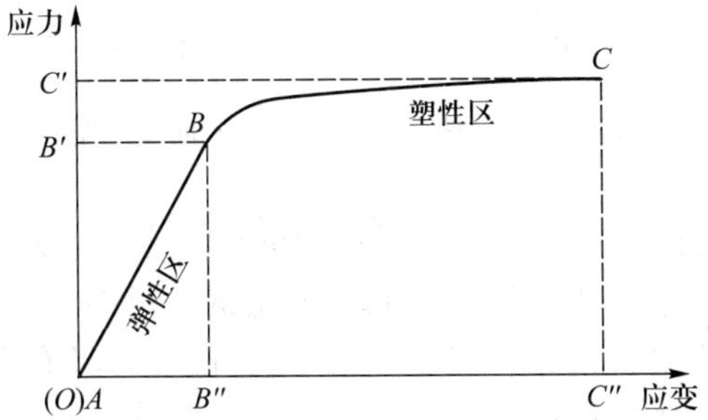

图 5-1-2 皮质骨标本在张力（拉伸）实验中的应力—应变曲线

应力—应变曲线各区与载荷—形变曲线相似，在弹性范围内的载荷不会造成永久性形变。然而一旦超过屈服点（B），则将发生永久性形变。图

5-1-2 中 B' 和 C' 分别为屈服应力和极限应力，B'' 和 C'' 分别为屈服应变和极限应变。材料的强度可用极限应力来表示，也可用整个曲线下的面积（能量积累的量）来表示。骨的刚度以曲线在弹性范围的斜率表示，通过弹性区（直线部分）的应力除以对应的应变可以获得材料的刚度，也称之为弹性模量。

（三）骨的刚度特征和强度特征

骨的力学性质受多种因素影响，如种族、性别及年龄等，甚至同一块骨的不同部位，其性质也不同。骨、金属和玻璃的应力—应变曲线示意图表明了这些材料在力学性能方面的差异（图 5-1-3）。在曲线弹性区，金属的斜率最为陡峭，因此它的刚度是最大的。金属的长弹性区意味着金属是典型的延性材料，它在被破坏之前能够发生很大程度的形变。玻璃是脆性材料，虽然表现的也是线弹性行为，但是一旦形变到了某一程度就会突然发生失效（破坏），在应力—应变曲线上缺乏塑性区。骨同时具有脆性和延性特征，在应力—应变曲线图中弹性区为斜率较小的曲线，这意味着在这个区域负载时会发生部分屈服。

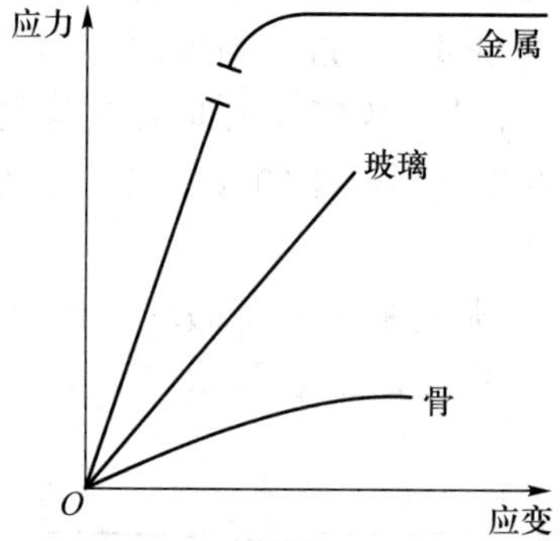

图 5-1-3 三种材料应力—应变曲线示意图

相对于刚度特征，骨的强度特征更为重要，这直接关系到骨遭受破坏的力学极限。与其他材料相比较，骨的密度比钢小得多，它的强度虽小于钢，但比花岗岩、洋松要大得多（表 5-1-1），这说明骨具有强度大、重量轻的特点，是人体理想的构成材料。

▶ 表 5-1-1 骨及其他材料密度和强度试验结果

	密度 / （g·cm^{-3}）	沿纵轴的最高张力强度 / （kg·cm^{-2}）	沿纵轴的最高压力强度 / （kg·cm^{-2}）	垂直纵轴的切变强度 / （kg·cm^{-2}）	平行纵轴的切变强度 / （kg·cm^{-2}）
钢	7.80	4 240	4 240	3 510	—
骨	1.87～1.97	930～1 200	1 270～2 100	1 190	505
花岗岩	2.60	50	1 350	141	—
洋松	0.63	64.50	424	106	—

骨的密度和强度，通常在 30~40 岁时最高。随着年龄的增长，骨量的下降和骨尺寸的轻度减小降低了骨的强度和刚度。图 5-1-4 显示了拉伸实验中两种不同年龄的人胫骨的应力—应变曲线。青年人和老年人的极限应力大致相近，老年人骨的应变能力是青年人骨的一半，表明老年人骨脆性较大，这是由骨的密度、强度和刚度降低引起的。

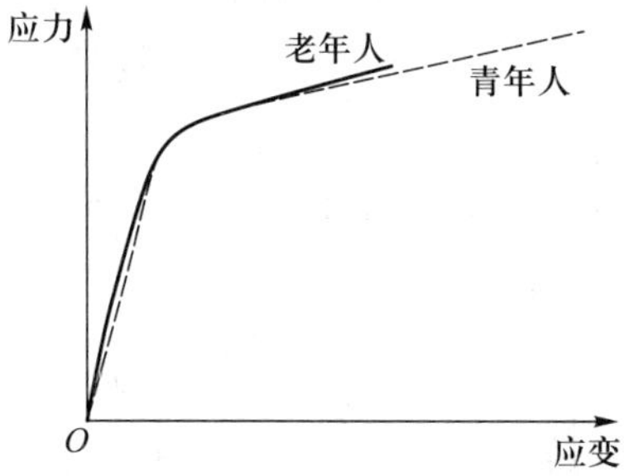

图 5-1-4 老年人和青年人胫骨拉伸的应力—应变曲线

二、骨的受力形式与表现

（一）在不同载荷下骨的表现

力和力矩自不同方向施加于骨上，产生拉伸、压缩、弯曲、剪切、扭转和复合载荷（图 5-1-5）。

拉伸载荷是自骨的表面向外施加大小相等而方向相反的载荷，在骨内部产生拉应力和应变。拉应力可看作许多自构件表面向外的内力。骨在拉伸载荷作用下伸长同时变细。骨在拉伸载荷下断裂的机理主要为结合线的分离和骨单位的脱离。如小腿三头肌的强力收缩，对跟骨产生异常高的拉伸载荷，可使跟骨出现撕脱性骨折。

压缩载荷为加于骨表面的大小相等而方向相反的作用载荷。在骨内部产生压缩应力和应变。压缩应力可看作许多自表面向骨内的小应力。在压缩载荷作用下，骨缩短和变粗。骨在压缩载荷下破坏的机理主要是骨单位的斜行劈裂。关节周围的肌肉异常强力收缩，可造成关节的压缩骨折。人体椎体在高压缩载荷下可发生压缩性骨折。

使骨沿其轴线发生弯曲的载荷称为弯曲载荷。骨在弯曲时同时受到拉伸和压缩，拉应力和应变作用于中性轴的一侧，压应力和应变作用于另一侧。而在中性轴上，没有应力和应变。滑雪时发生的"靴口"骨折是一个典型的三点弯曲骨折。当滑雪运动员前跌倒时，滑雪屐的靴口顶端以上的胫骨受到一个弯曲力矩，而足与滑雪屐造成另一个与之相等的力矩。当胫骨上部向前弯曲时，拉应力与应变作用于骨的后侧，压应力和应变作用于骨的前侧。这样，在靴口处就会产生胫腓骨骨折。因为成年人骨骼抗张性能要差于抗压性能，所以骨折一般首先发生在张力侧；而未成熟骨具有良好的延展性，所以骨折一般首先发生在压力侧。

剪切载荷作用时，载荷施加方向与骨表面平行，在骨内部产生剪切应力和应变。剪应力可看作许多小的内力作用于与载荷平行的平面上。骨受剪切载荷时在其内部发生角变形，直角变为钝角或锐角。

载荷加于骨上使其沿轴线产生扭曲时，即形成扭转。

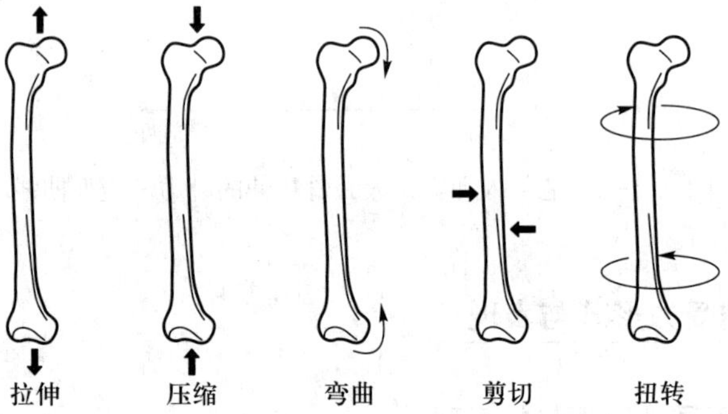

图 5-1-5 股骨上不同载荷形式示意图

骨能承受不同形式外力作用的强度由大到小的排列顺序是压缩、拉伸、弯曲和剪切。说明骨在承受压力情况下不易破坏，在承受拉力及剪切力的情况下容易破坏。

复合载荷是指骨受到以上两种或两种以上载荷的作用。在体骨受到的载荷是复杂的，主要原因是骨的几何结构不规则，且始终受到多种不定的载荷。

（二）肌肉活动对骨应力分布的影响

骨在体内受载时，附着于骨的肌肉收缩可改变骨应力分布。肌肉收缩所产生的压应力，与部分或全部拉应力相抵，从而降低或消除加于骨上的拉应力。

在髋关节活动时，弯矩作用于股骨颈，而在股骨颈的上部骨皮质处产生拉应力，臀中肌的收缩产生压应力以抵消这种拉应力，最终使上部骨皮质既无压应力也无拉应力。因而，肌肉收缩比其他任何方式更有可能使股骨承受较高的载荷。

（三）体育活动中骨的受力形式

在体育活动中，人体骨的受力形式是多样的，这使得骨本身对外力的抵抗能力也各不相同。

压缩载荷常见于当身体处于垂直姿势中时，作用力从骨的两端作用于骨，一端是人体的重力和外加载荷的力，另一端是支撑反作用力，骨承受压缩载荷的能力最强。

拉伸载荷常见于身体悬垂姿势中，骨的两端受到反向的拉力。

弯曲载荷通常是在骨起杠杆作用时出现。肌肉力量以及关节的压力作用于骨上会使骨受到弯曲载荷，通常这种载荷骨都能承受，但突然非正常载荷或外来较大的冲力作用易使骨损伤。所以足球比赛规则上禁止踏蹬踢法，因为这种动作会使对方运动员的胫骨受到弯曲载荷，容易造成弯曲性骨折。摔倒时用直臂撑地易造成骨折的原因也在于此。

扭转载荷常见于人体或局部肢体做旋转动作时骨承受绕纵轴的两个反向力矩的作用的情况下。骨承受扭转载荷的能力最小，因而过大的扭转载荷容易产生扭转性骨折。如投掷标枪时，三角肌前部的肌力与标枪的惯性力对肱骨纵轴产生扭转力矩，此力矩如果过大，则容易造成肱骨的螺旋形骨折。

载荷分静态载荷与动态载荷。当身体处于静止状态时，骨承受静态载荷，其载荷量值不变，只要不超过骨的安全强度，骨就不会受伤。在运动过程中骨承受动态载荷。如从高处下落着地时的载荷往往是很大的，有时会超过骨的安全强度，容易使骨受伤。

连接各骨的软组织（肌肉、关节囊、韧带）以及软骨在发生形变时，都会有减小载荷的作用。而如果没有肌肉的缓冲作用，软骨及韧带就很容易受伤。

三、机械应力对骨结构的影响

机械应力与骨之间存在着一种生理平衡，处于平衡状态时，骨组织的成骨细胞和破骨细胞的活性是相同的。当应力增大时成骨细胞活跃，引起骨质增生，承载面增大，使应力下降，达到新的平衡。当应力下降时破骨细胞再吸收加强，骨组织量下降，使应力增加。因此骨能通过改变它的大小、形状和结构以适应力学功能的需要。这种适应性是通过 Wolff 定律实现，即骨在需要处多生长，而在不需要处多吸收，从而使骨组织量与应力成正比。如果活动减少或固定时，骨不再承受通常的应力，骨膜和骨膜下发生再吸收，强度和刚度减小。用全身石膏使猕猴制动 60 天，固定组与对照组猕猴椎体体外压缩试验发现，固定组椎体的破坏载荷量和能量贮存能力降低 3 倍，刚度亦显著下降。如骨反复受到正常生理范围内的高机械应力刺激，骨膜与骨膜下骨将发生肥大，骨密度也会增加。

疲劳性骨折的预防

机械应力对成熟骨和有多个骨化中心的骨（即尚处在生长发育中的骨）的作用是截然不同的，而外伤和过度训练会引起骺软骨的过早愈合。

第二节 肌肉的生物力学

肌肉是由蛋白质组成的活机器，其功能是将化学能转变机械能。这一转变过程是通过肌肉的收缩力做功实现的。完成动作技术的质量与效果取决于肌肉的收缩力及收缩速度。因此下面将从力学角度着重介绍肌肉的收缩力及收缩速度等性能。

一、离体肌生物力学基础

肌肉的力学性质十分复杂，它跟组成肌肉各成分的力学特性以及肌肉的兴奋状态和疲劳有关。运动生物力学是通过模型来研究人体结构和机能特性的。肌肉结构力学模型是建立在已有的对肌肉力学性质的研究基础之上的，我们用这样一个模型来探讨人体肌肉活动规律。

（一）肌肉结构力学模型

肌肉结构力学模型由三个元件组成，又称三元素模型（图 5-2-1）。这三个元件是以肌肉各组成部分对肌肉活动的作用为依据，对肌肉结构进行简化得到的。

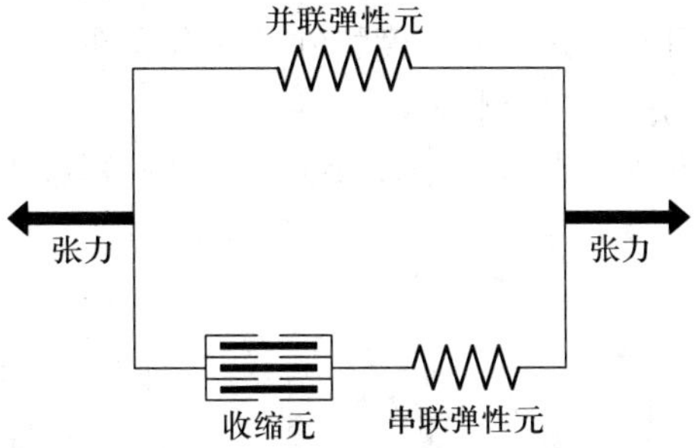

图 5-2-1　肌肉的三元素模型

收缩元代表肌节中的肌动蛋白微丝及肌球蛋白微丝。兴奋时可产生张力，称主动张力。

并联弹性元代表肌内膜及肌束膜等结缔组织。当被牵拉时产生弹力，称被动张力。

串联弹性元代表肌微丝、横桥及闰盘的固有弹性。当收缩元兴奋后，它使肌肉具有弹性。

整块肌肉可认为是由许多这样的模型混联在一起构成的。模型的串联构成肌肉的长度，模型的并联构成肌肉的厚度。整块肌肉的力学性质，就由这些模型组成的系统来描述。因此可把肌肉看成由多个模型串联和并联而成。多个模型串联而成的肌肉，当各个收缩元产生相同的收缩力时，每个模型受到的外力相等，也等于整块肌肉两端的外力。而肌肉的伸长或缩短的总长度却等于各个模型伸长或缩短之和。由此可见，肌肉长度的增加，对其收缩速度有良好影响，但不影响它的收缩力。肌肉缩短时，如果各个模型产生同样的形变，那么肌肉两端的作用力是各个模型对其两端的作用力之和，而肌肉的形变与模型的形变相同。肌肉的围度由模型的并联成分决定，因此，肌肉生理横断面的增加会导致肌肉收缩力的增加，但不会影响肌肉收缩速度。

（二）肌肉结构力学模型的性质

肌肉将化学能转变为人体活动的机械能，是通过肌肉收缩做功实现的，并且肌肉收缩速度（其伸长或缩短值与时间的比值）对机械能产生重要影响。因此肌肉结构力学模型的性质将从肌肉张力—长度特性与肌肉收缩力—速度特性中表现出来。

1. 肌肉张力—长度特性

依据肌肉结构力学模型的性质，肌肉收缩时的总张力是由收缩元产生的主动张力和并联弹性元、串联弹性元产生的被动张力叠加而成的。因此肌肉张力—长度特性是肌肉三元素—长度特性的综合表现。

（1）收缩元张力—长度特性。

通过将离体肌肉固定在若干个长度上，施加同样强度的电刺激可得出的收缩元张力—长度曲线（图 5-2-2）。

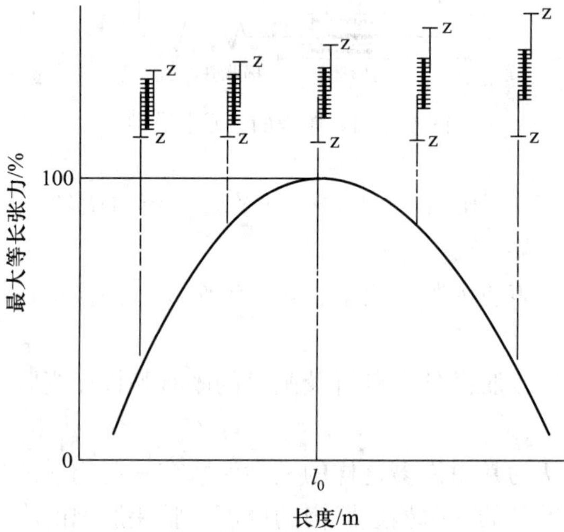

图 5-2-2 等长收缩过程中的张力—长度曲线

收缩元的张力随长度变化，表现最大张力时的长度称肌肉的静息长度（l_0），此时肌微丝之间的横桥联系数目最多，因而收缩元可产生最大的张力。当肌肉短于静息长度时，横桥重叠使其联系数目减少，张力下降；当肌肉长于静息长度时，随着肌肉长度的增加，肌微丝被拉开，横桥联系数目减小，张力也随之下降。

（2）肌肉总张力—长度特性。

由肌肉结构力学模型的性质可知，肌肉活动时其主动张力和被动张力是同时存在的。将主动张力—长度曲线和被动张力—长度曲线叠加起来，就可得到肌肉总张力—长度曲线。肌肉总张力—长度曲线可用来描述肌肉的张力随长度的变化情况（图 5-2-3）。在图 5-2-3 中，曲线 1 为肌肉总张力曲线，曲线 2 为被动张力曲线，曲线 3 为主动张力曲线。

被动张力—长度曲线是通过对离体肌做不加电刺激的拉伸实验得出的，

肌肉的平衡长度（A）是指肌肉被动张力为零时，肌肉所能达到的最大长度。并联弹性元代表结缔组织中的弹性纤维，因此它具有弹性，当受拉伸时产生弹力（被动张力）。由于结缔组织类似黏弹性体，因此其被动张力与长度变化呈非线性关系（曲线 2）。

肌肉的平衡长度的大小，对肌肉总张力曲线形状的影响较大。如果肌肉结构中结缔组织较多（如羽状肌），则肌肉被拉伸时，并联弹性元的被动张力能较早地出现，因此此类肌肉的平衡长度较短。如下肢肌大多为羽状肌，其总张力曲线如图 5-2-3（a）所示。而上肢肌中羽状肌较少，其总张力—长度曲线如图 5-2-3（b）所示。

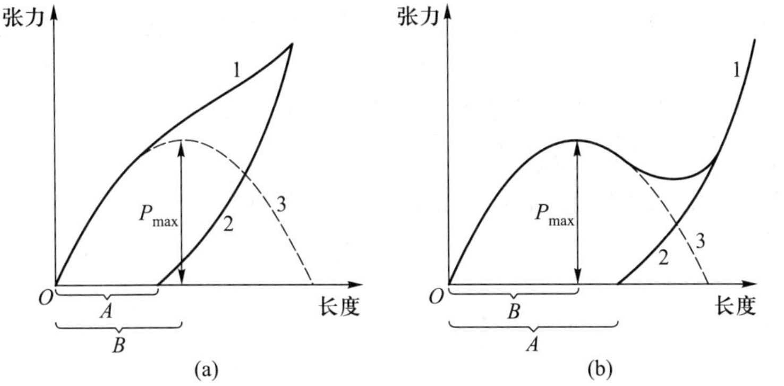

A—平衡长度；B—静息长度。

图 5-2-3　肌肉张力与长度的关系

下肢肌中羽状肌较多，由于其经常抵抗重力作用，亦称抗重力肌。该类肌肉有较多的被动张力参与肌肉的总张力，肌肉的这种结构特点使人体活动时能量得到节省。

2. 肌肉收缩力—速度特性

（1）肌肉向心收缩力—速度特性。

芬恩和马奇于 1935 年首次提出了肌肉向心收缩力—速度曲线（图 5-2-4）。但是在此方面的研究中著名的还是希尔方程。希尔的经典性工作奠定了骨骼肌的力学基础。他取青蛙的缝匠肌为试样，两端夹紧，保持其长度为 L_0，以足够高的频率和电压加以刺激，使之挛缩产生张力 T_0。然后将肌肉一端松开，使其张力下降为 T（$T < T_0$），则肌肉以速度 v 缩短。希尔不仅测定了 T、v 与 T_0 的关系，还测定了肌肉缩短时产生的热量，以及维持挛缩状态所需的热量。

希尔依据热力学第一定律对实验结果进行分析得方程

$$(a+T)(v+b)=b(T_0+a)$$

T_0 为最大等长收缩力；a 为收缩热力学系数；$b=a\cdot v_0/T_0$；v_0 为最大速度（$T=0$ 时）。

这就是著名的希尔方程，希尔因此获得诺贝尔奖。

从力学观点来看，希尔方程描述了骨骼肌收缩时的力与速度的关系。显然，张力越大，缩短速度越小。因此希尔方程亦可写成

$$v=b\frac{T_0-T}{T+a} \text{ 或 } T=\frac{bT_0-av}{v+b}=a\frac{v_0-v}{v+b}$$

虽然以后希尔（1964）发现，参数 a 在上述方程中并非常量（比较准确的表示式是 $a=0.16T_0+0.18T$）。但这并没有根本改变大阻力状态下能量释放速度取决于肌力的这种关系。

肌力随肌肉收缩速度的增加而下降的原因是收缩元中的横桥断开与联系时的肌力损失以及收缩元和结缔组织的流体黏滞性。因此随着收缩速度的增加，需要更大的内力克服这些黏滞阻力，因而肌肉张力也更明显地下降（图 5-2-4）。

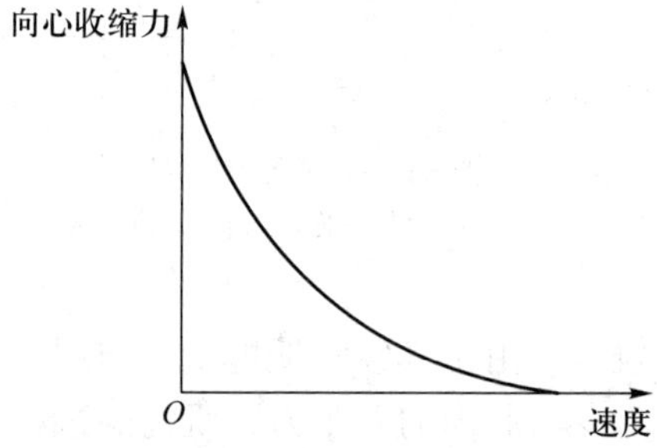

图 5-2-4 肌肉向心收缩力—速度曲线

要注意，我们通常认为肌肉收缩力量越大，肌肉的收缩速度也越大。这种观点似乎与希尔方程的描述恰好相反。那么这一通常观点是错误的吗？假如是错误的，那么，当肌肉力量增大时，是否意味着这是以肌肉收缩速度的减小为代价的呢？

事实上，图 5-2-4 是在给予肌肉相同的刺激下所得到的肌肉向心收缩力—速度曲线。该曲线是指在同一肌肉收缩力水平下，面对不同的外部载荷时肌肉的收缩反应，无载荷时收缩速度最大，极限载荷时收缩速度为 0，即载荷越大，收缩速度越小。因此，不能将曲线上的不同力值点理解为不同的肌肉收缩力水平，从而错误地认为肌肉越用力，收缩速度越小，从而对肌肉

向心收缩力—速度曲线的正确性产生怀疑。“肌肉收缩力量越大，肌肉的收缩速度也越大”的说法其实也没有错，并不与希尔方程相矛盾。它是指在不同的肌肉收缩力水平下（比如更高的激活水平），面对相同的外部载荷时，收缩力越大，收缩速度当然也越大。

（2）肌肉离心收缩力—速度特性。

图 5-2-5 表示肌肉三种收缩形式下的肌肉张力—速度的一般特征。图中虚线部分表示的是肌肉离心收缩时，肌肉张力随着被拉伸速度的增加而增加的特性。当达到一个临界速度时，力就变成为一个不随速度变化的常力，其大小等于最适肌肉长度时的最大等长收缩力 F_0 的 1.5~2.0 倍。肌肉在强直状态下进行拉伸时，在收缩成分内要产生分离粗、细肌丝耦合的力，要比保持等长收缩张力更大；拉伸速度越快，意味着这种能耗越高。其次，肌肉的黏滞性受拉伸速度的影响，拉伸速度越大黏滞性越大。上述两个方面决定了肌肉强直后进一步拉伸需要更大力量。

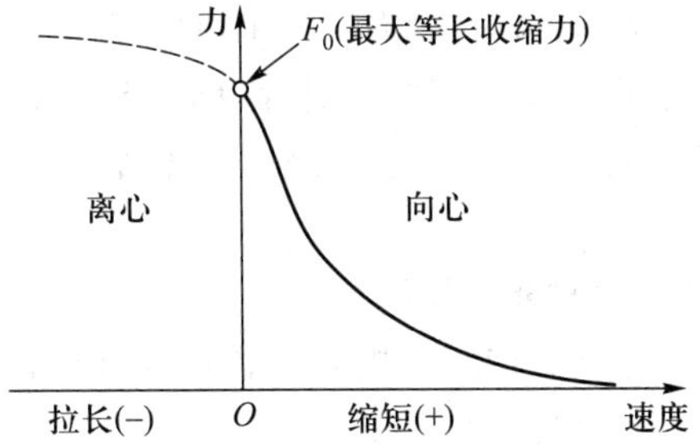

图 5-2-5　肌肉不同收缩形式的张力—速度曲线

二、在体肌收缩生物力学

（一）肌肉的激活状态

肌肉兴奋时其收缩成分力学状态的变化称肌肉的激活状态。在神经冲动的影响下，肌肉的收缩成分出现激活状态。

兴奋后肌肉能迅速地达到激活状态的高峰，但整块肌肉张力的发展过程要慢得多。依据肌肉结构力学模型的原理可知，这是由于肌肉进入激活状态后，收缩元兴奋产生的张力，起初被其串联的串联弹性元的形变所缓冲。整块肌肉的张力达到一定程度后，收缩元的主动张力才能直接对肌肉起止点施力，表现出肌肉收缩力（图 5-2-6）。

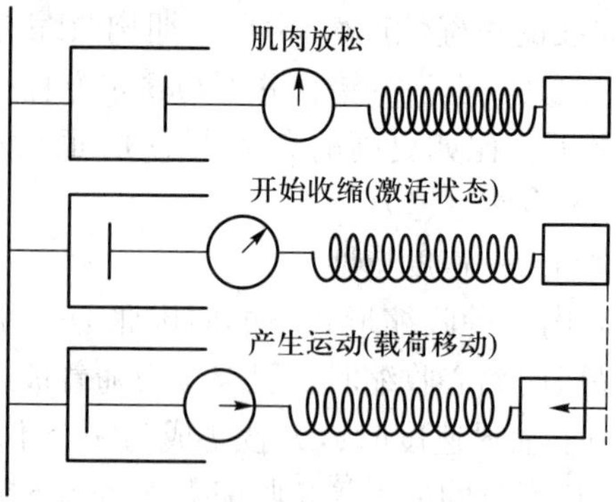

图 5-2-6 肌肉受激发时的力学效应的顺序

希尔（1924）最早对肌肉激活状态进行研究。实验方法是在肌肉受到刺激后的不同时间使肌肉突然受到拉伸作用。此时肌肉产生的张力，明显地超过了肌肉未被激活时的张力。这是因为处于激活状态的肌肉，其收缩元的主动张力在此瞬时可以直接向外部表现出来。因此，激活状态对完成动作起积极作用。例如，跳远运动员在做起跳动作前 15~25 ms，做起跳动作的肌肉已产生肌电活动，说明肌肉已处于激活状态，这样做可产生较大的起跳力。

（二）肌肉松弛与非代谢能的再利用

生活中有这样一种现象，在两木桩间系紧尼龙绳或橡皮，随着时间的加长，尼龙绳或橡皮上的张力会变小，即尼龙绳或橡皮会变松弛。在人体骨骼肌上也有类似的现象，被拉长的肌肉，其张力有随着时间的延长而下降的特性，这一特性称肌肉松弛。这是由肌肉中串联及并联弹性元的黏弹性体特性决定的。

在完成动作过程中，当肌肉出现松弛现象时，肌肉的弹性力会下降。如在做纵跳练习时，当下蹲到最低点的停顿时间过长时，由于出现肌肉松弛，肌肉总张力会下降。下蹲之后有停顿和无停顿（不加摆臂）的纵跳实验表明，有停顿时纵跳高度下降，其原因是停顿时肌肉及肌腱中的弹性成分产生了松弛。如果停顿时间大于肌肉松弛的出现时间，则肌肉所产生的弹性势能，就会完全耗散，后继动作就只能单纯依靠肌肉收缩力来完成。

由此可见，人体运动中有效利用肌肉的非代谢能，减少肌肉松弛所致的能量耗散以增大肌肉力量或提高动作经济性的重要条件是：① 积极储备非代谢能；② 缩短肌肉拉伸与向心收缩的转换时间。肌肉的非代谢能储备与拉伸—收缩转换时间是肌肉的运动机能，是对系统的、科学的训练的适应。

因此，要提高肌肉非代谢能的再利用能力，需要对肌肉进行针对性力量训练，如肌肉超等长训练。

（三）载荷对肌肉收缩力学特性的影响

在肌肉收缩时总会遇到一定的阻力，如肢体的惯性阻力或肢体与外界载荷的共同阻力。当载荷增大时，肌肉收缩力学特性的变化如下（图 5-2-7）。

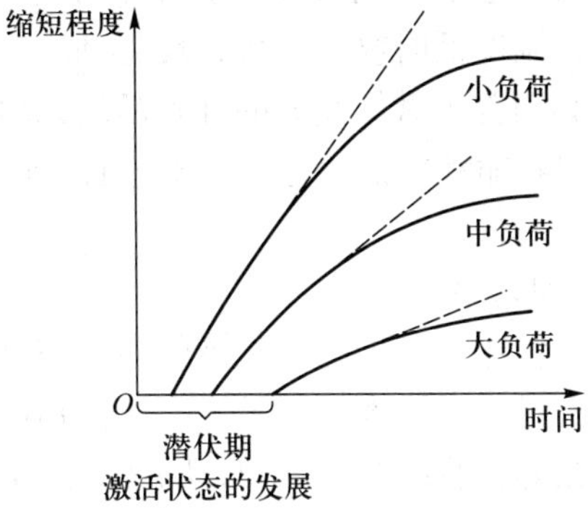

图 5-2-7　外部负荷对肌肉收缩力学特性的影响

1. 动作潜伏期延长

肌肉激活后收缩元的张力首先使串联弹性元形变，因此肌肉张力的发展需要一个过程，只有当肌肉张力发展到大于其起止点的阻力时，肌肉才开始进行向心收缩，产生动作使载荷产生位移。所以上述肌肉张力的发展过程的长短与载荷有关。载荷增大时张力发展所经历的时间长，肌肉收缩产生动作的潜伏期随着载荷的增大而延长。

依据肌肉这一特性，在完成需要快速反应并产生位移的动作时，如 100 m 的起跑，在“预备”时使伸下肢的各肌群产生“预张力”，可以提高反应速度和起跑能力。其原因实际上是在起跑前使肌肉处于活化状态，预先使串联弹性元形变。因而当运动员听到“跑”的信号时，收缩元的主动张力“不再”被缓冲，而直接用于克服外界阻力。因此提高肌肉的预张力可以缩短动作潜伏期。

2. 收缩幅度减小

举起小载荷时比较容易，动作幅度也大。当载荷增加时，收缩幅度减小，当载荷增加到一定程度时，动作不能完成，肌肉不能缩短。

3. 收缩速度下降

由实验得出在无载荷时收缩速度最大，随着载荷的增加，收缩速度下降，载荷加至肌肉恰好不能举起的重量时，收缩速度为 0。希尔方程可定量地说明这一关系。

（四）肌肉黏滞性

肌肉的黏滞性是肌肉的黏性特征表现，它由肌肉收缩或被拉长时肌纤维之间的摩擦引起，它使肌肉在收缩或被拉长时会产生阻力而额外消耗一定的能量，因此肌肉的黏滞性也是影响肌肉力学特性的重要因素之一。肌肉黏滞性的大小与温度有关，温度低时黏滞性大，反之则小。因此在气温低的季节进行训练与比赛时，必须首先做好充分的准备活动以增加体温，从而减小肌肉的黏滞性，提高肌肉收缩和放松的速度，避免肌肉拉伤。

（五）肌肉收缩功和功率

肌肉可以把化学能转化为机械能。人体肌肉收缩是把化学能转变为机械能的过程。在能量转变过程中肌肉克服了阻力，使物体产生了位移，因此肌肉做了机械功。肌肉在等长收缩的过程中，物体不产生位移，肌肉没有做机械功，但消耗了能量，因此说肌肉做了生理功。

1. 肌肉做功

通常讲肌肉做功，是指肌肉做的机械功。肌肉做功与载荷及速度有关。载荷大时做功大，载荷小时做功小。

2. 肌肉功率

人体活动能力的大小、体育成绩的高低及动作技术质量的优劣，往往取决于完成动作过程中肌肉功率的大小，也就是说取决于肌肉的化学能转化为机械能的速度。由功率的定义可得

$$P=\frac{W}{t}=\frac{F\cdot s}{t}=F\cdot v$$

肌肉功率等于力与速度的乘积。所以功率可依据力与速度关系曲线计算。在此曲线上每一点的功率等于以该点和坐标原点为两顶点的矩形面积（图 5-2-8）。假定肌肉收缩时力和速度同时达到最大值，这时功率应是最大。但这是不可能的，依据希尔方程可知，实际上功率最大值大约只有这种假想值的九分之一，即肌肉最大等长收缩力的三分之一与最大收缩速度的三分之一的乘积。

图 5-2-8 反映了肌肉收缩力和肌肉收缩速度与功率的关系。当载荷为 0 时，肌肉表现出最大收缩速度，此时功率很小。随着载荷的增加，肌肉收缩速度随之减少，当处于三分之一最大等长收缩力和三分之一最大收缩速度的

位置时，功率最大。随着力和速度的进一步变化，功率开始减小。当阻力增大到肌肉不能缩短时，速度为0，肌肉不做功，所以功率为0。如果载荷继续增加，肌肉由等长性收缩变为退让性收缩，此时肌肉做负功，但肌肉的负功率随着退让性收缩速度的增加而加大。

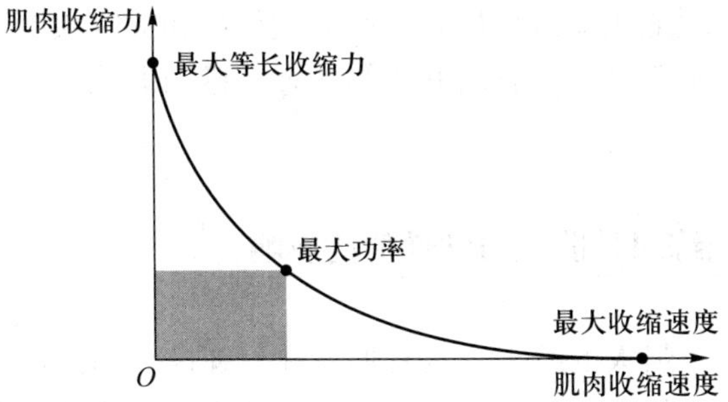

图 5-2-8 肌肉收缩力和肌肉收缩速度与功率的关系

3. 肌肉功率的性别差异和专项差异

（1）性别差异。

在最大瞬时功率方面，男子比女子约大50%。产生差别的原因是一方面女子肌力比男子低40%~50%，另一方面女子肌肉收缩速度也比男子低。在阻抗载荷大时，这种差别更显著。相反阻抗载荷越小时，其差异也越小。而在接近0载荷时，几乎不存在性别差异。

（2）专项差异。

以短跑与跳高选手为例，这两个专项的运动员的最大功率相近，但获得最大功率时，肌肉收缩力和速度则有差异。短跑运动员速度较快，而跳高运动员肌肉收缩力较大。运动员进行专项运动素质练习（用于提高运动技术和基本动作的运动素质的练习叫专项运动素质练习）时，这一类练习的生物力学特征如果同比赛动作相接近，就能起到较好的效果。从运动生物力学观点来看，这些练习必须遵循动态适应性原则，在以下方面都必须与比赛动作相适应：① 动作的幅度与方向；② 运动的有效幅度及重点区；③ 作用力（或肌肉收缩力）的大小；④ 最大作用力的发挥速率；⑤ 肌肉工作形式。

（六）肌肉工作的机械效率

肌肉工作的机械效率（η）是所完成的机械功（W）与所消耗的总能量（E）的比率，即

$$\eta = \frac{W}{E}$$

人的机械效率一般为25%～30%，熟练步行时的机械效率可达33%，而自由泳则仅为1.5%。人的机械效率不是常数，而是随肌肉活动条件的变化而变化，其大小取决于肌肉活动时所承受的负荷和收缩速度。适宜负荷和适宜收缩速度所实现的机械效率最高。而适宜负荷和适宜收缩速度也不是固定不变的，它们取决于神经和肌肉的机能状态。运动训练有助于提高肌肉工作的机械效率。

三、运动训练对骨骼肌力学性能的影响

骨骼肌是人体最大的组织，具有伸展性、弹性、黏滞性、兴奋性、传导性和收缩性等物理特性和生理特性。物理特性主要受温度影响，当温度升高时，肌肉的黏滞性下降，伸展性和弹性增加。生理特性是神经和肌肉的功能体现，其中收缩性是肌肉的机械特性，肌肉兴奋后通过其内部机制产生长度和张力的变化，实现肌肉的收缩和舒张。人类通过骨骼肌的收缩和舒张来完成日常身体活动及各种复杂的体育运动，而身体活动又会反过来影响肌肉的结构和功能。目前，研究者研究运动训练对骨骼肌力学性能的影响时主要关注肌肉收缩力、肌肉收缩速度和肌肉功率等。

（一）运动训练能提升肌肉收缩力和肌肉收缩速度

肌肉收缩力是人体神经和肌肉工作时克服或对抗阻力的能力。肌肉力量训练是广泛采用的改变肌肉力学性能的方法。运动训练，特别是抗阻训练可以增大所训练肌肉的肌纤维横截面，增大肌腹的体积，随之增加肌肉收缩力。运动训练也可提升神经系统的激活能力，通过增强神经冲动的数量和频率以及减弱拮抗肌的作用等方式增加肌肉收缩力。

无论通过神经机制，还是肌肉体积的增加机制，运动训练均可增加肌肉收缩力，但力量的输出与肌肉收缩时动员运动单位的数量和活化的横桥数目有关。关于肌肉收缩速度，目前认为主要是通过加快肌肉收缩时的能量释放速率实现的。同时，肌肉产生力量和速度的机制存在一定的相互制约性，这是肌肉收缩力—速度曲线的特异性的主要原因。由于运动训练可增强肌肉收缩力和肌肉收缩速度，因而运动训练可使肌肉收缩力—速度曲线右移，但这种右移存在一定的训练方法的特异性（图5-2-9）。大负荷低重复次数的训练方案（力量训练）可使曲线上部右移，而快速的小负荷的训练方案（速度

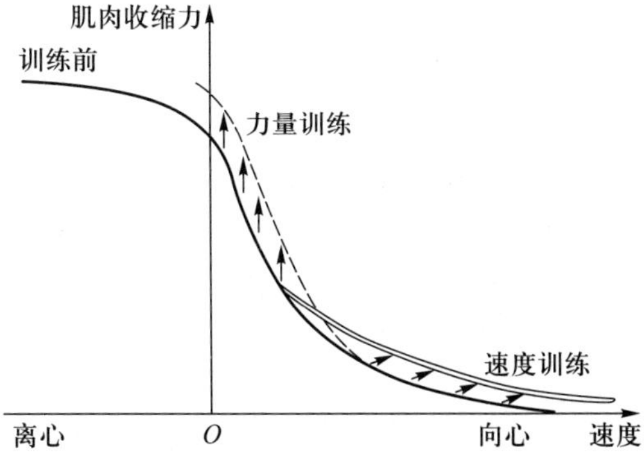

图 5-2-9　不同训练方案对肌肉收缩力—速度曲线的影响效果

训练）可使曲线下部右移。

（二）运动训练能提高肌肉功率

运动训练可提高肌肉收缩力和肌肉收缩速度，因此也能提高肌肉功率。不同专项运动具有不同功率要求，对于爆发力主导的运动项目，高功率输出是重要的专项能力表现。在常见的训练手段中，超等长训练，比如跳深练习，被认为是增强离心肌力、提高输出功率的有效训练方法。超等长训练本质上是一种“反射性的超负荷力量训练”，它通过预先的反向运动对肌肉进行快速拉伸刺激，并在随后的向心收缩中表现出更大的收缩力和功率，这种动作形式也被称为拉伸—收缩周期（stretch-shortening cycle，SSC）。超等长训练是“离心和向心的结合，快速和超负荷的统一，力量和速度的优化和神经肌肉系统的速度性适应”。超等长训练要注意两个方面：① 肌肉快速拉伸和收缩的速度；② 肌肉拉伸过程向收缩过程转换的时间。依据肌肉收缩的力学原理，肌肉在被动拉伸过程中，肌肉产生的张力与拉伸速度正相关。所以，肌肉拉伸越快，储存的弹性势能越高，对肌肉的向心收缩越有利。训练中强调肌肉拉伸—收缩的转换时间，目的在于有效地利用拉伸过程中储存的弹性能。

核心区力量训练

复习思考题

1. 简述应力和应变的概念。
2. 简述体育活动中骨的受力形式。
3. 简述肌肉的三元素模型。
4. 简述肌肉收缩力和肌肉收缩速度与功率的关系。

第六章

动作技术分析基础

本章导读

动作技术分析是指运用运动生物力学的测量手段与方法对体育动作技术进行全面测定、描述、分析和评定的过程。通过技术分析可建立动作技术的力学原理，提出技术改进或动作创新的方案，并能为运动损伤的防治与运动器械的设计提供理论与实验依据。可以说动作技术分析是运动生物力学在体育运动实践中最为重要的一个应用领域。

那么，我们应如何开始一个动作技术的生物力学分析？怎样才能正确剖析动作技术中的关键环节？如何获得评价动作技术的各种指标？本章的第一、二节将着重回答这些问题，第三节则对人体基本运动动作形式进行分类介绍，为复杂的运动分析打下基础。

学习目标

1. 掌握动作技术分析的一般流程与方法；
2. 了解人体基本运动动作形式。

第一节 动作技术分析的基本过程与概念

人体的运动是复杂的、多层次的。运动生物力学所研究的人体运动主要指人体的机械运动，即在神经系统的调控下运动系统所完成的运动。随着人类文明的发展及体育运动的进步，人体运动更千姿百态，技术含量也更高。人类逐渐定义了相应的概念，有些是约定俗成的，有些则为较严格的定义。中文“运动”一词有着较宽泛的含义，是指从事体育活动的基本内容和方法，包括目的在于促进身体正常发育和充分发展身体机能的各种锻炼方法和活动项目（比较接近英文 sport 或 exercise）；或指构成运动或动作技术（sport technique）的肢体或肢体联合的行为特征；或泛指人体或物体在空间内随时间发生的位置变化（motion）。人体的运动可分为先天性的（非条件反射性的）运动和获得性的（条件反射性的）运动两种，动作（movement）则属于获得性的运动。动作是服从于一定目的的运动，依其目的若干动作可聚类而连接为动作技术和动作系统，以完成人体的各项体育运动和生产活动。

动作技术是指人体在运动中枢神经的指挥下完成特定肢体动作的方法。人体运动行为的产生机制是一个极具挑战性的综合性研究课题，它涉及运动生物力学、运动解剖学、运动生理学、运动心理学等相关学科的知识。而揭开人体运动复杂机制的第一步就是了解人体各种肢体活动的外貌特征及其力学原理。作为运动生物力学学科的一个主要方面，运动技术分析就是利用运动生物力学的研究方法和手段揭示人体运动的力学原理，并在此基础上建立科学的技术诊断和评价体系。

一、动作技术分析的发展简史

20 世纪 70 年代，著名运动技术分析专家詹姆斯 · 海出版了《运动技术生物力学》，该书对田径中的跑、跳、投以及游泳、体操、篮球、棒垒球等体育项目的技术分析成果进行了综述，是一本具有较高参考价值的运动技术分析专著。随着人们对人体运动机制认识的逐步深入和运动技术的不断革新，动作技术分析逐渐向多层次、多手段的综合性系统研究发展，研究走向深入和专业化，一些专项杂志（如国际《田径技术》杂志）将技术分析作为一个重要的专栏内容，与此同时也出现了一批专项运动的技术分析专家。如扎齐奥尔斯基主编的《运动生物力学——运动成绩的提高与运动损伤的预防》(2004年出版)的撰稿人包括空中动作分析专家耶登(M. R. Yeadon)、跳高技术分析专家达佩纳(J. Dapena)等都是专项运动动作技术分析的资深学者，他们对相关动作技术的研究成果进行了大量深入的补充和更新。

从总体上看，动作技术分析的发展取决于相关研究成果的积累、测量手段的进步和分析方法的完善。掌握分析方法对于学习动作技术分析来说是第一要素。由于人体运动的复杂性，动作技术分析方法在发展过程中呈现出多样化的格局，表现为不同的侧重面和切入点。比如，“系统结构法”强调了动作的结构性、整体性和目的性(其理论思想影响深远)；“物理模型法”强调了人体运动的力学本质；“层次分析法”强调了动作的成绩要素；“专家系统法”强调了技术分析的决策功能等。在本章中我们主要学习当前运动动作技术分析中最为普遍，也最为实用的一种研究方法，其被称为“一般方法”。这种研究方法吸收了“系统结构法”和“层次分析法”的主要概念与分析思路，即从分析动作结构的角度出发，确定动作目标，在定性分析的基础上选择评价指标并进行测量，结合专业知识对测量结果进行分析讨论。事实上，所有的这些方法都是殊途同归，其最终目的是揭示人体运动的生物力学本质。

基于人体模型的理论分析方法

二、动作技术分析的一般流程

在对某一动作技术进行生物力学分析时，某些概念的混淆可能会使我们对动作技术分析产生不确切的认识。例如，经常有人把对人体运动的描述当作技术评定，而有的研究实际上只是涉及了一些测定就误认为这是分析等。因此，明确技术分析的相关概念及其一般流程是必要的。图6-1-1给出了对动作技术进行完整生物力学分析的简要流程。其中，测定、描述、分析和评定这几个术语在动作技术分析中的确切含义如下。

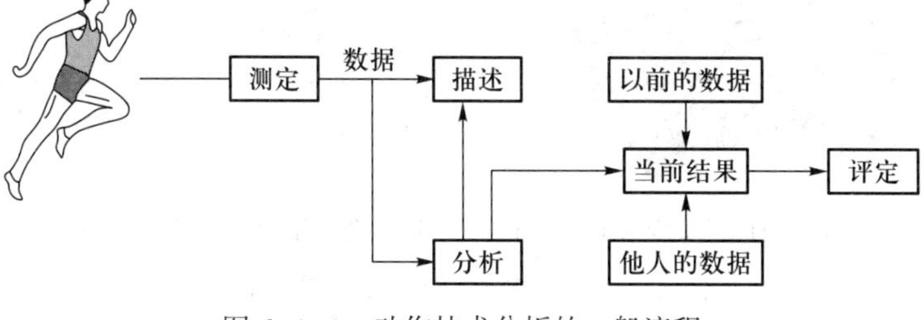

图6-1-1　动作技术分析的一般流程

（一）测定与描述

在动作技术分析中，测定是指利用生物力学测量手段得到某一动作技术在表现过程中的运动学或动力学数据。而描述就是将这些测定或分析得到的数据客观准确地进行定性或定量叙述。测定过程总是伴随着结果数据的输出，从这个意义上讲，测定与描述在功能上是不可分的。但要注意，对于给定的测定仪器来说，可以用不同的方法来表示它所测定的数据，反之，对于一个给定的描述来说，其测定可来自不同的测定仪器，图 6-1-2 可更直观地说明两者之间的关系。对于运动生物力学的初学者来说，熟练掌握动作技术分析中常用的测定和描述方法是最为重要的，因为这是深入研究的基础。而且，准确的描述本身就可以提供给我们一些可直接用于评定的重要信息，例如一个有经验的教练员就能从运动员的运动杆图中得到对训练有指导意义的建议。生物力学的测定手段随着现代科技的发展不断进步，特别是计算机技术在其中的应用，使数据采集无论是精度还是速度都得到很大提升。

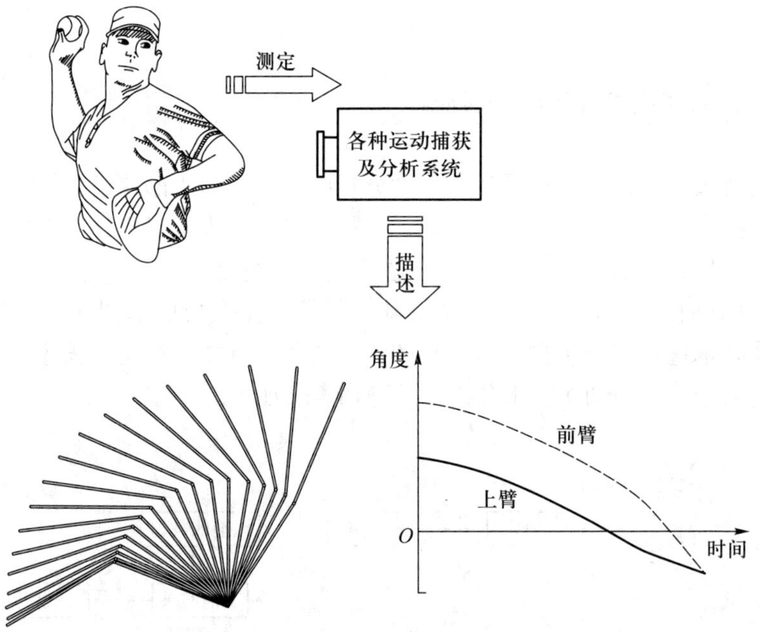

(a) 两环节鞭打动作的运动杆图（平面） (b) 运动过程中两环节的角度—时间曲线

图 6-1-2 上肢鞭打动作的测定与描述

（二）分析

这里提到的“分析”一词，是专指对所测定的数据进行某种数学运算，使之能以另一种形式表达，或将多种数据源整合在一起进行运算，产生一些不能直接测定的变量的过程。例如，利用测定得到的关节点坐标数据通过某些数学方法（如有限差商法），计算得到关节点或身体重心的位移、速度、加速度或身体环节的角位移、角速度、角加速度等，这称为运动学分析。而动力学分析通常是指以测定的力值时间序列为基础计算合力（矩）、冲量、功、功率等动力学相关指标，动力学分析经常需要其他测定数据的共同参与，如将人体测量学参数和运动学数据与外部接触力结合起来通过“逆向动力学”方法得到运动中的关节反力和肌肉力矩，这种分析技术是非常有价值的，它能使我们得到一些不能直接测定的人体内力参数。除了上述两种主要的分析方法以外，许多运动生物力学研究还涉及肌电图（EMG）分析，这种分析的目的主要是考察肌肉收缩时出现的电信号与肌肉功能的某些参数之间的关系，肌电图分析也经常应用于生理学和心理学的研究领域。当然，数理统计分析及建模分析有时也是不可缺少的，如基于多刚体模型或肌骨模型的计算机模拟分析、基于数学模型的神经网络分析等。无论是数据描述还是数据分析，都可得到一些定量的结果，将不同对象或不同时期的结果综合起来将有助于我们对动作技术作出针对性的合理评定（图 6-1-1）。由于人体运动的复杂性和研究的不断深入，对各种分析方法进行科学组合从而建立有效的分析评价系统将是今后动作技术分析的一个重要方向。虽然分析是重要的，但本章并不给出具体的数据分析理论与方法，而是把重点放在技术分析的一般方法及步骤上。事实上，数据分析的工作通常是由我们所使用的生物力学分析软件自动完成的。当然，这并不意味着我们完全不需要了解这些分析的过程。以下给出一例简单的计算（图 6-1-3）作为对“分析”的解释，

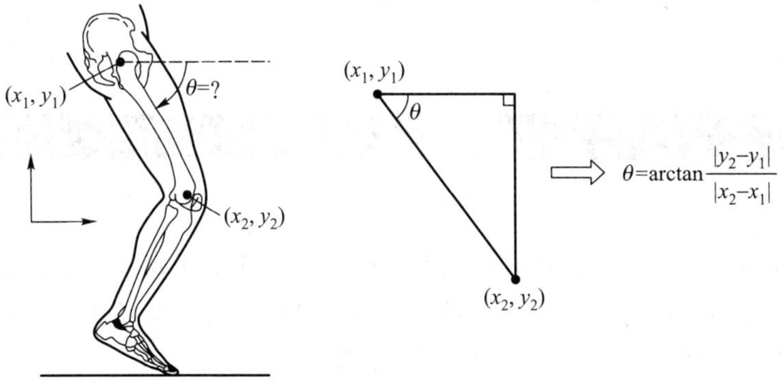

图 6-1-3 大腿环节角计算示例

更多的知识请参阅相关的专著。

（三）评定

任何动作技术评定的目的都是得到一个有关人体运动的肯定结论。教练员问得最多的可能就是："现在我们所使用的训练方法是否比以前更有效？为什么？"而研究人员可能更关心的是："我们所作的解释和推断是否真正反映了运动背后的生物力学机制？"无论是从实践角度还是从理论角度来看，对评定而言，测定、描述与分析是其基础，在评定的过程中所采用的测定与分析的方法以及对结果的描述必须要客观、真实、可靠。当然，评定可能得到肯定的结论，也可能得到否定的结论，或者这只是个初步的评定。由于人体运动的复杂性，通常会有多个相互关联的生物力学因素共同影响动作技术的表达。因此，在必要时还要对各种单因素指标的结果进行综合分析，从而建立科学的评价系统。

在评定过程中，特别要注意评定的客观性。由于人体运动的复杂性，我们所面临的问题不可能在一个研究中全部解决，许多未知的或不能确定的因素都会给评定带来一定的困难。同时由于评定是基于测定与分析的，测量误差和分析方法的局限性也都影响着评定的结果。因此，如何使评定成为合理推断而不是主观臆断，也应是一个非常重要的考虑内容。

本节从几个基本概念出发，对动作技术分析的一般流程进行了简要概述。从技术层面上看，对动作技术的测定、分析和评定三个方面在当前应用研究中的发展方向是明确的，即自动标识（关节点）、快速处理和实时反馈。其中自动标识技术的应用还存在一定的局限性，而实时反馈更是远未达到人们所期望的智能评定水平。这些问题的解决无疑将大大增加动作技术分析的应用性，使之能真正成为教练员指导训练的必备"利器"。

第二节 动作技术分析的一般方法

在对某项运动的动作技术进行分析时，首先我们要对欲分析的动作有一个清晰的了解，明确动作结构、动作目的及分析指标，这是实现具体分析目标的前提。动作技术分析的一般方法具体如下。

一、了解动作技术的构成

一个完整的体育运动项目通常是由若干技术环节组成的，而一个技术环节又可被划分为多个动作阶段。因此，在分析某一特定的动作技术之前，首要的工作就是了解该项运动的动作结构及其层次关系。

（一）确定技术环节

技术环节是指在运动过程中为达到不同阶段性目的而采用的不同动作形式。各种动作形式环环相连，构成了一个完整的运动技术链。如，跳远运动分为助跑、起跳、腾空和落地 4 个技术环节，每一技术环节都有其明确的任务，而所有技术的最终目标就是取得更好的运动成绩。对于非周期性技术环节而言，其范围一般是通过确认此环节动作画面的开始与结束瞬间来划定的。如跳远的起跳动作，起跳脚着地瞬间是起跳动作的开始，起跳脚离地瞬间便是起跳动作的结束。相对而言，周期性运动的技术环节界限则较为模糊，如短跑分为起跑、加速跑、途中跑和冲刺，除起跑外其他技术环节在动作外观上区别不大，对此类运动通常在整个技术环节的大致范围内提取一个动作周期（如途中跑）或若干连续的动作周期（如起跑）作为研究对象。动作周期是指从运动中某一特征姿态的出现开始至此姿态再次出现结束。如跑步过程中从一侧下肢着地开始，经过支撑与腾空至此侧下肢再次着地结束为一个周期动作。

（二）划分动作阶段

当一个技术环节的动作范围确定后，还应进行更为深入的动作阶段划分，从而为分析研究提供方便。动作阶段是指在技术环节展开过程中人体所处的各个不同“状态”的时期（亦称时相）。这里的“状态”泛指可被作为划分依据的各种运动学或动力学变化，如人体姿态、动作方向、肌肉工作性质、外力作用性质等。由于人体运动的复杂性，不同的研究者对动作技术的理解往往也不同，由此造成的不同的阶段划分方式通常表现为：

（1）次层结构的细化差异。这种差异在动作阶段划分中较为多见，所谓次层结构的细化差异是指在共同接受大体阶段划分原则的基础上，在局部阶段的进一步细化划分方面有所不同。如行走过程中一侧下肢经历支撑阶段与摆动阶段，一些研究者为深入了解行走的动作机制，根据 8 个转变点而将这两个阶段进一步细化为 7 个时相，分别为跟着地期、站立中期、推离期、双肢负重期、摆动前期、摆动中期、摆动后期（图 6-2-1）。

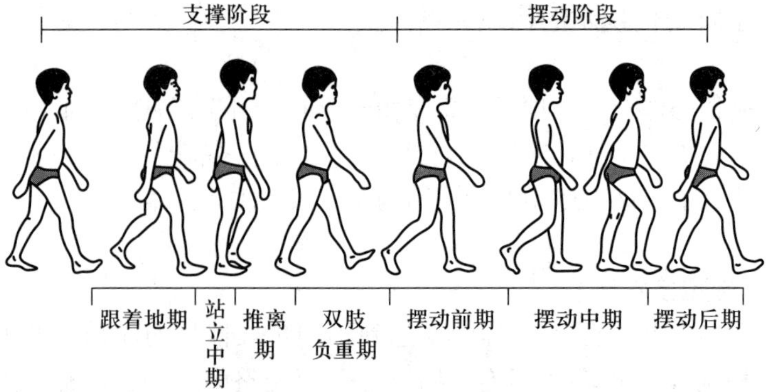

图 6-2-1 步态周期阶段划分图

（2）不同划分依据的差异。不同划分依据的差异是指对同一动作技术由于不同研究者采用的划分原则有所不同而造成的差异，这种差异往往存在相互交叉的部分，这通常是人们对某一动作技术的考察层面不同所致。如跳远起跳动作传统上被分为缓冲与蹬伸两个阶段，这是依据膝关节在起跳过程中的屈伸转化而确定的划分方式，而有学者则提出应以地面反作用力水平分力的方向改变点作为临界点，因为水平分力存在明显的零位点。通过技术分析可以证实，这两种划分方式下的动作阶段在时间上彼此存有明显的交叉（图 6-2-2）。

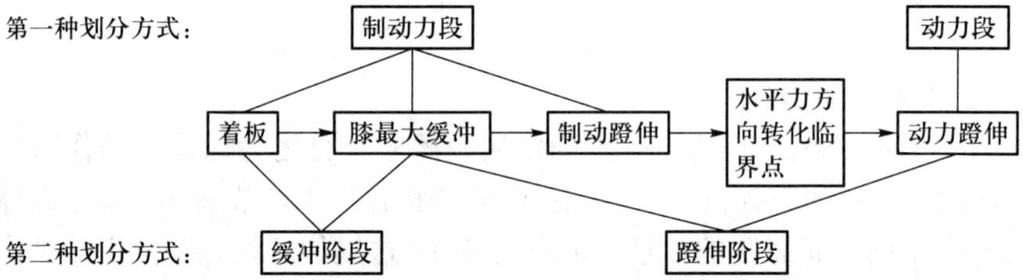

图 6-2-2 跳远起跳动作的两种阶段划分方式比较

即便如此，这种交叉式的结构差异一般也不存在重大的理论冲突，问题的关键在于选用何种划分方式更有利于揭示动作技术的生物力学机制，这也是动作阶段划分最重要的问题。

总结起来，动作阶段划分的依据通常有以下几个方面。

1. 肌肉工作形式

在人体大部分下支撑动作中（如走、跑、跳），下肢三关节通常表现出先屈曲后伸展的动作次序，相对应的关节伸肌群进行退让性收缩与克制性收缩的交替工作，以此作为动作划分的依据，可将动作拆分为缓冲阶段和蹬伸阶段。

2. 作用力的性质

根据外界作用力在动作过程中的性质（通常指方向）变化来划分动作阶段也是常见的一种方法。如在跑步过程中，当人体重心投影点处于支撑点后方，地面水平支撑力的方向与人体运动方向相反时，称跑步的前支撑阶段；当人体重心越过支撑点上方后则称为后支撑阶段。

3. 动作方向

以肢体之间的相对运动作为划分依据是很容易理解的，如跑步时手臂相对于躯干向前摆动的阶段称为前摆动阶段，反之为后摆动阶段。

4. 人体与周围环境的关系

某些人体运动是在特定的器械上完成的（如体操），此时就可依据人与器械之间的相对位置关系对动作阶段进行划分，如一些双杠摆动类动作可分为杠上摆动与杠下摆动；游泳时移臂动作可分为水中移臂与空中移臂两个阶段。

（三）寻找特征画面

特征画面是指人体运动过程中整体或局部肢体姿态所处的特殊位置。特征画面可作为区分不同动作阶段的临界点，如跑步的着地与离地瞬间就构成了支撑阶段，而最大缓冲瞬间（膝关节角最大屈曲位）又可将支撑阶段划分为缓冲与蹬伸两个阶段。同时，动作阶段的某些力学指标的计算也需借助特征画面，如纵跳的重心上升高度等于腾空最高点瞬间的重心高度减去人体离地瞬间的重心高度。

另外，在动作技术分析中，动作的特征画面还可作为动作技术诊断的重要依据，它们与动作技术的基本力学特征及动作质量有着密切的关系，如最大缓冲时刻膝关节角度的大小，在一定程度上可表示缓冲动作的质量，而蹬离地面时的后蹬角的大小，可表示水平力的作用程度等。需要明确的是，对于某一特定的动作技术，其特征画面的构成总是确定的，并不会因人而异，否则就说明选取的特征画面不具代表性，不能准确反映技术特征。在动作技术分析报告或研究中，经常使用包含特征画面的人体运动棍图（或称杆图、线图）来描述所测定的运动外貌以便分析。图 6-2-3 给出的棍图示例为武术中的鲤鱼打挺动作。

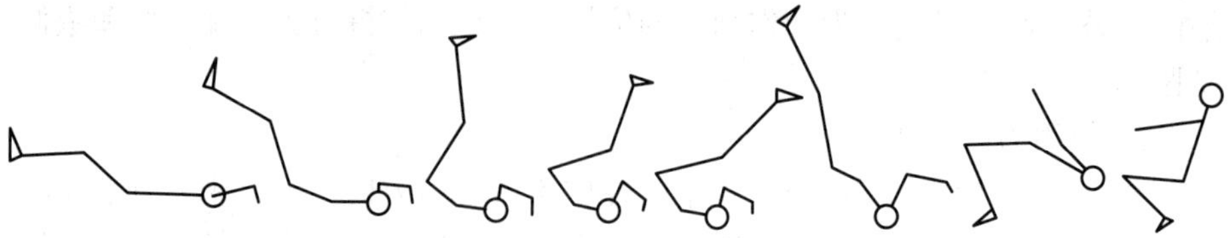

图 6-2-3 鲤鱼打挺动作的运动棍图

在运动序列图像中寻找动作技术的特征画面需要研究人员对动作结构有一定的了解，传统上这都是由研究人员通过观察数据或图像手工记录完成的，目前这个工作正逐步过渡为由分析系统自动完成，即根据预设的判断条件（运动学或动力学的条件）自动搜索各个特征画面，这些条件在术语上称为“事件”。

二、明确动作技术的目标

在一项动作技术分析方案中指明动作技术的目的任务是非常重要的，这是动作技术分析的立足点和评价依据。

（一）终极目标与技术环节目标

任何一项竞技体育项目的技术运用都是为了取得最理想的运动成绩，这就是竞技体育的终极目标。体育运动总是在一定的时间和空间中进行的，赢取比赛就是要在时间、空间或两者结合的效果上取得优势。如百米跑的终极目标是以最短的时间通过百米距离，跳高的终极目标是取得更大的垂直高度，跳远的终极目标是取得更大的水平距离，而一场拳击比赛的终极目标则是以“快、狠、准”的时空结合向对手实施有效打击。与动作技术的层次结构相对应，一项运动的终极目标的实现有赖于各个技术环节的衔接配合，各个技术环节也都有各自明确的动作目标，这就是技术环节目标。技术环节目标是终极目标的子层目标，两者最终目的是一致的。以下对照给出跳高与跳远两种运动的技术环节目标。

跳高：

助跑——以与自身力量和技术相协调的速度进入最理想的起跳位置。

起跳——尽可能将助跑水平速度转化为垂直速度，获得与过杆技术相适应的起跳姿态。

过杆——采取合适的空中身体姿势，最大限度地利用身体重心的腾起高度。

落地——合理缓冲，保护身体。

跳远：

助跑——以可控制的最大速率到达最理想的起跳位置。

起跳——在尽量保持水平速度的同时获得垂直速度。

腾空——采取合适的空中身体姿势，维持身体平衡，为落地做准备。

落地——选用合理的落地姿势，取得最远的水平丈量距离。

从上面的例子容易得知，即使技术环节的名称相同，其目标也可能因为运动项目不同而有很大的差异。在动作技术分析中，对技术和身体素质要求较高的技术环节往往成为分析的重点，如跳高或跳远的起跳环节。

（二）目标要素与目标要素树

动作技术的目标要素是指构成或决定运动成绩的各种生物力学因素，也称为成绩因素。每一项运动都有许多相关的目标要素，它们彼此联系而又呈现严谨的派生关系，这种层次性结构称为目标要素树，它包含了运动的终极目标要素（即成绩）与所有的技术环节目标要素。建立一项运动的目标要素树对于了解运动组成和技术环节的相互关系是很有帮助的，而对目标要素进行定量测量和分析也是动作技术分析的重要环节，不同个体的不同技术往往就表现在不同的目标要素组合上。

图 6-2-4 为短跑途中跑的目标要素树图。短跑是以速度为核心的运动

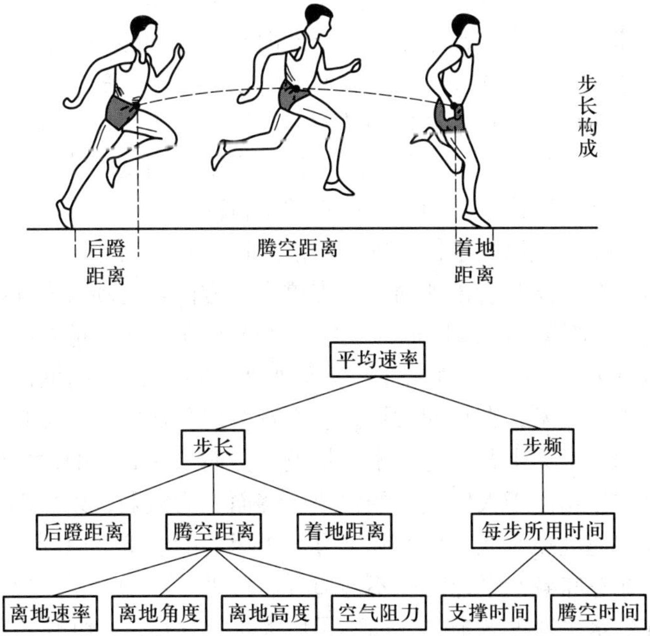

图 6-2-4　短跑途中跑的目标要素树

项目，因此可将“平均速率”作为其目标要素树中的最顶层目标，在此基础上逐步分解展开，形成树形结构。需要指出的是，目标要素树是在动作技术分析的基础上建立的，也将在动作技术分析中得以完善。

（三）围绕动作技术目标的定性分析

在了解了动作技术目标后，我们就可着手进行动作技术分析了，对某一动作技术进行生物力学分析有定性分析和定量分析两种方法。定性分析是展开实验测量和数据定量分析的基础，其主要目的是根据动作目标与基本力学理论建立某一技术动作的基本生物力学原理，为运动训练、学习或教学提供正确的理论支持。与定性的理论分析相比较，定量分析主要是为探求在遵循基本理论的前提下，不同技术表达与技术原理之间的内在联系，建立运动技术的评价体系。在对某一动作技术进行定量分析之前，我们有必要对其技术原理进行一定程度的定性分析，可以说没有准确的定性分析为基础就不可能完成一项有说服力的动作技术分析研究。

对动作技术的定性分析最重要的是要围绕动作技术的目标展开，紧抓目标、层层深入才能直抵技术核心。以下用短跑途中跑技术简要的定性分析实例来说明以动作技术目标为出发点的分析方法。

众所周知，短跑是以速度为核心的运动项目，途中跑是其中最为重要的技术环节。田径理论认为途中跑的目标是“维持高速”，即技术上要求运动员尽可能将速度维持在较高水平，由于此时运动员的能力已发挥到极限，因此哪种技术能更好地保持最大水平速度，减少水平速度波动，哪种技术就是理想技术。跑的单步包括支撑与腾空两个阶段，水平速度的变化主要发生在支撑阶段，很显然支撑阶段技术相对比较重要。而支撑阶段又可以分为前支撑阶段与后支撑阶段，这两个阶段在“维持高速”的技术目标方面到底孰轻孰重呢？根据牛顿第二定律，支撑阶段的地面水平力是决定水平速度变化的主要因素，在前支撑阶段地面水平支撑力的方向与运动方向相反，起制动的作用；而在后支撑阶段地面水平支撑力与运动方向相同（重心移过正中面），起推进的作用。从表面看来，如何加大后支撑阶段的推进力才是“维持高速”的正确技术，在早期对短跑途中跑技术分析的研究文献中，可以发现将后蹬技术作为途中跑关键技术的报道。然而，在高速的途中跑中，后支撑阶段的蹬伸作用由于人体重心的快速前移而大为减弱，以加强后蹬来弥补前支撑阶段的速度损失既不切实际又有悖于运动的经济性原则。“维持高速”的技术目标即意味着水平速度已不能通过后蹬进一步增大，所以正确的技术应是尽量减少水平速度的损失，而不是增大水平速度。由此可见，这个技术目标的任务毫无疑问落在前支撑阶段的技术运用上。换而言之，前支撑阶段技术才是途中跑的关键技术。从这个定性结论出发，我们可选择着地角（或足的扒地速度）及膝关节的主动缓冲程度来作为反映前支撑阶段技术的运动学指标，而动力学方面可用地面支撑力的水平冲量来更为精确地评价前支撑技术的动作效果（从定性分析的角度来选择定量测试的指标也是定性分析的一部分）。在上述短跑途中跑技术定性分析中，我们着重强调的就是抓住技术目标，以技术目标作为分析的逻辑起点来认识正确动作技术的生物力学原理。

在对技术动作定性分析时还要注意技术目标的前后衔接和优化。虽然我们可对动作技术进行这样或那样的阶段划分，但人体的运动通常总是连贯的，特别是在分析中间技术环节目标时要考虑到前后技术环节的目标。理想的动作技术运用应遵循以下三个原则：① 较好地继承前一阶段的目标成果；② 较好地实现此阶段的目标任务；③ 较好地为下一个动作阶段目标的实现做好准备。如良好的跳远起跳技术应在尽量减少助跑水平速度损失的前提下通过起跳获得必要的垂直速度，并以良好的姿态进入腾空阶段。这里，技术目标还存在一个优化的问题，事实上几乎没有一个动作技术能同时以最佳的方式完成上述的三个原则，这也正是以上使用三个“较好地”作为一种对原则执行程度的限定的原因。如跳远起跳过程中垂直速度的获得是建立在水平速度的损失之上的，不可能存在水平速度损失既少、垂直速度获得又大的起跳技术，重要的是如何采用一种能兼顾两者的合理技术，使最终的腾起速度与腾起角有一个最佳的匹配方式。正确认识技术目标的衔接和优化，也就是要在具体技术分析中掌握技术运用的“度”，这也是许多动作技术定量分析的初衷。

三、确定实验对象与测试方法

在对欲分析的动作有了大致的了解和定性分析后，下一步工作就是要确定定量测试的具体实验对象，即动作的执行者。实验对象要根据具体的分析目的而定，如对某优秀运动员的动作技术进行分析时只需对其一人进行实验测试，若要对不同等级运动员的技术进行比较，则要挑选多名运动员作为实验对象，还要进行等级分组。在动作技术分析中，实验对象的分组依据通常有运动等级、性别、身高、体重等个体指标，同时要保证每组都有足够的样本量。在动作技术分析中，对实验对象进行的运动生物力学测试主要包括运动学测试和动力学测试。运动学测试是利用高速运动捕获系统对运动外貌进行准确记录；动力学测试主要是测量运动过程中各种力的指标，最常见的是利用三维测力台测量运动员在运动中所受的外力。在实验条件允许的情况下，将这两种测试方法同步进行就能比较全面地记录运动员在整个运动过程的表现，这也更有利于揭示动作技术的生物力学原理；但在比赛条件下对运动员进行测试时由于受场地的影响通常不能得到动力学方面的指标。这两种测试方法将在下一节中进一步详述。无论采用何种测试方法，在动作技术分析方案中都必须指明具体测试方法，包括使用的仪器及其各种参数设置和场地安排等。另外，在测试方法中还应明确欲分析动作技术的评价指标。

四、确定动作技术的评价指标

对动作技术作出定量评价离不开相应的生物力学指标，如何正确寻找到反映动作技术本质的评价指标并建立动作技术的评价体系是揭开运动机制的关键。总体来讲，评价指标有两大类，一类是运动学指标，另一类是动力学指标。运动学指标反映的是物体运动在空间和时间两方面所表现出的差异，这种差异特征称为运动学特征（见第二章相关内容）。在动作技术分析中，测定动作过程中的运动学指标是为了描述动作技术的外貌特征和肢体运动规律，这对于揭示动作技术的生物力学原理是不可缺少的一个环节，同时对于比较不同等级水平、不同个体能力的运动员的技术表象也是十分有用的。实践证明在某种程度上以优秀运动员的技术特征（运动学指标）为参照来指导训练是切实可行的。当然，要准确地制定适合个体运动员的技术路线还需深入地了解运动员个体的各种专项素质能力，如力量、速度、协调、灵敏及柔韧等。在动作技术分析中，另一类重要指标是动力学指标，它主要是指与力有关的各项指标，如平均力、最大力、冲量、关节力矩、关节功和功率等（足底压力分布和肌电图也经常作为与动力有关的指标）。动力学指标的测试能更深入地揭示动作技术外貌下的动力机制，特别是一些反映相关肌群工作能力的动力学指标能准确地发现动作技术薄弱环节的根源，为动作技术的改进提供最为可靠的依据。

在动作技术分析中，运动学指标和动力学指标的测定结果通常有两种表达方式。一种是以统计表的形式给出特征数值，另一种则是以曲线图的形式给出指标在整个动作过程中的连续动态表达。相关内容参见第二章和第三章。

实验测量所得到的各种运动学或动力学数据结果如得不到正确的解释

和分析，也就只是毫无意义的“一堆数据”。动作技术分析的最终目的是揭示动作的生物力学原理，为运动训练服务。因此，如何利用测量得到的各项指标数据来深入分析动作技术的产生机制是动作技术分析的核心。在指标分析过程中，要注意定量分析与定性分析相结合，不能只叙述运动过程中测量指标的具体数值或数据趋势，必须针对指标结果作出定性的判断或结论，论述过程必须严谨客观。对指标结果可采用逐个分析或多指标综合分析两种方式，在运动学指标与动力学指标结合评价时，要保证指标数据的同步性（曲线时间轴对齐）。在多样本不同组别的指标数据比较时应采用统计学检验方法，一些更深层次的技术分析还可依据测量结果建立回归方程来建立技术的多因素评价体系、计算机仿真系统或神经网络系统等。

五、确定分析报告的内容

在对一个动作技术进行生物力学分析时，无论是分析指标的选择还是实验方法的设计都必须围绕事先确定的研究目标进行。这个工作理应在所有工作开展之前就要做到心中有数，并要在最终的分析报告中得到体现。对一项运动进行动作技术分析，我们可以选择对所有技术环节或某一技术环节，甚至某一技术环节中的某一局部肢体动作进行分析，这完全取决于研究的目的。无论研究的动作对象如何，在分析报告中通常应至少包括以下几个方面中的一项：

（一）动作技术的一般测试结果

如动作技术的运动学参数及动力学参数统计结果，以图表形式为主，辅以文字说明。

（二）动作技术的生物力学原理

通过对测试结果的分析研究，寻找各测试数据之间的内在联系及其对动作技术的影响，并在此基础上归纳出完成动作技术的生物力学原理。

（三）揭示高水平运动员动作技术的生物力学特征

不同等级运动员完成动作技术时应遵循同一规律，即动作技术原理是一样的。但不同水平运动员的运动素质发展水平不同，因此在动作技术特征方面反映出相应的差异。高水平运动员动作技术的生物力学特征可表示动作技术的发展趋势，因此，了解高水平运动员动作技术的生物力学特征有助于改善动作技术原理的相关理论和动作技术训练方式。

（四）对完成的动作技术作出生物力学诊断

对个体运动员进行动作技术分析后，很重要的一点是给运动员或教练员提供有价值的分析结果，这主要包括运动员的技术诊断结果与改进提高动作技术的生物力学手段。

第三节 人体基本运动动作形式

在漫长进化过程中，由于生产和活动的需要，人类实现了上下肢活动的分工，再加上人体躯干的活动，人体的运动千姿百态。尽管如此，人体基本运动动作形式是有限的，包括推、拉、鞭打、缓冲、蹬伸、摆动、扭转和相向运动（图 6–3–1）。

- 人体基本运动动作形式
  - 上肢基本运动动作形式
    - 推
    - 拉
    - 鞭打
  - 下肢基本运动动作形式
    - 缓冲
    - 蹬伸
    - 鞭打
  - 躯干及全身基本运动动作形式
    - 摆动
    - 扭转
    - 相向运动

图 6–3–1 人体基本运动动作形式

一、上肢的基本运动动作形式及其特点

上肢的各种基本运动动作形式，是上肢各环节共同参与完成的，可归纳为三种。

（一）推

推是上肢活动的主要动作形式，是上肢各环节伸肌克服阻力，各关节由屈曲状态变为伸展状态的动作过程。例如推铅球、举重、推杠铃、俯卧撑、

跳马推手以及篮球胸前传球等动作都属于推的动作形式。

在人体运动中，推动作形式表现为单手推和双手推两种。体育运动中最常见的单手推是推铅球和单手投篮，前者的运动目的是远度，后者的运动目的是准确性。由于铅球对速度有要求，因而在完成推铅球的动作时，腿和躯干均需要参与；篮球投篮考虑的是准确性，身体和腿的运动相对较少，以便保证上肢肌肉完成推动作时用力方向的准确性。双手推在体育运动中常见的有俯卧撑、上举杠铃、跳马推手、篮球传球和排球二传等动作。在双手推的过程中，主要运动包括肩关节屈、肘关节伸、腕关节尺侧屈和指屈。

推动作一般由下肢和躯干发力开始，推动作根据所需完成的任务，在活动程度、用力方式等方面有所区别，如同样是篮球胸前传球，长传球时，首先是下肢和躯干肌肉发力，然后是肩带肌肉发力，上肢几乎完全伸直；而短传球时，下肢和躯干肌肉基本不用力，肩关节和肘关节稍伸展，该动作主要靠快速“抖腕”完成。

（二）拉

拉是上肢屈肌克服阻力，各关节由伸展转变为屈曲状态的动作过程。在人体运动中表现为将器械拉近人体或将人体拉近握点。例如攀岩、引体向上、撑杆跳高引体、游泳划水、划船和爬绳等动作。

某些动作技术往往包含上肢的拉与推相结合的动作形式，如撑杆跳高中的引体动作以及随后支撑倒立推杆动作（图 6–3–2），举重的提铃与上挺动作也是如此。某些动作技术是上肢处于伸直状态完成推与拉的动作，如举重的提铃动作和体操的推马动作，在完成动作过程中主要由肩带及腕关节参与活动。

图 6–3–2　撑杆跳高技术中拉与推相结合的动作形式

（三）鞭打

鞭打是指人体上肢开放运动链中各环节由近至远依次发力和制动，像鞭子一样活动的动作过程。在人体运动中，鞭打动作形式主要目的是使末端环节（手或手持的器械）产生较大的速度或动量，如排球大力跳发球、排球大力扣球、掷标枪、羽毛球扣杀等动作（图 6-3-3）。

图 6-3-3 掷标枪中的鞭打动作

在完成鞭打动作时，上肢首先向鞭打动作的相反方向挥动，并处于相对屈曲状态，然后上肢运动链的近端环节首先加速（转动），带动上肢各环节依次加速和转动，形成类似于鞭打的动作形式，并使末端环节产生较大的运动速度或动量。

上肢的鞭打动作往往由躯干用力开始，依次至腕关节活动结束。需要强调的是在完成鞭打动作时，身体的另外一些部分的支撑和固定很重要，它能提高鞭打动作角动量传递的效率。例如掷标枪的最后用力动作依次是下肢和躯干的用力、肩关节的用力、肘关节的用力和腕关节的用力，下肢的左侧支撑（右手掷标枪）和上肢用力时躯干的适度紧张是完成鞭打动作的重要条件。

二、下肢的基本运动动作形式及其特点

（一）缓冲

肢体末端环节与外界发生相互作用，肢体由伸展到屈曲以延长力的作用时间、减少冲力作用或控制外界物体的动作过程称为缓冲。例如从高处落地时的缓冲（图 6-3-4）。

冲击与缓冲

在体育运动中应用缓冲动作可以减小外界物体对人体的冲力作用。当人体在空中完成动作落地时，冲击力往往是人体体重的若干倍，缓冲动作加上人体足弓和骨盆的拱形结构可以大大减缓冲击力，避免人体的损伤。如人

体从空中落地时通过将力从前脚掌过渡到全脚掌以及屈膝、屈髋、伸踝（背屈）的动作，能减小地面对人体的冲击力，防止下肢和腰椎损伤，减小人体内脏和脑等重要器官的震荡。

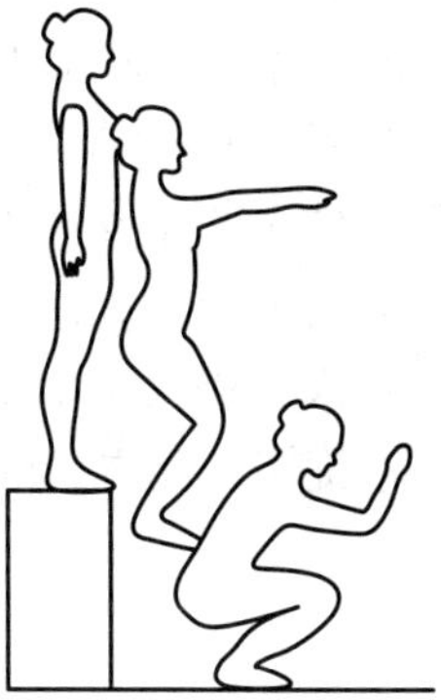

图 6–3–4　落地缓冲

在某些动作技术中，下肢的缓冲动作主要是减小人体与运动物体间的作用力以利于人体对物体的控制。如足球中的停球动作，通过脚的主动迎球、后撤，减小足与球间的相互作用，从而使球停在脚下。在上肢动作技术中，也有类似的缓冲动作技术，如篮球的双手接球，通过双手迎球以及接球后肩关节和肘关节屈的动作，减小双手与篮球间的作用力，从而便于双手控制篮球。

动作技术中还有一些特别的缓冲动作。如跳远、跳高起跳前的踏跳动作，其动作结构与缓冲动作一样，但这些动作的主要目的不是减小外部对人体的冲力作用，而是为后继蹬伸动作的完成提供空间和时间，同时该动作也使伸肌适度拉长，储存一定的弹性势能，为伸肌的收缩提供更强的刺激，增强肌肉收缩时的做功效率（图 6–3–5）。

图 6–3–5　跳远运动中的类似缓冲动作

（二）蹬伸

人体在有支撑的状态下，下肢各环节积极伸展，配合正确的摆臂技术，给支撑面施加压力，以获得较大支撑反作用力的过程称为蹬伸。如人体的原地纵跳，下肢依次伸髋、伸膝和屈踝，在伸展各关节的同时不断增加对地面的作用力，从而使地面对人体的作用力不断增加，使人体腾空跳起。

蹬伸动作应根据不同动作技术的总目的需要，选择适宜的蹬离角度。蹬离角度是支撑腿离开地面瞬间人体重心至支撑点的连线与地面间的夹角。蹬离角度越小，蹬伸获得的水平分力就越大，而垂直分力就越小。另外，蹬伸用力方向与重心的关系，是决定人体进入空中整体转动与否的主要因素。蹬伸时力的方向通过重心，人体不旋转；反之，则产生向前或向后的转动。

（三）鞭打

在运动中，当希望环节链末端产生极大的速度和力量时，肢体的运动形式往往表现为由近端环节到远端环节依次加速与制动，各环节的速度也表现为由近端到远端的依次增加。这种在克服阻力或自体位移过程中，肢体依次加速与制动，使末端环节产生极大速度的动作形式称为鞭打。如自由泳的打水动作、大力踢球动作和体操摆动的振浪动作等。

三、躯干及全身的基本运动动作形式及其特点

在完成运动动作时，身体不同部分所起的作用及活动方式不同，有工作部分和配合部分，有主次之分。如跳高的起跳动作，主要由起跳腿的蹬伸动作完成，但同时身体的其他部分，如两臂及摆动腿则以摆动动作，躯干则以扭转动作配合起跳腿完成起跳动作（图 6-3-6）。因此，人体在运动时，全

图 6-3-6 跳高起跳动作中上、下肢摆动和躯干扭转的配合

身各部分只有协调配合，才能顺利完成各项运动技术动作。

（一）摆动

摆动是通过上、下肢和躯干向上的加速活动实现的，包括上肢绕肩关节的摆动、下肢绕髋关节和躯干绕髋关节的摆动三种形式。摆动动作在运动中的作用主要有提高人体重心的相对高度、向上加速时增加人体对地面的作用力和向上减速（即制动）时减小下肢关节承受负荷三个方面。例如在背越式跳高起跳中，上肢和摆动腿的加速摆动，一方面增加了起跳时的重心高度，另一方面增加了起跳力。当加速摆动制动时，下肢各关节蹬伸的负荷相对减小，有利于发挥蹬伸的速度。

摆臂提高纵跳能力的力学贡献机制

（二）扭转

扭转是躯干运动动作的主要表现形式。扭转是躯干的肩横轴与髋横轴绕身体纵轴（垂直轴）的转动，有时包括了上下肢的同时运动（图 6-3-6 和图 6-3-7）。

躯干扭转动作在运动中的主要作用是使身体保持平衡、加大肢体运动的速度和幅度。如在跑步时躯干配合四肢的扭转，使人体保持在运动方向上的平衡，为下一个动作储存肌肉的弹性势能；又如在掷标枪最后用力前，躯干的扭转拉长腰腹部肌肉的长度，可增大最后用力时投掷臂的转动速度和幅度。

图 6-3-7　跨栏时躯干的扭转

（三）相向运动

人体在腾空状态下，由于肌群的收缩使身体两部分同时向相反方向转动，称为相向动作。如仰卧起坐、跳水中的屈体（图 6-3-8）。在动作技术中利用人体相向运动规律，可以加强动作效果。例如，立定跳远落地前的收腹举腿动作（图 6-3-9），可以通过躯干前倾下压动作，使下肢上抬，如果屈肌力量强大，可使腿部举得更高，延长腾空时间，并使落地点更远，从而提高成绩。

图 6-3-8 跳水屈体时躯干的相向运动动作

图 6-3-9 立定跳远落地前躯干的相向运动动作

复习思考题

1. 在分析人体下支撑动作中，通常可将支撑过程分为缓冲与蹬伸两个阶段或分为前支撑与后支撑两个阶段。请讨论运用这两种划分方式进行动作分析的侧重点分别是什么？

2. 你认为在制作图 6-2-3 的运动棍图时应包含哪些特征画面？为什么？

3. 讨论篮球原地跳投技术的目标要素树结构图。此动作技术目标是什么？影响这个目标实现的因素有哪些？它们之间的关系又如何？

4. 参照本节对短跑途中跑技术的定性分析，针对自己的运动专项作出合理的生物力学定性分析，并讨论动作技术运用应遵循的三个原则在此项目中的具体要求。

5. 人体基本运动动作形式有哪些？其主要的特点以及作用是什么？举例说明。

第七章

运动动作技术参数的测量方法

本章导读

随着现代科学技术的进步，特别是计算机和相关生物技术的不断改进，大量现代高科技的手段和方法越来越多地应用于人体运动技术研究领域，这极大地推动了这门学科的建设和发展。本章重点介绍当前较先进的运动学、动力学和肌电等测量手段。

学习目标

1. 了解动作技术分析所需的基本测量方法；
2. 了解各种测量手段的特点和适用场合。

第一节 人体运动测量方法的进展与应用

目前，人体运动测量方法的研究课题有人体运动过程的运动学和动力学测量与分析，人体运动时肌肉力学参数以及与这些参数有关的人体运动系统负荷的分析，肌肉收缩成分的力学和电学特征的研究，生物力学参数个体化特征的研究，人体运动动作技术的分析和改进，外加负荷对运动系统力学性能影响的分析，运动器械对人体运动和身体负荷影响的分析，体育器械、服装的工效学研究，运动训练辅助设备的研究，动作技术基本原理的数学化，生物力学测量方法的研究，计算机模拟技术的研究和应用，肌肉生物物理学研究结果的进一步论证等。

人体运动动作研究以力学参数的测量为基础，这些力学参数应该能定量描述人体运动状态和过程。物理学测量技术是人体运动测量方法学的基础。根据测量参数的自然属性可将人体运动测量技术分为运动学参数测量技术、动力学参数测量技术、人体参数测量技术和肌电参数测量技术。这 4 类测量技术是互相补充的，其中又以人体参数测量技术最为复杂。人体并非理想的刚体，在人体运动过程中身体各环节都可能发生形变并都将对运动功能产生影响，因而这种功能分析是相当困难的。此外，离体（尸体）测量和在体（活体）测量技术是两种重要的基本测量技术。也可根据实验物理学原理将人体运动测量技术分为力学、电学和光学测量技术。力学和电学测量过程，通常需采用接触测量技术以测量人体或身体环节的运动过程，仅适合在实验室和训练中采用。光学测量过程，可采用非接触测量技术来测量人体的运动过程，因而可在比赛中广泛采用。

人体运动测量过程是否对运动过程造成影响，这在选择测量技术、设计测量方案时需特别注意。非接触测量系统在这方面具有优势，因而在运动动作技术生物力学分析中广受欢迎，如多维摄影和摄像系统。接触测量系统虽对运动过程有影响，但在实验室和训练中仍可广泛采用，是人体测量生物力学、预防康复生物力学乃至生物力学运动动作技术研究中获取基本参数的主要测量手段。如对鞋底压力分布的测量，测力平台对人体走、跑、跳时支持力的测量，特殊项目如划船、滑雪等动力学参数的测量等。

人体运动学特征和动力学特征的生物力学测量系统的精确性包括测量装置本身、机械电子部分的精确性和用这些装置进行测量时其测量方法和分析方法的精确性。目前，在运动动作技术生物力学分析中广泛采用的影像测量技术和支撑力测量技术，其测量装置的机械、光学、电子部分的精度已能满足测量要求，但所采用的测量方法尤其是分析方法的精度尚未有突破性进展。如比赛现场影像的数字化处理过程基本上还处在人工判读的水平，其测量精度完全取决于人眼的判断精度。此外，还有人体质量分布的个体差异，关节点的识别和判读方法等问题。因此，测量信息数字化过程分析方法的进步应是提高测量精确性的主要发展趋向，尤其是运动动作技术分析的自动化将会发展得更快，应用得更广泛。计算机辅助测量和计算机模拟技术在人体运动动作技术分析中已有很多优秀的研究报道，未来该领域的发展将会为计算机的应用提供更为广阔的空间。

模型方法在运动动作技术生物力学分析中的发展趋势是由描述性模型向解释性模型进而向预测性模型发展。描述性模型的一般特征，是在模型的所有描述参数中没有自变量和因变量之分，以至在自变量与因变量之间没有确定的功能或统计关系，而建立这种关系是解释性模型和预测性模型所必需的。解释性模型使用理论推算和实验数据以识别运动动作中的各种可能的描述量，并将这些量划分为自变量（原因变量）和因变量（结果变量），并建立两类变量之间的数学、力学和统计关系，因此，解释性模型具有一定的预测功能。预测性模型则是根据事物的历史和现实数据，寻求事物随时间而发展变化的规律，从而推测其未来状况的一种模型。预测性模型更强调预测功能在时间尺度上的拓展，并具有通过自学不断进行自我完善的功能，是最具应用前景的理想化模型。模型的构建需考虑建模的方法、模型参数的选取和数据的采集方法。关于建模的方法，一是理论模型，建模依据是生物力学基本原理；二是数据模型，建模依据是生物力学实验测量。理论模型需数据模型的支持才能应用，数据模型需相应的数学化才具有理论价值。关于模型参数的选择和确定，取决于这些参数的功能，即区分敏感参数和常规参数，并且应使这些参数定量化和具有可比性。如步长指数（步长/身高）显然比步长更具有可比性。建立模型的目的在于通过模型的比较进行评价，因此，选择模型参数的标准就是参数的可比性和数学化。关于数据采集，首先是数据采集的标准化，然后是对数据进行力学分析和评价，但更重要的是对所采集的数据进行模型模拟，因为模型模拟可以产生有关自变量对因变量影响的系列信息，并建立两类变量之间的数理和统计关系，从而对技术分析、技术控制和技术最佳化提出预测，为运动损伤、康复手段的选择提供方案。

预防康复生物力学运动器系的力学负荷、负荷分布和负荷能力以及运动器官、组织和系统的材料力学是预防康复生物力学的基础。重力、支撑力、相互作用力、介质阻力以及摩擦力都可作为对运动器系的负荷。力对运动器系的作用效果取决于力学负荷量、负荷分布以及运动器系的负荷能力。而负荷量、负荷分布和负荷能力都与运动过程中身体各环节的相对位置有关，从力学的观点看，就是动作结构决定其运动功能。关于运动器系负荷分析的主要困难是一些指标的可靠性不明确，通常使用但并未充分证明是否可靠的指标有最大力、最大加速度、最大力矩、最大力梯度、冲量、角冲量和持续时间。对同一研究对象，这些指标本身是变化的，而且所谓“最大”值也只是相对极限值，人体机能代偿能力的储备性决定了绝对最大值是不可计测的。此外，体育器械和运动场地对运动过程的影响是一种不可忽视的负荷因素。然而，要测定这种负荷对运动的作用是很困难的，原因是影响因素极为复杂。这些年来，关于运动器械，包括鞋、服装方面的生物力学研究已引起人们的重视，这将是一个很有吸引力且富有商业价值的领域。

人体运动动作研究的一般流程是：① 将人体简化为特定的模型，如研究跳远运动员起跳后的抛物体运动，可以把人体简化为质点，只研究重心轨迹，在严格条件限定下只研究过程中的一个侧面；② 按照预定的数理逻辑，选择合适的数学工具，参考成熟的微分方程修正后进行理论分析；③ 按照预定的数理逻辑和测试装备的技术，设计试验及检测方案进行直接或间接测量；④ 判读检测的数据，按照预定数理逻辑进行全面整理，并将结果与理论分析的结果进行比较修正；⑤ 回到抽象的模型，从模型与人体活体的区别确定研究结论的局限性与适用范围。

人体测量常用的环节划分及关节中心的界定方法

测试参数按照测量对象的属性分为运动学参数、动力学参数、生物学参数。运动学参数指代表运动的时间特征、空间特征、时空特征的参数，如速度、加速度、轨迹等；动力学参数指力、力矩、转动惯量等参数；生物学参数指肌力、肌电等参数。

第二节 影像解析方法

影像解析方法是用摄影机或者摄像机拍摄记录下人体运动的过程，通过比例尺或者标定框架中已知点的坐标，对人体运动的空间进行标定，再测量影像中人体关节、器械等运动点的坐标，计算获得运动学数据，从而对运动技术进行分析研究，指导人体动作技术训练的方法。

20 世纪 90 年代以前，运动生物力学主要采用影片拍摄与解析的方法，即用高速摄影记录人体运动的技术动作，其优点是拍摄速度高、精度好、可复制清楚的照片等，缺点是投入比较高，拍摄要求的条件比较严格，处理胶片的过程比较复杂，从拍摄到处理完胶片需要很多步骤，要有专门的暗房和设备，安全性也比较差。另外，在影片解析时，利用放映机、数字化板的影片解析过程只有逐幅解析一种方式，解析速度慢，修改程序烦琐，难以达到快速反馈的要求。

20 世纪 90 年代以后，随着录像技术的发展，录像解析技术的研究得到高度重视。由于录像拍摄价格低廉，拍摄要求条件低，可以在不干扰测试者的情况下，获得运动动作技术参数。而且，解析软件功能不断改进，增加了逐点跟踪解析功能，可以自动跟踪测量点，任意补充修改漏测或错测的点，明显加快解析和反馈速度。因而，影片拍摄与解析所占的比例越来越少。近年来，数字化、高清晰度、高速度的摄像机的采用和录像解析系统（图 7-2-1）仪器的不断改进、完善，其录像解析方法已经广泛应用于人体运动动作技术的测试和研究。但是，录像拍摄与解析也有一定的缺点，它的精度要比影片拍摄与解析稍差，无法精确定位关节点等重要位置，只是凭个人经验和感觉。有人设计用胶布贴在关节点上，但这也不一定能降低误差，因为人体运动过程中皮肤位置可变。

图 7-2-1　录像解析系统

图像解析步骤

尽管录像拍摄与解析较影片拍摄与解析已极大地提升了反馈速度，但离实际需要还有差距。录像解析对关节点的获取目前仍然停留在人工判读的水平，误差大，速度慢，不能及时反馈测试结果。

为了解决运动分析的快速反馈问题，图像自动识别系统得到不断的完善和应用，它在人体运动关节点上贴上标志并用影像解析仪器进行自动识别。常用的有利用红外拍摄技术的运动分析系统，如英国产的 Vicon 三维运动捕捉系统（图 7-2-2）、瑞典产的 Qualisys 三维运动采集分析系统，其优点是可以达到实时测量和自动识别的目的，不足是该测量方法没有运动的图像显示，采集过程无法重现，且在运动员身上需要贴放反光标志点，容易受到室外光线的干扰，标志点在高速运动的情况下极其容易脱落，因此，这种系统较适合于实验室的研究。

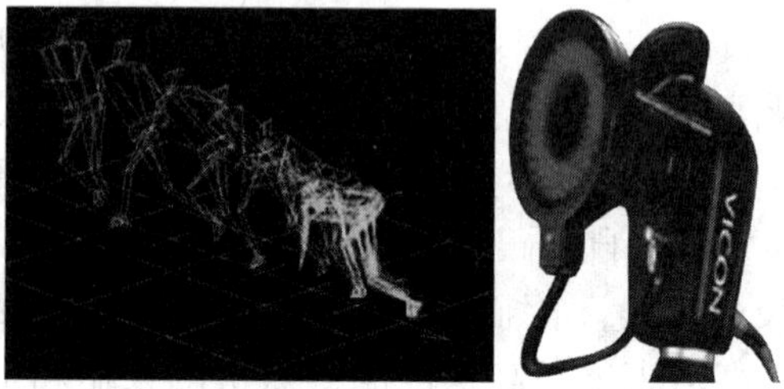

图 7-2-2 Vicon 三维运动捕捉系统

为了避开杂散光的干扰，贴放有源标志点的（主动捕捉）运动分析系统业已出现。譬如，1999 年，加拿大 Phoenix Technologies 公司研制出了光学 PTI 三维运动捕捉系统，通过不断更新，其 VZ4000 款最新设备不仅包括了之前设备的所有特点（技术专利），还采用了更快的采样频率和更好的抗周围光源干扰能力（图 7-2-3）。该系统的标志点是自发光 LED Marker 发出的抗干扰近红外光，其可在 0.000 5 s 内被捕捉系统 Tracker 主动捕捉，并通过 VZAnalyzer 分析软件合成标志点的三维坐标，从而计算出人体运动的坐标、角度、速度、加速度、角速度、角加速度、长度等数据。

图 7-2-3 PTI 三维运动捕捉系统

另外，在关节点上安置标志点，会影响受试者的运动。为了最大限度地减少影响，一种新型的标志点系统被广泛采用（图 7-2-4）。在人体运动过程中，可以根据这套标志点，比较精确地推算出关节中心的位置。

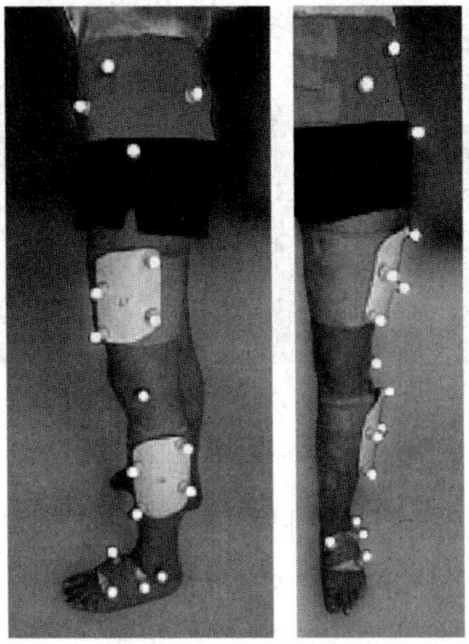

图 7-2-4 新型的标志点系统

目前一批高科技测量仪器系统已广泛应用于人体运动的参数测量，如 MOTION ANALYSIS、Vicon、PEAK、ARIEL、SIMI 等。

MOTION ANALYSIS 系统，它属于光学式运动捕捉系统，由传感器、信号捕捉设备、数据传输设备、数据处理设备组成。该系统给实验对象贴上固定标记点（反光球），根据统一采样时刻不同摄像机采集到的在扫描空间内运动的反光球的像进行运算，得出反光球该时刻在空间的三维坐标，根据这些坐标进行运动学和动力学分析，可以得到研究对象的位移、速度、加速度、动量和动能等力学参数。光学式运动捕捉通过对目标上特定光点的监视和跟踪来完成运动捕捉的任务。光学式运动捕捉大多基于计算机视觉原理，从理论上来说，对于空间中的一个点，只要它能同时为两部相机所见，则根据同一时刻两部相机所拍摄的图像、空间标定框架数据和相机参数，可以确定这一时刻该点在空间中的位置。当相机以足够高的速率连续拍摄时，从图像序列中就可以得到该点的运动轨迹。其实质就是要测量、跟踪、记录物体在三维空间中的运动轨迹。

例如，为了提高我国鞍马技术水平，研究者对全国 13 名优秀鞍马运动员的鞍马全旋动作进行了分析研究。该研究采用美国 MOTION ANALYSIS 系统，对研究对象的鞍马全旋动作进行三维影像解析（图 7-2-5），获得其运动学数据，通过统计、对比分析，探究鞍马全旋动作的运动学规律。

图 7-2-5 运动员鞍马全旋动作的运动数据采集

研究发现，鞍马全旋动作中，良好的运动动作技术主要体现在：延长双臂支撑阶段以增加发力时间；优秀运动员的肩轨迹、足轨迹及重心轨迹投影到水平面的曲线接近圆；优秀运动员在整个动作过程中髋关节角度始终接近 180°，重心速度相对足速度有时间延迟。因此，延长双臂支撑时间，以脚尖带动人体，保持直体、高重心的圆周运动，是提高鞍马全旋动作技术水平的关键。该研究为鞍马全旋动作的技术改进训练提供了理论依据。

为了达到既能得到运动图像又能快速反馈测试结果的双重目的，目前已有人提出利用快速相关开窗跟踪算法来实现人体关节点的自动跟踪（关节点贴标志点或不贴）。如果该设想成为现实，可实现运动动作技术分析的快速反馈，并大大减少人工采集引起的疲劳误差和操作误差。但是，到目前为止尚未见这种解析系统的应用实例。

第三节 动力学测量方法

一、三维测力台测量方法

测力台原理与测定人体或器械所受外力的原理基本相同，只是传感器结构与安装不同。常用的测力台有压电晶体传感器与应变式传感器两种，其准确率高，简单易行。但这种方法只能测出人和地面接触点的支撑力，不能反映出人体复杂运动的细节问题，如关节的力等。

测力台测量是运动生物力学研究的基本手段之一。动力学分析中常用测力台测定人体与支点间相互作用的力值，揭示人体与外界物体之间互相作用的规律，在获得人体运动动力学数据的基础上，对运动动作技术进行定量分析有助于提高技术诊断的准确性。以往的测力台主要是应变式传感器，对力的定量是通过记录应变信号进行力值标定的，在处理上采用卡尺测量、手工操作、计算，这种方法比较简便易行，但是精度低、测量工作量大，耗时长，不能满足动作技术的生物力学分析的需要。

随着现代运动生物力学测量技术的发展，压电晶体传感器技术不断完善，由石英晶体做成的力传感器强度高，不易变形，稳定性高，其性能指标明显高于应变式传感器，目前国内外使用比较普遍。测力台的硬件主要包括两块刚性力板和四组压力传感器。外界力作用于力板上，由力板传输到分布于力板四个角的压力传感器组（每组由三个分别对 x、y、z 轴向敏感的传感器组成）；压力传感器受力后发生形变，根据其阻抗和容抗的改变可以测出其受力状况。比如瑞士 Kistler 压电晶体式测力台，能同时测出人体步行过程中支撑点的三维方向的力和三个轴的转矩。其软件开发也日趋完善，能给出压力中心的位置、轨迹等数据，还能自动计算出各种所需要的力学参数，满足不同科研项目的需求，是目前国际上比较公认的测力仪器之一。

二、测力平板测量方法

测力平板（压力地垫）可以对人体站立或行走时足底与支撑面之间的压力（垂直、左右、前后三个方向的力），及其压力中心的位置、压力的分布等数据进行检测和分析，获得反映人体下肢的结构、功能乃至全身的协调性等方面的信息，在步态分析中与影像解析仪结合，还可以得出人体运动过程中任意一个时刻的各种动力学参数。例如德国 Medilogic 公司研制的压力地垫在 480 × 480 mm 的测量面积上分布着 4 096 个 SSR 传感器，双足的足底压力通过线缆或选配的无线网卡传输到电脑后进行计算分析，从而获得人体足底与地面的作用力情况（图 7-3-1）。这种测力装置还可以做成压力鞋垫，直接对受试者鞋内压力分布状况进行测量。

目前这一测量研究方法在步态分析、运动鞋研究、康复机能评定、假肢等研究领域已经有广泛的应用，特别是在鞋的研究方面，已经可以为特定的运动员设计特定的运动鞋，还可以为特定的病人设计特殊的康复用鞋。比如糖尿病脚，在压力特别高的点上容易产生局部溃烂，这就需要根据测试数据，来设计压力更加均匀的鞋。

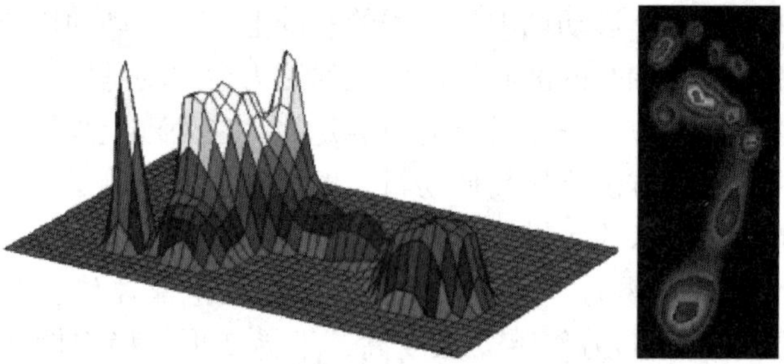

图 7-3-1 足底压力测试结果

三、关节力量测量方法

关节力量测量方法采用各种力的传感装置来测量人体关节力量数值，研究者可以通过这些数据来分析运动员的训练程度、效果、技术优劣的原因和完成某些动作的可行性等。

国内外在体育动作研究中使用比较多的关节力量测量系统（图 7-3-2）有 Cybex 系统和 Biodex 系统等。用这些关节力量测试仪器测量关节力量时，只要把需要测量的关节固定在仪器转动臂上，让关节转动中心轴对准仪器动力头的轴心，即可测试其关节力。测试前还可以设定转动条件包括不同的关节转动速度和幅度，这样就可以测出在各种条件下，各关节屈伸、外展内收、旋转的力矩，还可测出腰、腹屈伸和扭转的力矩，并且，既可测主动向心收缩的力矩，还可测被动离心收缩的力矩。

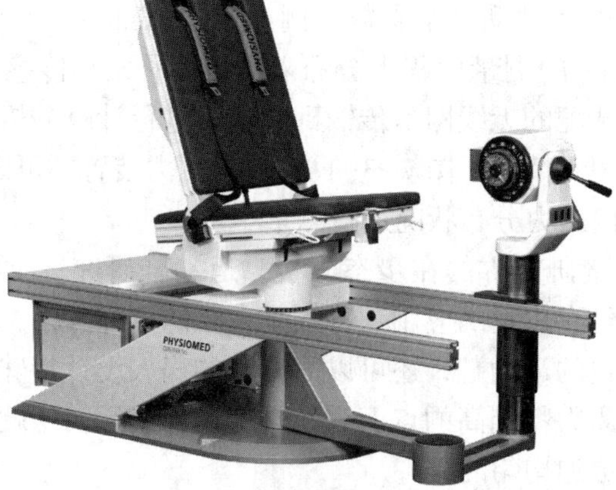

图 7-3-2 关节力量测量系统

力量训练是体育训练中的重要环节，通过对关节力矩的测定，我们可以检验某一种力量训练方法的效果，从而找出合理的或最佳的发展力量的训练方法。

在动作技术诊断中，我们通过力量测试，来找出动作过程中肌群力量的薄弱环节，更加准确地对错误动作进行诊断，提出有效的改进方案。体操运动员要发展某些新难动作时，由于动作的特点，需要某些关节有足够大的力量，否则就难以完成，这时我们可通过力量测试来确定某运动员是否具备发展某个新动作的能力。

另外，许多力量测试系统，同时又是高精度的力量训练系统，可以精确地控制力量训练的全过程，这些控制都是通过计算机来实现的，它包括训练的重量、强度、组数、时间、主动或被动方式等，能有效地提高训练效果。

这些仪器目前也广泛应用于康复领域，通过对不同病人进行测试，对其病情、伤病程度做出判断，并为诊断疾病、制定手术方案、确定运动处方、检验运动疗法效果提供依据，特别是可以有针对性地对病人进行精确的定量力量康复训练，提高运动康复的效果。

例如，髌骨软骨病是专业的击剑运动员常见的运动损伤，为了探讨治疗和康复训练的有效方法，针对江苏击剑队的女重 2 名，女佩 2 名，男佩 1 名共 5 名患有髌骨软骨病的队员，采用关节力量测量方法，研究其治疗和康复训练效果。使用的等速关节力量测试仪器是由德国生产的 IsoMed 2000（图 7-3-3），主要测量指标为峰力矩（peak torque，PT），屈肌与伸肌峰力矩比值（H/Q）等。

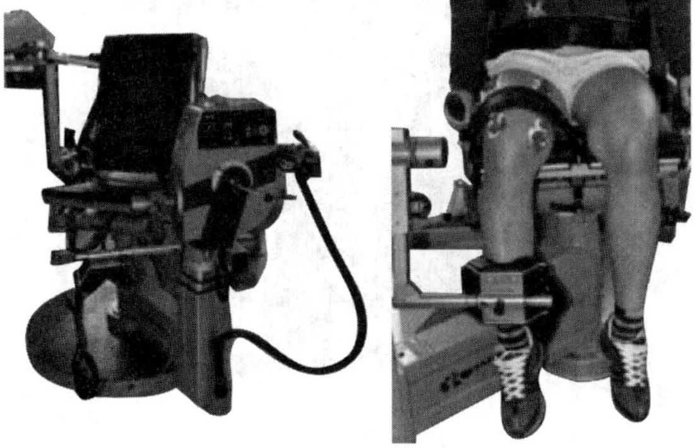

图 7-3-3　击剑运动员膝关节力量测量

测试时，运动员采用坐位，用固定带固定双肩，在腰部用固定带固定好躯干，在膝关节上约 5 cm 处用固定带固定下肢（髌骨底到固定带下缘约为 5 cm），手抓住扶手手柄，腰背紧贴训练椅背，训练椅背的倾斜角度为 70° 左右，注意保持下肢运动轴与关节轴相一致。角速度设定为 60° /s，以等速向心和等速离心两种等速运动工作模式运行，关节运动范围设定为 20° ~90° 。在正式测试前先进行三次亚极量屈伸活动作为准备活动，然后进行正式测试，并记录数据。

到第二次测试时，因为经过一段时间的治疗和康复训练，髌骨软骨损伤得到了改善，临床症状减轻了，疼痛感变小了；加上康复后肌肉力量提高了，表现为最大峰力矩提高了，所以其屈肌与伸肌峰力矩比值能够维持在一个比较平均的水平，这证明了治疗康复方案对于这些队员起到了积极有效的作用。

目前，美国 BTE 公司推出设计理念更加先进的关节力量测量系统，它是集模拟、仿真、测试、评价、训练为一体的新系统，能够提供所有运动模式下的力量测试和训练，包括等速、等长、等张、主动、被动、向心、离心等，可以对髋、膝、踝、肩、肘等各大关节的单关节力量进行测试和训练，也可以通过三维缆绳、工作模拟和运动模拟配件，进行多关节的功能性复合测试和训练（图 7-3-4）。

图 7-3-4 多关节的功能性复合测试和训练器

第四节 肌电测量方法

肌电是神经、肌肉兴奋发放生物电的结果，是肌肉运动单位在收缩时所产生的生物电活动的集合。表面肌电信号是从皮肤表面通过电极引导、记录下来的神经肌肉系统活动时的一维时间序列信号。其时频特征与肌肉的活动状态和功能状态之间存在着不同程度的关联性，因而能在一定程度上反映神经肌肉的活动，从而进行肌肉功能的量化评定。

肌电测试方法是采用肌电仪，测出人体在运动过程中，有关肌群生物电的变化曲线和数值，从而分析人体各肌群在动作过程中的活动状态，来研究其动作技术的方法。

肌电仪在测量肌电时要在人体放置电极。一般电极有两种，一种是针刺电极，它把电极直接刺入肌肉深层，因而定位精确，测试精度高，但对运动员有损伤，在体育科研中用的不多。另一种是表面电极，电极放在皮外，虽然精度受一些影响，但这种电极对运动员没有损伤，近年来表面肌电信号分析已经成为分析神经肌肉控制和运动性肌肉疲劳的重要手段，在人体动作科研中用得比较多。

肌电仪可测出动作中对抗肌群、协同肌群的生物电变化，根据测试结果，可以确定动作中各肌群的发力程度、发力顺序和发力时机等，还可通过肌电信号的处理获得有关的肌力量值，从而对动作技术进行更精细的研究。

以前肌电测试在科研中应用较多的是肌肉活动的定性分析方面，通过肌电测试可以确定哪些肌群是某个动作的主动肌、协同肌和对抗肌等，还可确定这些肌群的活动状态，从而为改进技术、确定训练方案提供依据。但由于表面电极干扰因素多，在通过肌电精确测定肌肉力量方面还不理想，而且大多数肌电测试仪器都有导线与固定在运动的人体上的电极相连，这就使动作过程中动态肌电测试受到很大的限制。

近年来，随着遥控技术和相关计算机软件的开发应用，肌电方法不断改进和完善，测试精度也不断提高，遥控肌电测试仪器已经能够在对人体运动干扰比较小的情况下进行测试，并且，能够通过对肌电曲线进行积分等计算，获得一定的定量指标。

目前，表面肌电信号分析的方法有很多种，包括平均值叠加法、时域分析法、频谱分析法、小波分析法、混沌和分形分析法等。时域分析法是将肌电信号看作时间的函数，通过对肌电信号进行整合、滤波得到肌电信号的某

肌电测量方法在研究中的应用

肌电测量的注意事项

些统计特征的方法，常用的分析特征量是积分肌电。积分肌电是指一定时间内肌肉中参与活动的运动单位的放电总量，许多学者的研究认为积分肌电与肌力之间存在高度相关关系。有学者发现肌肉以不同张力进行等长收缩时，肌力与积分肌电之间为线性关系。频谱分析法是通过傅立叶变换将时域信号转换为频域信号，对信号进行频谱或功率谱分析的方法，常用快速傅立叶变换。频谱分析法在表面肌电信号的检测分析中具有重要的应用价值，常用的指标有中值频率、均值频率、频率范围、最高波峰频率、最高波峰幅值等。目前，表面肌电已经广泛应用于人体动作技术分析与诊断、运动医学、生物工程等诸多领域。

第五节　综合性多机同步测试

运动生物力学是一门以力学为主导，以机能解剖学、生理学为基础，以计算机科学、电子学、机械工程学为支持，研究人体运动行为规律的应用性边缘学科。正是运动生物力学的多学科性的特征，才更需要综合研究以探索人体运动的真正规律。这里的综合研究有两方面，一是综合性测试，二是综合性分析。具备这两方面的综合性，才能更加全面深入地把握规律。综合研究越来越成为运动生物力学应用的发展趋势。

综合性测试往往需要多机同步测试，其统一的时序对应关系，使其具有单机测试无可比拟的优越性，即可将各机所测不同性质的参数在同一时间坐标轴上绘制成同步图，以便更好地分析各种参数的内在对应的函数或相关关系。例如，用三维测力台、高速摄影（或摄像）机和多道遥测肌电仪同步测试（图 7-5-1）某种技术动作，就可以将动力学参数（力—时间曲线）、运动学参数（运动状态数据）以及生物学参数（肌电图）等不同性质的参数放在同一时间坐标轴上绘制成同步图，以探索运动的外部特征、动力学原因以及肌肉的力学性质。如果采用单机测试，就无法获得这样全面的数据材料，我们对运动规律的认识水平也会失之偏颇。多机同步测试的关键是同步技术，开始是各科研机构根据需要自主开发同步信号发生器；后来，生物力学仪器生产厂商开始意识到多机同步测试的重要性，在其产品出厂前预留了与其他设备同步的接口。譬如，Qualisys 三维运动分析系统就提前预留了与测力台、肌电仪同步测试的接口。

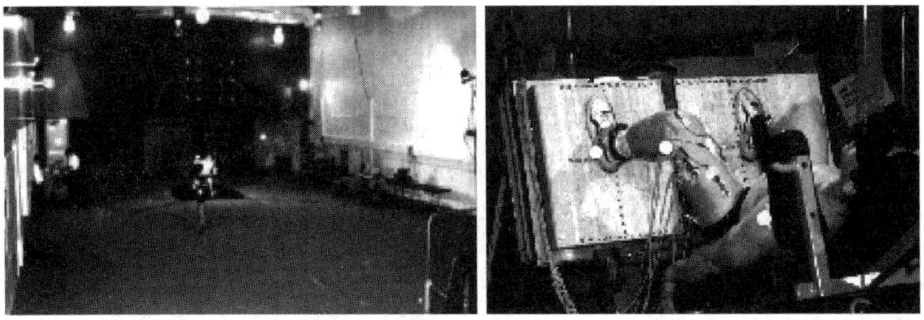

图 7-5-1 三维测力台、高速摄影机和肌电仪同步测试

综合性分析可以从不同的角度获得同一动作同一时刻的数据，各数据间可以相互补充、相互验证，对结果的论证更加充分，更具有说服力，能减少错误结论的产生。因为人体运动动作技术多种多样，制约因素不一，因此，综合性分析在运动动作研究中是避免误区、预防谬误的重要方法。

用两台或多台仪器同时测量同一对象，以同一时间标准和时序（时间顺序）进行时间标记，使各机所测材料具有同一时间标准、时序和瞬时对应关系，即在测量过程的每一瞬间，各机所测材料均具有同时关系，此种测量方法称为多机同步测量方法。

对现有众多检测手段实现同步的统一处理，已成为运动生物力学研究方法发展的一个重要方面。它可以更全面地反映受试者的状况和属性，可以按照同一时间标准、时序和瞬时对应关系，将各机所测材料在同一时间坐标轴上绘制成时间对应图（又称同步图），因而可以更好地观察、分析各机所测材料的内在关系，更有针对性地用统计学方法对各机所测材料作相关分析，根据各机所测材料的瞬时对应关系，用数学方法进行合成、转换、处理，得出能更好地反映受试者的状态和属性的参数。多机同步测量方法在量与质两个方面提高了所测材料的学术和使用价值。

立体摄影摄像测量的多机同步方法是使用两台或两台以上摄影摄像机，严格地按照统一的时间标记，同时测量研究对象按时间顺序的影像数据资料，使各机所测的影像数据均有瞬时对应关系，并据此将各机所测的平面数据转换、合成为立体（三维）数据。多机同步立体摄影摄像的测量技术，虽然比平面摄影摄像技术复杂、费时、费力，但是测量、分析复杂的体育运动技术动作（严格地说，几乎所有体育运动技术动作都是三维空间运动）只能使用这种方法。

立体摄影摄像测量的同步方法有内同步方法和外同步方法两种。

立体摄影摄像测量的内同步方法通常是由内同步器控制实现完全同步运转（直接同步），或者每台摄影摄像机都按各自的运行频率或时钟独立运行，但都能记录一个共同的同步信号（间接同步），都能确定各种测试数据在时间上的同步位置（数据点），以此确定和分析各自测试数据之间的瞬时对应关系。直接同步要求摄影摄像机在生产制造时就具有同步功能和同步接口。现有的摄影摄像机大多不具备同步接口，即便有同步接口，也未必能保证实现同步连接，摄影摄像机生产厂家不同、信号格式和同步方式不统一、电参数的匹配不一致等，都可能影响同步连接。在运动生物力学影像测量时，间接同步是可行和可靠的同步测量方式。

立体摄影摄像测量的外同步方法是每台摄影摄像机都按各自的运行频率或时钟独立运行，但都能在拍摄画面内记录同一个外时标信号，进行数据分析时，都能将外时标信号作为时间上的同步位置，并由此确定和分析各自测试数据之间的瞬时对应关系。

外同步方法中的外时标信号，通常有灯光同步信号和时钟同步信号两种，需要在拍摄时摄入画面，作为同步标记。立体摄影摄像测量时，作为外时标同步信号的频闪灯或数字式时钟需置于各台摄影摄像机的有效视角内，以保证将其摄入各台摄影机的画面。立体摄影摄像测量的外同步方法的技术关键是外时标同步信号记录和读取的精度、分辨率和清晰度。在拍摄时，应保证同步信号发生器置于两台摄影摄像机均能以较好的视角拍摄的视场内。

几种测量仪器的多机同步测量的目的是获得各种测量数据在时间上的对应关系。运动生物力学同步测量的主要内容是人体运动的运动学参数、动力学参数和肌电参数。例如，当测力台测得人体起跳时最大爆发力的瞬间，同步测量肌电信号的幅度，其前后的波形变化，由摄影摄像机记录的人体运动速度，人体重心的位置，人体整体的姿位和身体环节的角运动状况等。获得这些数据可以进一步分析它们之间的内在联系，进而从动作结构与运动功能的角度分析和评价动作技术，以便更好地理解运动规律。而所有这些对应关系都要有各种测量仪器的多机同步测试才能实现，这就要求各种测试数据有相同的时间坐标和数据转换的时间原点，才能进行各种测量参数之间的同步分析。

综合性多机同步测试，已经成为运动生物力学研究测量的主要方法，广泛应用于体育各项目技战术的研究、运动技术诊断、运动器材研制和康复医疗等领域。

另外，还有不少新方法、新仪器也不断应用到运动生物力学动作技术的研究中。例如，高精度的红外光点遥测分析系统、射击激光瞄准分析系统，已经用于射击、射箭项目的研究，磁感应测量仪器、动作技术分析“专家系统”等也都已用于相关动作技术的研究。目前许多高校、研究所在运动生物力学实验室的建设过程中，都非常注重多机同步测试问题，并且积极购置新仪器，推广新方法，这有力推动了运动动作技术分析与诊断研究的深入和学科的发展。

复习思考题

1. 简述人体运动测量技术的分类。

2. 运动生物力学中人体动力学的常用测量方法有哪些？这些测量方法分别有什么样的适用条件？

3. 测力台的工作原理是什么？应用测力台进行生物力学测试时常用的力学参数有哪些？

4. 表面肌电信号常用的分析指标有哪些？

第八章

动作技术的生物力学

本章导读

本章以人体基本运动技能——行走、跑、跳、投掷、游泳、击打和踢的动作结构为基础，应用前面各章所学的知识和理论，对这些运动技能及其构成的动作技术进行生物力学分析，目的是进一步掌握运动生物力学知识和理论在运动实践中的应用。

学习目标

能够应用运动生物力学理论与方法对一项运动技能（或者由此构成的动作技术）进行全面的分析，并用所得到的结论指导体育运动实践。

第一节 行走的生物力学

直立行走是人类最基本的运动行为，也是人类与其他动物区别的关键特征之一。在成熟的动力定型条件下，正常行走并不需要思考，然而行走的控制十分复杂，包括中枢命令、身体平衡和协调控制，涉及上肢、下肢、躯干的肌肉和髋、膝、踝等关节的协同运动。行走既是人体结构与功能、行为与心理活动的外在表现，又是人体运动功能的综合表现之一。

一、行走的生物力学参数

从运动生物力学的角度来看，行走是人体通过与地面的相互作用，在一定的空间里经历一定时间的机械运动。其运动规律可以通过运动学和动力学参数加以描述。

（一）行走的运动学参数

1. 行走的时间参数

行走属于周期性的动作，行走过程中，从一侧脚跟着地开始到该脚跟再次着地为一个步态周期。一个步态周期也称一个复步，其间左右足都经历一个与地面接触的支撑过程和离地前摆的摆动过程，对其分别称为步态周期的支撑时相和摆动时相。常速行走时，支撑时相约占整个步态周期的60%（图8-1-1）。当一侧下肢进入支撑时相时，另一侧下肢尚未离地，两下肢同时负重的时期称为双肢负重期。双肢负重期约占全周期的20%，支撑时相的其他时间为单肢负重期。随着年龄的增长，单、双支撑时相占行走周期的比例也随之增加。不同性别和身高的人，其支撑时相和摆动时相所占的比例无明显差异。

在步态分析中，整个步态周期通常划分为两个独立的阶段。

（1）支撑阶段。

支撑阶段由5个环节组成（图8-1-2）。① 初始着地期，从足跟着地到足掌着地前。② 支撑反应期，从足掌着地到重心移至支撑脚中心前，足（脚）底平行。③ 中点支撑期，从中点支撑到足跟离地前。④ 支撑后期，从足跟离地到足趾离地前。⑤ 摆动前期（推离期），足趾离地阶段。

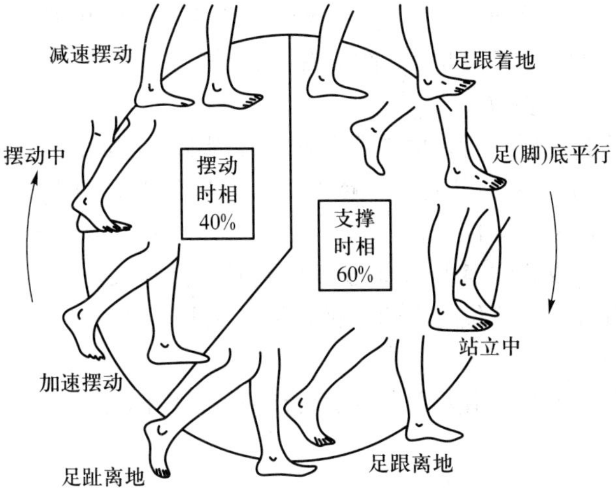

图 8-1-1　行走动作技术的时相

（2）摆动阶段。

摆动阶段由三个环节组成（图 8-1-2）。① 摆动早期，腿加速摆动阶段。这个阶段从足趾离地开始到摆动中期结束。② 摆动中期，即腿摆动通过支撑腿（平足摆动）。③ 摆动后期，腿减速摆动阶段（足下落），这个阶段从摆动中期开始到足跟着地结束。

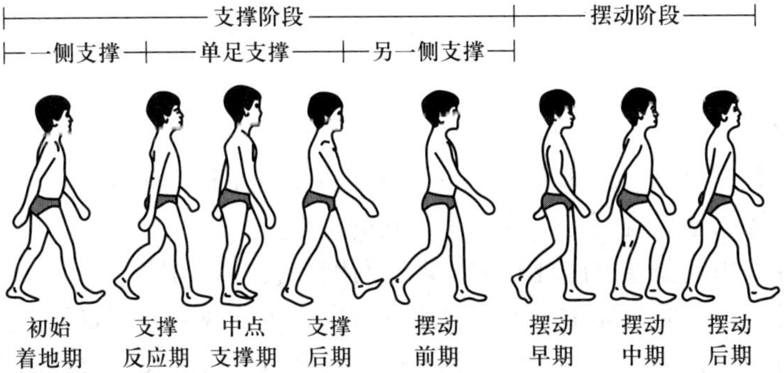

图 8-1-2　行走动作技术的动作阶段划分

在摆动阶段，足廓清是一个重要的任务。足廓清是指行走摆动阶段下肢适当离开地面，以保证肢体向前行进、防止跌倒的行走行为特征。摆动阶段足廓清的动作主要包括摆动早期髋关节屈曲、摆动中期膝关节屈曲、摆动后期踝关节背屈。支撑阶段对足廓清的影响动作主要包括中点支撑期踝跖屈控制（防止胫骨过分向前行进），支撑后期膝关节伸展和摆动前期足跟抬起（踝跖屈）。骨盆的稳定性也对足廓清有一定影响。

2. 行走的空间参数

（1）步长和步频。行走时左右足跟（或趾尖）间的纵间距离称为步长，正常为 75～83 cm。而同侧足跟（或趾尖）两次着地间的距离称为步周长或周期跨距，其值为步长的两倍，正常为 150～160 cm。步长与身高显著相关，身高相同的男、女性，其步长无显著性差异，且步长随着年龄的增大而下降。步频是指行走时单位时间迈出的步数，正常步频一般为每分钟 95～125 步（图 8-1-3）。

（2）步宽。步宽是指人们在行走时，两侧足内侧弓之间的距离，正常为 5～10 cm。

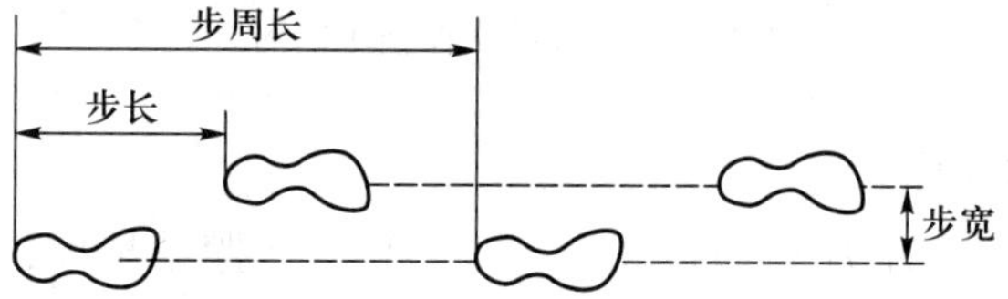

图 8-1-3 步长和步宽示意图

3. 行走的时空参数

行走的时空参数主要以步态周期中下肢的髋关节、膝关节、踝关节的角度变化为表征。通常用角度—时间关系曲线反映，因为单一的角度数值变化意义不大。通过对研究对象各关节在不同平面上活动的角度—时间关系曲线与正常人，或左右脚之间，或治疗前与治疗后不同时期的角度—时间关系曲线的比较，可以反映研究对象各关节的功能情况和治疗效果。角度—角度曲线可以形象地表现行走中两个关节间的协调关系，当神经、肌肉功能异常时，角度—角度曲线也出现异常，表明两侧下肢的协调性差。

另外，行走时身体重心不仅在水平方向上不断改变着位置和速度，而且在竖直方向上也不断改变着位置和速度。其中身体重心在竖直方向上的速度变化与各关节的活动有密切关系。

（二）行走的动力学参数

1. 足—地接触力

足—地接触力通常可按竖直、前后和左右方向做三维记录。应用时，主要观察力—时间曲线的特征，即谷峰值、谷值的出现时间和幅度的变化。行走时足—地接触力在竖直方向上的分力最大，在每个步态周期转折点出现极值，足跟着地时有一极大值，随足部逐渐放平，受力面积逐渐增大，受力减小，足部完全放平时受力达最小，至足跟离地，足趾蹬地时出现另一极大值，即在整个步态周期中，竖直方向受力曲线具有典型的对称双峰性质（图8-1-4）。正常人足—地接触力在水平、前后方向受力较小，且基本对称。研究认为不同年龄人体行走时的足—地接触力无显著性差异。

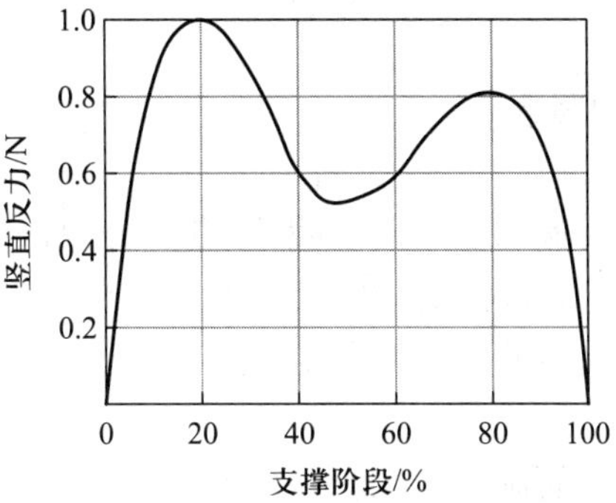

图 8-1-4　典型步态的双峰曲线

（1）竖直反力。

竖直反力呈双峰型，即首次触地时身体所受的地面反作用力超过体重，表现为第一次高峰；在身体重心越过重力线时，体重向对侧下肢转移，至对侧下肢首次触地并进入承重期时地面反作用力降低到最低点；蹬离时地面反作用力增加，在足离地时压力降低到0，进入摆动阶段。在下肢承重能力降低时，可以通过减慢步行速度，减轻关节承重，此时地面反作用力的双高峰曲线消失，表现为与体重一致的单峰波形。

（2）剪力。

竖直剪力在首次触地时向前，身体重心越过重力线时剪力向后。表现为前后反向的尖峰图形。左右（内外）剪力形态相似，但是幅度较小。

2. 踝关节力

研究发现人体踝关节力约为体重的5倍。

二、步态分析

步态是指人体步行时的姿态，人体通过髋关节、膝关节、踝关节的一系列连续活动，使身体沿着一定方向移动的过程。正常步态具有稳定性、周期性与节律性、方向性、协调性以及个体差异性。然而，当人们存在疾病时，步态特征将有明显的变化。步态分析是用运动生物力学的概念、处理手段和已经掌握的人体解剖学、生理学知识对人体行走的功能状态进行分析的过程。随着科学技术的发展，由先进的传感器、高速摄像机、微型计算机等组成的综合步态分析系统，使步态分析得以在康复医学研究中越来越深入地开展，一个人的步态将会像体温、血压那样，从一个侧面反映出人体的健康状况和病态特征。

（一）影响步态的因素

1. 髋部旋转

正常步行过程中，髋部左右两个髋关节连线，相对于人体纵轴有一个前后自然转动的过程，通过脚跟着地时髋部前旋，脚趾离地时髋部后旋，来增加腿的长度，这种运动能够有效加大步幅。

2. 髋部侧面下降

在步态周期中，一侧髋关节也有一个上下起伏的过程，在脚趾离地和脚跟着地时，摆动腿一侧骨盆下降，可以有效增加腿的长度，而在摆动过程中髋关节稍提起，形成骨盆绕矢状轴的转动，这种运动有利于保持人体重心在一个相对水平的位置上运动。

3. 支撑阶段的膝关节弯曲

膝关节在步行支撑阶段有屈伸运动，在脚跟着地和脚趾离地时膝关节处于伸直状态，而在单腿支撑阶段膝关节轻微弯曲，这有利于蹬伸阶段大腿肌群的用力，又可以降低重心波动。

4. 踝关节的滚动运动

在支撑阶段踝关节绕额状轴产生转动动作，从脚跟着地时脚背屈，到脚趾离地时脚跖屈，这种活动可增加腿长，并有利于缓冲着地时的阻力，增加离地时的蹬地力量。

5. 下肢在平面中的转动

小腿在步行周期中有绕其纵轴的转动动作。由于有半月板的特殊结构，膝关节在伸直最后 10°～20° 时，外侧半月板，向后滑动，内侧不动，造成胫骨绕其纵轴外旋 4°～15°。因而，在脚趾离地时膝关节蹬伸，小腿旋外，并伴有脚的外展，而到脚跟着地时小腿旋内、脚内收，再到脚趾离地时的旋外，形成下肢在平面中的转动。下肢通过旋外伸长，旋内缩短。

6. 膝内收

为了在步行中获得正常的步宽，膝关节要有内收动作。膝关节在解剖上的外翻，允许步行有一个狭窄的宽度。如果没有膝内收动作，很容易造成宽幅步态，甚至造成身体重心的 S 形行进。

（二）步态的运动学分析

步态的运动学分析是研究步行时肢体运动时间和空间变化规律的科学方法，主要包括步行整体时间与空间测定和肢体节段性运动方向测定，主要围绕影响步态的 6 大因素，通过时间和空间参数测定的测量来进行运动学分析。

1. 足印法

足印法是步态分析最早的简易方法之一。在足底涂上墨汁，在步行通道（一般为 4~6 m）铺上白纸。受试者走过白纸，留下足迹，便可以测量距离。也可以在黑色通道上均匀撒上白色粉末，让患者赤足通过通道，留下足迹，即可测得步长、步宽等数据。

2. 摄像分析

在 4~8 m 的步行通道的周围设置 2~6 台摄像机，同时记录受试者步行图像，并采用同步慢放的方式，对受试者的动作进行分解观察和分析。还可以根据摄像机的拍摄速度，获得相关的数据，从而计算出步行过程的参数。这些参数包括步长、步长时间、步幅、步行周期、步频、步速、步宽、足偏角等。

3. 三维数字化分析

通过 2~6 台检测仪（数字化检测仪或特殊摄像机）连续获取受试者步行时关节标记物的信号，通过计算机将其转换为数字信号，分析受试者的三维运动特征。同一标记物被两台以上的检测仪同时获取时，即可进行三维图像重建和分析（图 8-1-5）。输出结果包括数字化重建的三维步态、各关节三维角度变化、速率和时相。影响步态的 6 大因素中，髋部旋转、下肢在平面中的转动等参数，都必须通过三维数字化分析方法才能得到。关节标记物一般置放于需要观察的关节。

图 8-1-5　步态的三维数字化分析设备

4. 关节角度计分析

将特制的关节角度计固定于被测关节，记录关节活动的角度改变，获得关节角度—时间曲线（图 8-1-6），并可用计算机重建步态。优点是操作简便，特别是上肢检查十分方便；缺点是难以正确记录旋转和倾斜活动。

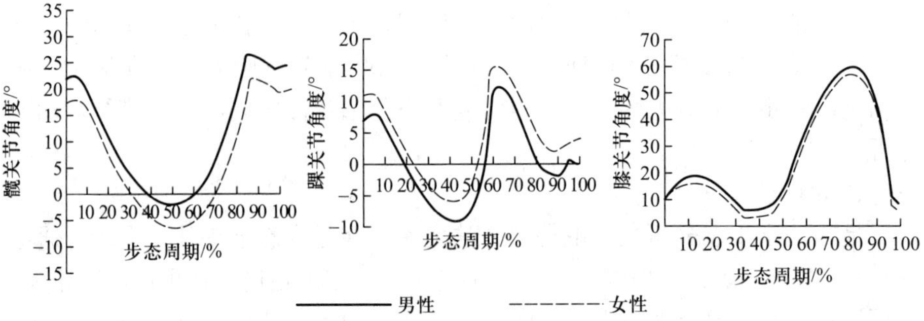

图 8-1-6 步行时关节角度的变化曲线

（三）步态的动力学分析

步态的动力学分析是对步行时作用力、反作用力的大小、方向和时间等进行研究。牛顿定律、多刚体系统动力学原理是动力学分析的理论基础。

1. 测定方法

（1）测力平台。

步行时人体地面反作用力可以通过测力平台记录，以分析力的大小、方向和时间。测力平台一般平行设置在步行通道的中间，可以平行或前后放置，关键是保证连续记录一个步行周期的压力。测力平台测定身体运动时的垂直力和剪力。垂直力是体重施加给测力平台的垂直应力，而剪力是肢体行进时产生的前后或左右方向的力。与运动学参数结合可以分析内力，即肌肉、肌腱、韧带和关节所产生的控制外力的动力，一般以力矩表示。例如，可用测力平台记录正常步态和偏瘫步态的垂直和前后方向的地面反作用力曲线（图 8-1-7）。

（2）足底压力分布测力板。

采用特制超薄的压力分布测力板，或者鞋垫式测力垫直接插入到受试者鞋内，测定受试者站立或步行时足底受力分布及重心移动的静态或动态变化情况，根据测试结果可以对受试者步态进行分析，还可以协助设计合适的矫形鞋（图 8-1-8）。

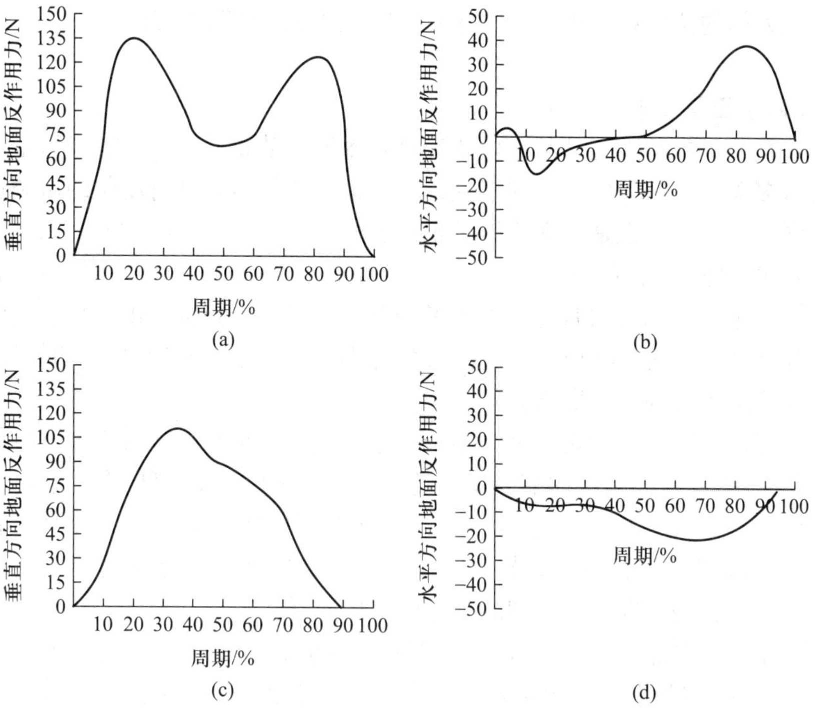

图 8-1-7 步行时测力平台所记录的力—时间曲线

注:(a)、(b)为正常步态,(c)、(d)为偏瘫步态。

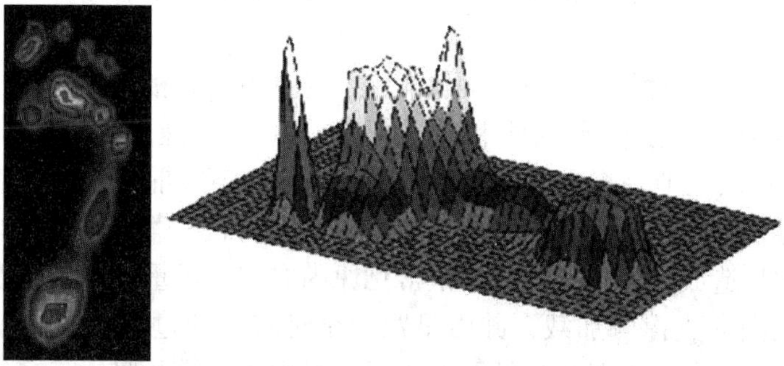

图 8-1-8 足底压力分布测试结果示意图

2. 计算机模拟

建立动力学方程，进行动力学计算。建立人体步行的多刚体系统动力学方程，把从影像解析获得的有关步行的运动学参数和人体惯性参数代入动力学方程组，即可计算出人体步行过程中，各个关节的力和力矩。把力和力矩代入动力学方程组，通过积分可以获得速度、位移等数据，根据这些数据可以确定人体的位置和姿势，实现对人体步行过程的计算机模拟。

（四）正常步态

步行的基本功能是从某一位置安全有效地移动到另一位置。步行是涉及全身众多关节和肌群的一种周期性运动。正常步行是高度自动化的协调、对称、稳定的运动，也是高度节约能耗的运动。

1. 正常步态特征

通常采用目测方法就能够判断考察对象步态是否异常。正常步态应该体现出如下特征：① 合理的步长、步宽、步频。② 上身姿势稳定。③ 最佳能量消耗或最省力的步行姿态。

从运动生物力学的观点来考察步行运动，正常步态应该具备如下生物力学特征：① 具备控制肢体前向运动的肌力或机械能。② 可以在足触地时有效地吸收机械能，以减小撞击，并控制身体的前向进程。③ 支撑时相有合理的肌力和髋、膝、踝等关节角度及充分的支撑面。④ 摆动时相有足够的推进力、充分的足廓清和合理的足触地姿势控制。

2. 正常步态各时相参与工作的肌群及生物力学机理

正常步行过程可以分为支撑时相和摆动时相，每个时相又可以分为早期、中期和末期。各个时期，参与工作的肌肉，及其肌肉工作的性质都不尽相同，表现出来的生物力学特征和机理也有很大的差异。这方面的研究是步态分析要点，特别是在临床诊断、手术方案确定、疗效评价等方面有重要的应用意义。

（1）支撑时相。下肢接触地面和承受重力的时相，占步行周期的 60%。

早期：包括首次触地和承重反应，正常步速时占步行周期的 10%～12%。首次触地是指足跟接触地面的瞬间，使下肢前向运动减速，落实足在支撑时相的位置的动作。参与的肌肉包括胫前肌、臀大肌、腘绳肌。首次触地异常是造成支撑时相异常的最常见原因之一。承重反应是指首次触地之后体重逐渐向支撑侧加载，并由足跟向全足转移的过程。骨盆运动在此期间趋向稳定，参与的肌肉包括股四头肌、臀中肌、腓肠肌。支撑足首次触地及承重反应期对侧足发生载荷释放直至足离地，由于此时双足均在地面，称之为双支撑时相。双支撑时相是步行周期中最稳定的时期。双支撑时相的时间与步行速度成反比。双支撑时相的时间越长，步行速度越慢，步行越稳定；而双支撑时相的时间越短，步行速度越快，但步行越不稳定；到跑步时，双支撑时相消失，表现为双足腾空。患者步行障碍时往往首先出现的异常就是双支撑时相的时间延长，步行速度减慢，以增加步行的稳定性。首次触地时的地面反作用力一般为体重和加速度的综合，正常步速时为体重的120%~140%。步速越快，地面反作用力越大。下肢承重能力降低时可以通过减慢步速减少肢体首次触地负荷。缓慢步态的地面反作用力等于体重。患者在下肢承重能力减退时往往通过减慢步行速度来减轻下肢承重负荷。

中期：支撑足全部着地，对侧足处于摆动时相，是唯一单足支撑全部重力的时相，正常步速时占步行周期的38%~40%。主要功能是保持膝关节稳定，控制胫骨前向惯性运动，为下肢向前推进做准备。参与的肌肉主要为腓肠肌和比目鱼肌。下肢承重力小于体重或身体不稳定时此期缩短，以将重心迅速转移到另一足，保持身体平衡。

末期：指下肢主动加速蹬离的阶段。开始于足跟抬起，结束于足离地，正常步速时占步行周期的10%~12%。此阶段身体重心向对侧下肢转移，又称为摆动前期。在缓慢步行时可以没有蹬离，而只是足趾离开地面，称之为足趾离地。踝关节保持跖屈，髋关节主动屈曲，参与的肌肉为腓肠肌、比目鱼肌、股四头肌和髂腰肌。

（2）摆动时相。下肢在空中向前摆动的时相，占步行周期的40%。

早期：主要的动作为足廓清地面和屈髋带动屈膝，加速肢体前向摆动，占步行周期的13%~15%。参与的肌肉为胫前肌、髂腰肌和股四头肌。如果存在足廓清地面障碍（如足下垂）或加速障碍（髂腰肌和股四头肌肌力不足），将影响下肢前向摆动，导致步态异常。

中期：足廓清仍然是主要任务，占步行周期的10%。参与的肌肉主要为胫前肌，保持踝关节背屈。

末期：主要任务是下肢前向运动减速，准备足着地的姿势，占步行周期的15%。参与的肌肉包括腘绳肌、臀大肌、胫骨前肌和股四头肌。

（五）异常步态

遗传、疾病、意外伤害等诸多因素都有可能造成步行障碍，使步行周期中某环节发生改变，导致步态改变，出现错误步态。严重改变还会导致病理步态，甚至丧失步行能力。

1. 支撑时相障碍

下肢支撑时相的活动属于闭链运动，足、踝、膝、髋、骨盆、躯干、上肢、颈、头均参与步行姿势。闭链系统的任何改变都将引起整个运动链的改变，远端承重轴（踝关节）对整体姿态的影响最大。

（1）支撑面异常。足内翻、足外翻、单纯踝内翻、踝内翻伴足内翻、单纯踝外翻、踝外翻伴足外翻、足趾屈曲和踇趾背屈等都会造成支撑面异常。

（2）肢体不稳。由于肌力障碍或关节畸形导致支撑时相踝关节过分背屈、膝关节屈曲或过伸、膝内翻或外翻、髋关节内收或屈曲，致使肢体不稳。

（3）躯干不稳。一般为髋、膝、踝关节异常导致的代偿性改变。

2. 摆动时相障碍

摆动时相属于开链运动，各关节可以有相对孤立的姿势改变，但是往往引起对侧下肢姿态发生代偿性改变，其中对近端轴（髋关节）的影响最大。

（1）肢体廓清障碍。垂足、膝僵硬、髋关节屈曲受限、髋关节内收受限。

（2）肢体行进障碍。膝僵硬、髋关节屈曲受限或对侧髋关节后伸受限、髋关节内收。

3. 下肢骨折后可能出现的错误步态及原因

步行是下肢骨折后必须恢复的一种最自然的活动。在骨折后的恢复期，无论是患者本人，还是医生都急于恢复到骨折前步行自如的常人状态。可是，此期患者患肢肌力不足，健患失衡，步行乏力，可能出现一些错误步态，甚至会影响一生。最常见的错误步态有以下 4 种。

（1）急促步态。步行时患者迅速把体重从患肢移至健肢，以致两腿支撑时间不等，其原因是缺乏信心或患肢支撑不足。

（2）倾斜步态。步行时患肢僵硬，髋关节没有充分伸展，不敢让健肢落在患肢的前面。

（3）回旋步态。步行时患肢外旋，身体亦稍向外侧倾斜。

（4）硬膝步态。步行时膝关节僵直，一伸一屈的节奏消失。

造成上述错误步态的主要原因是关节僵硬、肌肉挛缩使肌肉群的平衡性遭到破坏和臀肌、股四头肌和腓肠肌的软弱无力使患肢支撑力不足。因此，骨折后早期的功能锻炼要根据骨折的不同特点，注意加强臀肌、股四头肌和腓肠肌的功能锻炼，为日后的步行做好准备。

临床上不同的疾病会造成不同的步态异常，有些疾病还会出现典型步态，比如脊髓灰质炎的跛足步态，脑卒中病人的划圈步态，帕金森病的小碎步步态。加强对典型步态的研究，有利于相关疾病的诊断、治疗和康复。

三、步态分析的临床应用

（一）功能评定

步态分析是步行功能测量的重要组成部分，它以生物体的移动状态为研究对象，测量参数具有自主控制的成分。根据步态分析所得的运动学、动力学参数可以推测步行的对称性和波动性。根据步速、步频、步行持续距离可判断其速度、节奏和持久性。通过精确测量步行时的运动轨迹、关节角度、速度、周期与时相、肌电图、重心移位和能量消耗，可以客观地评定患者的步态功能，进一步指导临床康复。

（二）疗效评定

步态分析为疗效评定提供了客观手段。如股四头肌肌力不足的病人，足接触地面有明显的异常，行走中膝反屈，同时健侧下肢支撑相延长。对患者给予手术，如果手术有效，可以发现上述情况好转。利用步态分析方法评价脑瘫、截瘫、偏瘫和截肢病人的步行康复治疗效果，已成为一种常规手段。另外，对于关节置换手术的效果，也可以通过患者术前、术后步态分析的结果比较得出结论。

（三）步态分析在假肢、支具和矫形器等康复器械中的应用

正常步态是指健康人用自我感觉最自然、最舒服的姿势进行的步态。然而假肢、支具、矫形器的使用者，由于受到种种限制，加上心理因素的影响，其步态与正常人步态有较大区别。要想获得理想的装配效果，必须由康复医师、治疗师、装配技师和患者 4 方面合作，同时再辅助以定量步态分析手段。由于大部分假肢在支撑时相不能屈膝，患者在假肢侧进入摆动时相时，人体重心上下移动幅度大。因此在假肢的装配中应考虑假肢能提供的可控制的膝力矩，以保证足够的助伸力，缩短假肢的摆动时相，减少冲击力。

随着现代电子技术、测量技术，尤其是计算机技术的迅速发展，智能化的步态分析系统使定量、客观评价不同状态下人体行走功能的研究领域大大拓展，使有些复杂的功能性问题的研究也成为可能。

四、竞走技术及其分析

竞走是运动员与地面保持接触、连续向前迈进的过程，没有肉眼可见的腾空，前腿从触地瞬间至垂直位置必须始终伸直，膝关节不得弯曲。可见，竞走技术不同于普通行走技术，它具有明确的技术规范性。

（一）步长与步频

竞走的运动速度 = 步长 × 步频，步长与步频是决定竞走成绩的主要因

素，两者是矛盾的统一体。步长是后脚脚尖到前脚脚尖之间的距离，步长与技术动作结构密切相关，步长稳定则技术动作结构稳定，步长变化则技术动作结构也改变。合理的步长符合竞走定义的技术动作结构，因此，合理稳定的步长是竞走的关键技术之一。步频是合理稳定的步长的重复次数，在合理稳定的步长的条件下，步频不会改变竞走正确技术动作的结构，只能改变正确技术动作的重复次数。因此，固定合理稳定的步长，加快步频是现代竞走技术的发展方向。

（二）单步腾空时间

国际田联公布的新竞走定义明确规定："竞走是运动员在地面连续行走的过程，没有肉眼可见的腾空。"所谓肉眼可见的腾空，是指运动员竞走时的腾空动作在裁判员的眼睛里存留成像。依据生理学实验，人的眼睛成像最少需要 42 ms。研究发现 42 ms 以下为合理腾空时限，42～67 ms 是模糊时限，大于 70 ms 为犯规腾空时限。如果竞走技术连贯、协调、轻松，不容易被判罚"腾空"技术犯规；如果竞走技术脱节、紧张、吃力，容易被判罚"腾空"技术犯规。因此，控制合理的腾空时间，连贯、协调、轻松的动作技术，是竞走运动员训练的又一关键技术。

（三）身体重心竖直位移

身体重心竖直位移是竞走运动中至关重要的技术指标，与"腾空"技术犯规有着密切的关系，并反映出竞走的经济性。身体重心竖直位移越大，即上下起伏越大，腾空时间越长，裁判员的眼睛越容易观察到腾空动作成像。裁判员眼睛观察不清的身体重心上下起伏的距离应在 5 cm 以下。世界水平运动员的技术标准为身体重心上下起伏与头顶点上下起伏的位移在 7 cm 以下。

躯干是人体运动的主体，在竞走运动中躯干后仰使头部上抬，躯干前倾使头部下移，造成头部上下波动，而头部上下波动是裁判员裁决"腾空"的重要标志。如果躯干前倾过大，会造成跑的技术外形。躯干在整个竞走过程中应尽量保持正直状态，只是在蹬离地面的瞬间稍向前倾。躯干前俯角与后仰角在 5° 之内，躯干左偏角、右偏角在 7° 之内可达到世界水平运动员的技术标准。

（四）着地角

竞走运动员在一个复步周期中，当脚离地时，瞬时位移速度最大，当前支撑着地过渡到垂直阶段时，瞬时位移速度最小，此期间的速度损失率可以作为一个重要技术指标，影响速度损失率的主要因素是着地角。着地角较大可以产生较小的制动，速度损失率相对较小，但着地角过大，就会使着地点离身体重心投影点过近，从而影响步长，更重要的是能给裁判员一个长而合理的观察腿部动作的时间。着地角较小，水平速度的损失率可能多一些，但有利于增大步幅和保持动作的稳定性。当然，着地角过小，会使水平速度下降过多，能量消耗过大。脚跟着地后，脚面的下落动作是随着身体重心的前移进行的，到身体重心投影线垂直地面的瞬间，由脚后跟逐渐滚动呈全脚掌落地，这一动作做得柔和自然对身体重心的平稳前移，减小速度损失极为有利。

第二节 跑的生物力学

跑是典型的周期性运动项目，是体育活动中最基本的技能。竞技跑要求运动员用最好的跑动技术在最短的时间内跑完所规定的路程。体育运动实践已证明，人体达到最大跑步速度的项目是短跑。根据生物力学原理对短跑进行分析，可揭示跑的一般动作规律。

一、跑的运动学

一切物质都存在于时间、空间之中，跑的周期的各动作阶段表现着时间、空间的特征。时空变化引起跑速的变化，使跑表现出不同的动作节奏，同时反映出身体姿势上的变化。跑的运动学常常用于辨别个体或群体之间不同的运动状态，其主要关注的是身体重心与各环节重心的位移、速度、加速度等参数。通过对跑技术动作的解析，可以取得每个动作时间、空间等力学参数，从运动学角度定量分析跑的动作技术。

（一）影响跑的成绩的因素

在跑的运动学参数中最为重要的是跑速，跑速取决于步长和步频。影响跑速的生物力学要素见图 8-2-1。

跑可以分为扒蹬阶段和腾空阶段（图 8-2-2）。扒蹬阶段：着地时相（摆动腿着地时刻）到支撑离地时相（支撑腿离地时刻）；腾空阶段：支撑离地时相到着地时相。现代短跑技术不是被动缓冲再后蹬，而是以“扒”（髋关节、膝关节在人体腾空阶段之前已开始后伸，故称“扒”）结合蹬。从跑的技术原理可知，较小的着地距离可增大蹬地角度，减小阻力，有利于发挥跑的速度。

人体跑动速度的极限

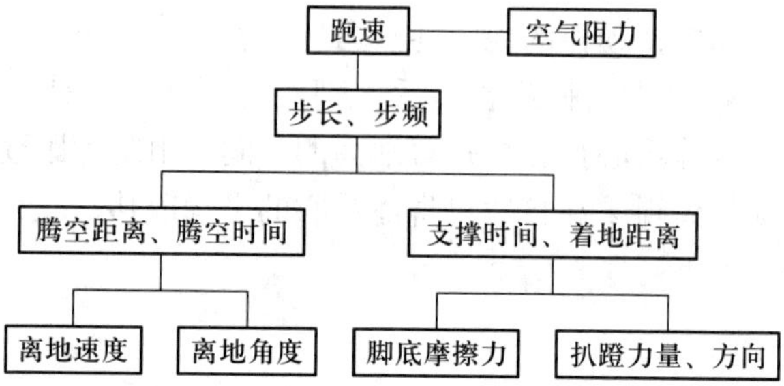

图 8-2-1 影响跑速的生物力学要素

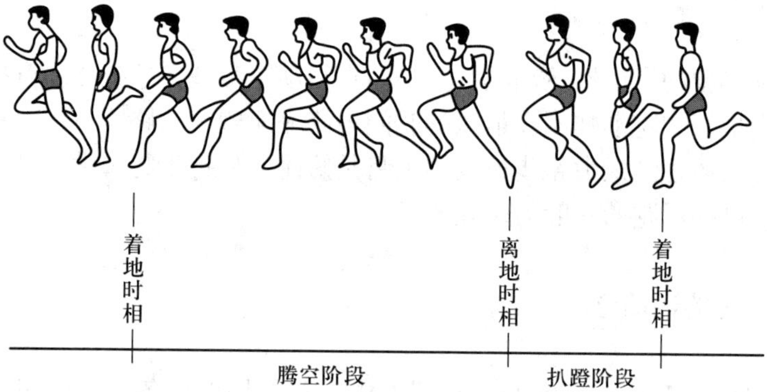

图 8-2-2 跑的两个阶段示意图

跑速 = 步长 × 步频。步长由着地距离（人体着地时刻重心与人体支撑离地时刻重心的距离）和腾空距离两部分组成。着地距离受扒蹬技术和脚底摩擦力的影响，腾空距离由离地速度和角度决定。有专家对这两个距离做过测试，着地距离比腾空距离短。

（二）跑的运动学特征

1. 步长、步时、步频的构成

左、右脚的着地点在运动方向上的距离长度为步长，亦称“单步”，也就是着地距离与腾空距离之和，步长是研究较多的生物力学参数之一。也有学者将步长作如下定义：一足的着地点与同一足的下一着地点之间的距离。

步长与腿长有关，这反映出身高对步长有影响。相关的研究表明，在长跑中步长与腿长的相关性较小，在短跑中步长与腿长有较高的相关系数。

步时是指完成一个单步所用的时间。我国高水平运动员一个单步的平均时间（即周期）为 0.216 s，其中支撑时间为 0.088 s（占单步时间的 40.7%），腾空时间为 0.128 s（占单步时间的 59.3%），支撑与腾空时间之比为 1∶1.45。

步频是指单位时间内完成的步数。由于人腾空后运动轨迹不再改变，因此要增加步频主要靠支撑阶段的动作来实现。在支撑阶段前部分是“扒”动作，“扒”动作的任务是使支撑腿快速储存弹性势能，让人体重心快速通过垂直线进而后蹬发力。优秀运动员支撑时间较长，“扒”动作所用的时间也较长，“扒”动作占支撑时间的百分比也较大。

2. 步长、步频指数

步长和步频是一对矛盾统一体。它们的统一性在于步长和步频决定了跑速，矛盾性在于一味追求步长，步频必然减小；不切实际地提高步频，步长一定要缩短。所以运动员应在增大步长的基础上加快步频。步长和步频一般随跑速的增大而提高，但并不是呈线性关系。从图 8-2-3 可以看出，当跑速初始增快时，步长增加比步频大，当达到非常高的速度时（约 9 m/s），步长不再增长，并有减小趋势，步频还可加快。实际上对一个运动员来说，步长和步频存在最佳搭配的问题。这里可以用步长和步频衍生的数据来说明。卡列尔·霍夫曼通过对国际重大比赛的实测材料进行研究发现，欲达到男子短跑世界水平，其步长和步频指数应为：

步长指数：平均步长 / 身高 ≥ 1.15
　　　　　最大步长 / 身高 ≥ 1.24
　　　　　平均步长 / 腿长 ≥ 2.16
　　　　　最大步长 / 腿长 ≥ 2.24

步频指数：身高 × 步频 ≥ 8.1
　　　　　腿长 × 步频 ≥ 4.34

当跑速从 40% 增至最大速度时，一个单步时间由 0.38 ± 0.10 s 降至 0.24 ± 0.10 s，支撑时间和腾空时间也随速度的提高而缩短，但并不按同一比例变化。起初在低速跑时，腾空时间比支撑时间短，随后则比支撑时间长，相应曲线的交点在跑速为 4.5 m/s 时（图 8-2-4）。跑的速度取决于跑步周期中的动作技术质量和周期的重复速率。表 8-2-1 给出了一些跑的主要运动学参数。

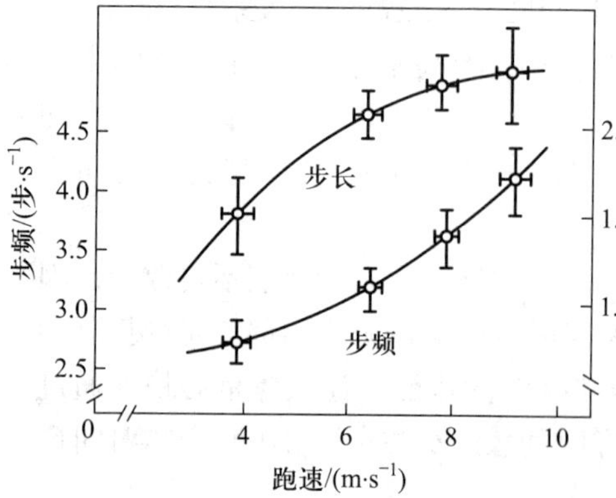

图 8-2-3 不同跑速时步长、步频的变化

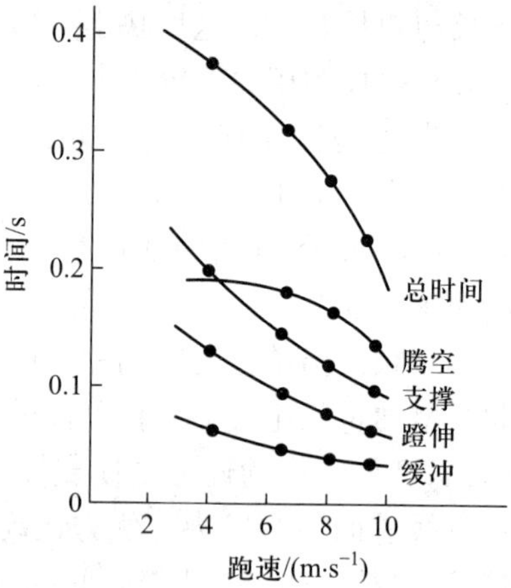

图 8-2-4 不同跑速时步时构成的变化

▶ **表 8-2-1 男、女短跑运动员的主要运动学参数**

指标	前支撑阶段的时间/ms	后蹬地阶段的时间/ms	腾空阶段的时间/ms	步频/(步·s^{-1})	一个单步重心的水平位移/mm	单步重心的水平速度/(m·s^{-1})	重心腾空波动的最大高度/mm	蹬离地瞬时重心抛物运动的抛射角度	支撑阶段躯干与水面的夹角	着地时重心与支撑中心连线对运动方向的夹角	蹬离地瞬时重心与支撑中心连线对运动方向的夹角
男子 100 m	29.8	69.2	124.0	4.495	2 120	9.504	18.8	1° 49′ 51″	79.0° ~ 82.9°	108.6°	61.4°
女子 100 m	31.3	74.0	122.0	4.407	1 943	8.553	18.2	2° 0′ 7″	79.5° ~ 82.8°	108.7°	61.0°
女子 200 m	34.5	78.4	139.3	3.969	2 062	8.178	23.8	2° 23′ 15″	81.4° ~ 82.8°	108.0°	62.4°
女子 400 m	52.8	100.6	128.4	3.559	1 976	7.025	20.2	2° 33′ 50″	83.3° ~ 85.5°	111.0°	60.4°

（三）跑的摆动技术原理

通常跑时两臂的摆动与摆动腿的摆动同步协调完成，在此仅用摆动腿的摆动说明跑的摆动技术原理。现代短跑技术要求着地前摆动腿的髋、膝、踝关节做积极蹬伸，使人体保持较稳定的重心高度并前移。整个支撑时期在促进身体前移方面，各关节的活动所起的作用大致相同。

蹬伸腿离地后就成为摆动腿，在惯性作用下，摆动腿的大腿先做后伸（约 0.025 s），然后快速前摆。在第二个单步离地瞬间，摆动腿达到最大摆幅，约摆 163.7°。大腿开始前摆后，小腿迅速屈膝折叠，在蹬伸时相达到最大屈曲程度（约 29.8°）。膝关节的屈曲时间与伸展时间几乎相等（约 0.15 s）。但大腿的前摆时间（0.22 s）比后摆时间（0.11 s）约长一倍。摆动腿的摆动可分为大腿后伸、前摆及后摆三个时段，分别占总时间的 7%、62% 和 31%。运动员在蹬离地面后，摆动腿的大腿先后伸，然后迅速前摆，在第二次腾空瞬间达到最大前摆动值。大腿开始前摆时，小腿迅速屈膝折叠减小转动惯量，在身体垂直时达到最大屈曲程度。

在跑的动作技术原理中，摆动腿与两臂的摆动、躯干的扭转等动作的结合非常重要。这些动作的意义是：

（1）摆动动作的方向、幅度和速度直接影响跑步的步幅和步频。

（2）在进入支撑阶段时，摆动腿的鞭打（“扒”）动作可减小着地碰撞力，从而减小阻力。

（3）在整个蹬伸阶段，摆动动作增加了支撑腿的负荷，提高了蹬地效果。

（4）上肢质量相对小，可以快节奏摆动，对下肢蹬伸起到了促进作用。

（5）摆动动作维持了人体的动态平衡。

（四）跑的蹬地动作技术原理

在腿蹬伸离地时，研究者对膝关节应伸展到何种程度曾有过争执，过去普遍认为伸得越直越好，目前比较一致的认识是，短跑运动员在完成蹬伸动作时，膝关节不必充分伸直，在蹬伸结束时，膝关节角最好在 150°～165°。其原因是当膝关节从 165° 伸展到 180° 时，膝关节与髋关节之间的距离非但没有增加，反而缩短了 8 mm，这是由于胫骨关节面向股骨关节面曲率半径大的那一部分滑动。另外，后蹬离地时膝关节过分蹬直，直接影响了腾空后屈膝摆动。还有，蹬地功率与跑速之间的相关关系很小，甚至有研究发现国家级优秀短跑运动员发挥的蹬地功率比二级运动员还小。这是因为快速跑时不需要每一次蹬地都产生很大的蹬地力，而是需要蹬地功率与步频的最佳配合。在蹬伸过程中，踝关节的活动幅度虽然很大

（34°～38°），但小腿三头肌的收缩幅度却很小。实验表明，小腿三头肌在缓冲时被拉长了 3～4 cm，但进入蹬伸阶段其长度几乎不变。因此缓冲与蹬伸时，踝关节的活动主要由小腿三头肌肌腱的弹性变形与复原完成，这时踝关节利用非代谢能工作。因此，踝关节的肌腱应有非常好的弹性和强度。弹性好在缓冲阶段可储存更多的能量，强度大在蹬伸阶段可支撑住髋、膝关节周围肌肉的蹬伸力。踝关节结构功能的生物力学特点对于跑的能力具有重要意义。

跑腾空后着地的“扒”动作，主要由踝关节做负功完成。在扒蹬阶段踝关节角度变化为 34°～38°，膝关节仅为 4°～10°，髋关节参与工作较少。髋关节做功为 64 J，膝关节和踝关节做功为 72 J，但它们在发挥作用的动作时相不同，即在扒蹬阶段的开始阶段，髋关节的伸展活动起着主要作用，在扒蹬阶段后程则膝、踝关节的蹬伸起着重要作用。

（五）跑时躯干的前倾

从跑动作的三维空间力的矢量图分析（图 8-2-5）可以看出，在大部分时间内，力的作用线不通过人体总重心。人体运动的实质是绕支点的转动。在扒蹬阶段，人体受到一个垂直分力 R_y 的作用，它使人体向上加速并绕额状轴有向前转动的趋势；而水平方向的分力 R_x 使人体向前加速并有向后转动的趋势。此外，还有空气阻力 F 的作用，它阻碍人体向前运动并使人体有向后转动趋势。因此，使运动员向后转动的力矩为：$R_x \cdot y+F \cdot H$；使运动员向前转动的力矩为：$R_y \cdot x$。向后转动力矩与向前转动力矩相互抵消，以保持人体动态平衡。显然，跑时躯干的倾斜度是上述两个力矩的作用结果。跑时当向后转动力矩较大时，身体躯干较前倾抵消了一些向后转动的作用。当向前转动的力矩较大时，身体躯干较后倾，抵消一些向前转动的作用。

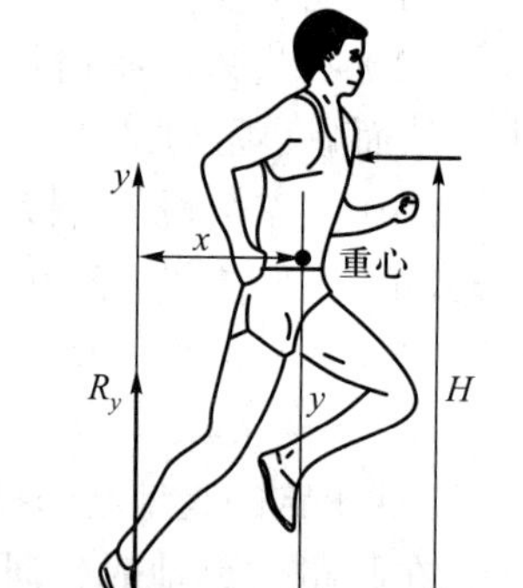

图 8-2-5 跑时躯干的前倾

在跑的过程中，躯干协同上下肢的摆动而形成的扭转有利于提高上下肢的蹬摆效果。当右支撑腿蹬伸时，右肩和左髋向前形成了躯干的扭动，增大了上下肢的摆动幅度，并且实际形成了良好的“送髋”技术，增大了步幅。

二、跑的动力学

跑的过程中总伴随着人体速度的变化，即人体一直处于用力状态。通过运动生物力学测力系统可以得到人体用力的规律，从动力学角度定量分析跑的动作技术。

（一）跑的蹬地力

目前，可以采用三维测力平台测试系统，对跑步蹬地过程中的蹬地力的变化做定量分析，从而进行动作技术诊断。三维测力平台测试系统可将蹬地力以三个分力的形式记录下来，即作用于人体前后方向的纵向力 F_x，左右方向的横向力 F_y 及竖直力 F_z（表 8–2–2）。

▶　表 8–2–2　跑的蹬地力的参数值

方向	蹬地力峰值 /N		蹬地力冲量 /（N·s）	平均蹬地力 /N
	第一峰值	第二峰值		
x 方向	−91.68	58.44	31.15	30.85
y 方向	43.56	18.52	12.77	12.56
z 方向	123.84	235.23	135.54	134.27
合力方向	144.74	286.26	144.82	142.58

实测结果显示，竖直力最大，平均值为体重的 1.38～1.61 倍，最大值为体重的 2.02～3.43 倍；纵向力其次，平均值为体重的 0.53～0.63 倍，最大值为体重的 0.84～0.97 倍；横向力最小，平均值为体重的 0.11～0.16 倍，最大值为体重的 0.32～0.42 倍。蹬地合力的曲线出现两个波峰和波谷，并且第二波峰低于第一波峰。足与地面（测力台）接触，产生第一个波峰，随着蹬地力的逐渐增大，出现第二个波峰。纵向蹬地力也出现两个波峰，第一波峰为负值，对人体运动产生阻力，第二波峰为正值，为跑步的动力。曲线的负、正时期正好对应蹬地动作的前支撑阶段和后支撑阶段。横向力出现两个波峰，但曲线波形不规则。

（二）跑的蹬地力冲量

蹬地力曲线与时间坐标所围成的面积等于蹬地力冲量，即力对时间的累积效应，可用来评价蹬地力对人体作用的效果。蹬地力冲量是影响跑速的主要因素，所以这里主要分析它的作用机制及相应的技术动作要求。

1. 如何减小制动冲量

研究表明，水平速度的损失与制动冲量有关，与制动力的极值无关。同时，减少力的作用时间，可使冲量减少。减小制动冲量的具体方法（技术动作）如下：

（1）支撑腿着地后，髋关节不应参与缓冲活动，而应不间断地伸展髋关节。这一技术动作在很大程度上取决于腾空阶段两腿的摆动速度。因为着地后的伸展髋关节动作，是腾空阶段伸髋动作的延续，所以在腾空阶段向后摆腿速度越快，说明伸髋力矩越大，那么着地后髋关节克服阻力矩的能力越强，因而可以不间断地做伸展髋关节动作。测试材料表明，着地时脚相对于跑道的速度为 0.5~1.5 m/s。这一技术动作还有利于发展伸膝关节力矩。

（2）增大着地角、减少水平阻力及作用时间，有利于减少阻力冲量。

（3）脚着地时，应该力求减小脚与跑道的相对运动速度。这个技术动作有利于减小脚与跑道的撞击作用，因而减少阻力作用。这个技术动作还有利于脚着地后的伸展髋关节动作。

2. 如何增大动力冲量

（1）蹬地力冲量的产生。

对蹬地力曲线的分析说明，动力冲量（图 8-2-6）是由两种技术动作产生的，在缓冲阶段，支撑腿膝关节做退让工作。因此该阶段的冲量（a）是伸膝关节肌群做退让式收缩，由摆动动作的惯性力产生的。它的大小取决于摆动动作的效果和膝关节的退让性收缩能力。冲量（b）是在前面动作的基础上，由膝、踝关节的伸展动作产生的。它的大小主要取决于膝、踝关节肌克制性工作能力及摆动动作的加速度。

上述分析说明，蹬地力是由摆动及蹬伸两种技术动作产生的，而且支撑腿是以退让与克制两种收缩形式完成蹬地动作的。

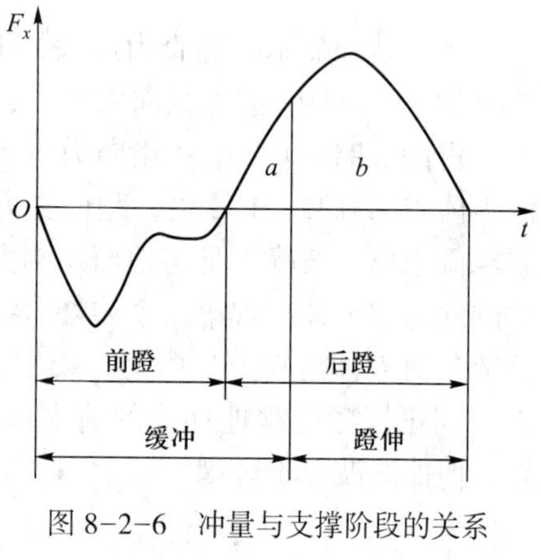

图 8-2-6 冲量与支撑阶段的关系

（2）增大动力冲量的动作技术。

做好全身整体蹬摆动作的结合，加大缓冲动作幅度，使膝、踝两关节的伸展动作幅度增大，能减小后蹬角，从而增大蹬地力的水平分力及冲量，使动力冲量增加。

加速跑时纵向力的冲量 $F_z t$ 明显大于途中跑时的纵向力冲量，并有逐步减少的趋势。这是由于加速跑时身体前倾幅度大，有利于获得纵向力的冲量。因此，为了获得尽可能大的加速度，以及在途中跑阶段保持最大速度，人体需要尽量减少制动冲量，增大动力冲量。

三、起跑的生物力学分析

起跑姿势主要包括两种：站立式与蹲踞式。目前长跑运动员常采用站立式，短跑运动员一般选用蹲踞式。这里重点对蹲踞式起跑姿势进行分析，采用这种起跑姿势，有三点优势：① 可以尽量减小人体向前的稳定角，有利于人体快速突破人体原有的静止平衡状态；② 可以给下肢动力肌群一个适当的初长度，使肌肉收缩时产生较大的力量，同时还可以提高肌肉的弹性势能；③ 可以增大蹬地力的水平分力，有利于人体水平速度的增加。

（一）起跑的运动学

用起跑器起跑，可使人体获得牢固的支撑，改善腿的用力情况。在预备时，肌肉拉长到适宜初长度，提高“预张力”，使肌肉提前进入工作状态，从而在蹬离起跑器时获得更大的速度。双手离地时，人体在重力矩的作用下会以脚为支点向地面转动，但正确的起跑姿势不会使人体倒向地面，人体会受到起跑器或地面给人体的支撑反作用力 N，该力在人体重心的前下方通过，根据力的平移定理，可知该力给人体一个向后转动的力矩 M，此力矩抵抗重力矩使人体不会向前倾倒（图 8-2-7）。

图 8-2-7　起跑时的地面反作用力及力矩

研究资料表明，高水平运动员起跑姿势的生物力学参数非常接近。因此其数据可作为起跑姿势的一般模式（表 8-2-3）。

▶ 表 8-2-3 起跑姿势及运动学特征

环节角度	波动范围	距离长度	鸣枪至完成动作时间
躯干前倾 104°	98°～112°	重心高度 60～66 cm	反应潜伏期 0.10～0.18 s
前膝角 100°	92°～105°	前起跑器距起跑线 40～45 cm	两手离地 0.20～0.22 s
后膝角 129°	115°～138°	后起跑器距起跑线 70～80 cm	后足离地 0.25～0.30 s
两侧上臂夹角 34°	27°～40°	重心投影距起跑器 15～25 cm	前足离地 0.38～0.48 s

（二）起跑的动力学

起跑瞬间人体重心迅速前移，打破平衡状态，获得一个向前的加速度，水平越高的运动员身体重心的水平加速度越大。这与重心至起跑线的水平距离有关。高水平运动员身体重心至起跑线的水平距离较短，两臂承受的体重较大，因而可以获得较大的蹬起跑器水平分力。

运动员蹬起跑器的效果，可通过蹬地力的大小和用力时间来评价，即用蹬地力冲量来表示：

$$I=\int_{t_0}^{t_1} F_1 \mathrm{d}t+\int_{t_1}^{t_2} F_2 \mathrm{d}t$$

I 为两腿的蹬地力冲量，$t_0 \sim t_1$ 为后腿蹬起跑器的时间，$t_1 \sim t_2$ 为前腿蹬起跑器的时间，F_1 和 F_2 为前、后腿蹬起跑器的力。起跑蹬地时的力的特征如图 8-2-8 所示。后腿蹬地力的作用时间短，力的曲线只出现一个波峰，是典型的冲力形式。前腿蹬地力的曲线有三个波峰。第一个波峰与后腿的峰值相对应，也就是运动员在听到鸣枪后，两腿同时用力蹬起跑器产生的；第二个波峰是后腿加速前摆产生的；第三个波峰是由前腿进一步积极蹬伸，前腿承担身体重量造成的。从图 8-2-8 中看到，前、后腿蹬地力的 F_x 值明显大于 F_z 值，它们之间为 2∶1 的关系，因此蹬地时可以形成很小的一个蹬地力角。据资料统计，短跑起跑时，优秀运动员水平分力 F_x 可以达到自身体重的 1.5 倍。所以，良好的水平分力和蹬地力角，提供了短跑起跑时获得最好的水平加速度的力学条件，能使人体获得较大的水平加速度，身体重心水平速度在极短时间内迅速提高。这就是蹲踞式起跑的优势。

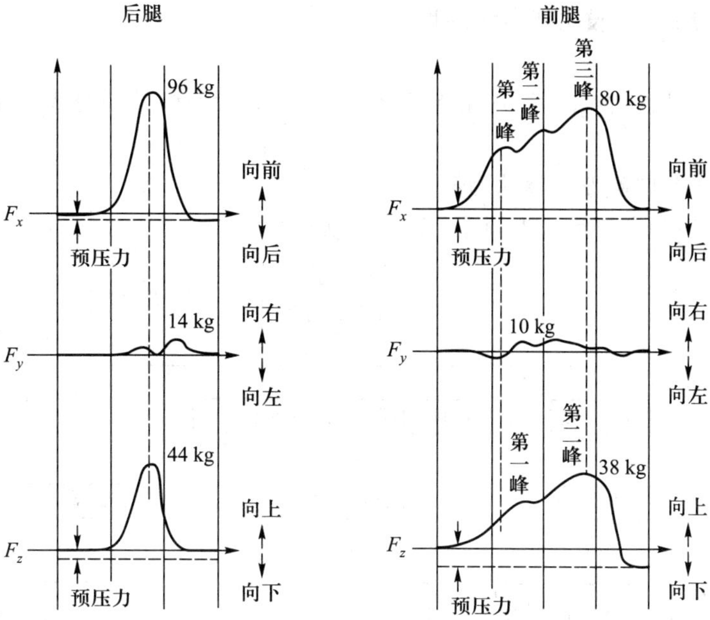

图 8-2-8　起跑的蹬地力曲线

第三节　跳的生物力学

跳也是人体的基本运动技能之一，目的是使人体克服重力在空间产生位移，属于周期性和非周期性相结合的运动项目，体育运动项目要求达到最大高度（跳高、撑杆跳高），或最大远度（跳远、三级跳远），或同时要求高度及远度（体操的跳马）。同时依据有关竞赛规则，使已经获得的位移得到最有利的承认，如在高度跳跃中，力求使身体越过的高度接近或超过身体重心所达到的最大高度；在远度跳跃中，运动员力求在身体不后倒的情况下使两腿尽可能远地着地。多种多样的跳跃练习，如单脚跳、跨步跳、蛙跳、立定跳远、纵跳、蹲跳起、助跑跳跃摸高等，是发展跳跃能力、锻炼身体、学习和掌握跳跃技术的基础手段。通过跳跃运动技术和技能的学练，能够发展弹跳力和身体协调性，发展和提高运动能力。

一、跳的一般生物力学原理

跳的一般生物力学原理是指各种跳跃项目都具有的共同的基本规律。

(一)影响跳跃成绩的因素

这里以跳高、跳远为例介绍影响跳跃成绩的因素(图 8-3-1)。

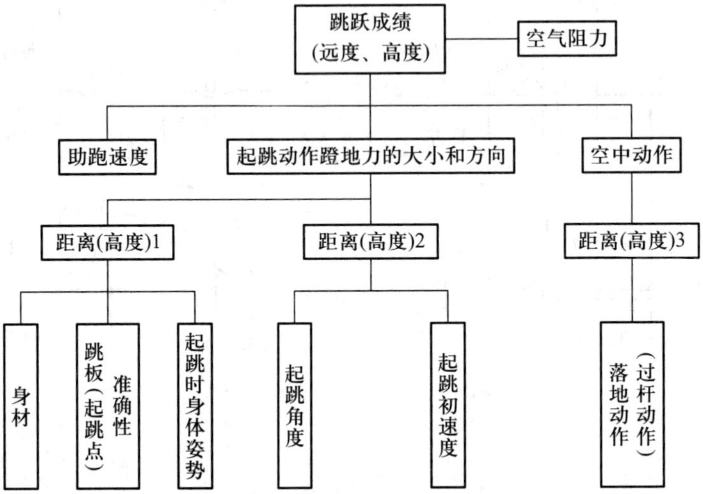

图 8-3-1　影响跳跃成绩的因素

(二)助跑的生物力学分析

好的助跑是成功的起跳的前提条件，而成功的起跳是好的助跑的结果，只有助跑与起跳密切配合才是完整的跳跃技术。助跑的作用在于起跳前赋予人体适宜的运动速度，使人体获得动能。这样在起跳过程中可以缩短起跳时间，提高肌肉的势能以及为增强起跳力创造条件。即为起跳时身体处于最佳姿态作好准备，形成运动员与起跳板相互作用的最佳条件。

1. 助跑速度是起跳人体腾起速度的重要组成部分

在各项跳跃项目的起跳过程中均存在制动。起跳结束时，人体运动的水平速度均减少(跳远减少 10%~15%，跳高减少 60% 以上)，但增加了竖直速度。人体腾起水平速度，主要来自助跑速度。跳高腾起的高度主要依赖于自然弹跳力，而水平速度更多地取决于助跑速度。因此，助跑速度对运动成绩有十分重要的影响。

2. 为缩短起跳时间和增大起跳力创造条件

起跳时间与助跑速度和跳远成绩呈负相关。助跑速度越快，起跳时间越短。这是因为起跳是在身体具有一定运动速度的情况下进行的。在其他条件（如起跳动作幅度）不变的情况下，缩短起跳时间能提高跳跃的高度或远度。

在起跳过程中身体运动速度的损失，是起跳力的制动分力冲量作用的结果。随着助跑速度的增加，制动冲量也会相应增加。因此助跑速度的增加，增大了起跳腿的肌肉载荷，引起肌肉收缩力（离心收缩）的相应增加，这实际上增大了起跳力。

3. 提高肌肉的弹性势能

起跳的缓冲阶段，下肢肌肉做离心收缩，因此肌肉储存了弹性势能。而助跑速度越大，地面的制动及起跳腿的载荷也越大，缓冲阶段肌肉储存的弹性势能也越大。

（三）起跳的生物力学分析

起跳是依靠起跳腿的缓冲、蹬伸动作，以及摆动腿、上肢的积极摆动，配合躯干的充分伸展完成的。

起跳的目的是使人体在保持一定水平速度的情况下，获得尽可能大的竖直速度。为了取得良好的比赛效果，还必须使人体获得适宜的角动量。由起跳力—时间曲线（图 8-3-2）可知，不论是跳高还是跳远的起跳动作，其起跳力冲量均是通过助跑获得的。水平速度 $\left(\Delta v_x = \dfrac{-F_x \cdot \Delta t}{m}\right)$ 下降，竖直速度 $\left(\Delta v_y = \dfrac{-F_y \cdot \Delta t}{m}\right)$ 增加。所以起跳动作的实质是使运动员获得尽可能大的竖直速度，同时使其水平速度的损失保持在合理的范围内。

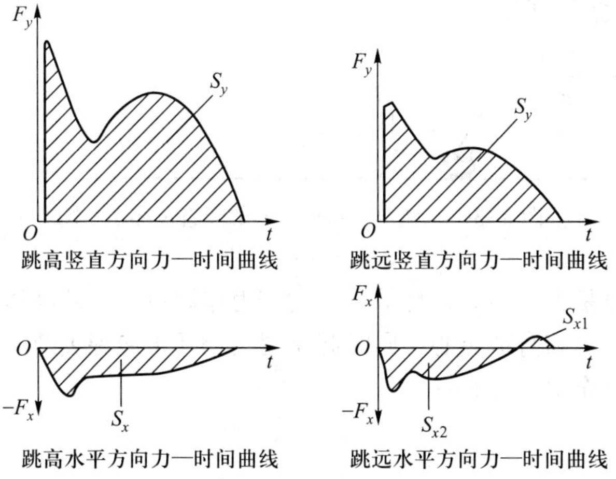

图 8-3-2 跳高与跳远起跳竖直方向和水平方向力—时间曲线

在起跳过程中，设人体重心在竖直方向上做匀加速运动，并且在起跳开始瞬间人体竖直速度为 0，有

$$v_y = a_y t$$

$$H = \frac{1}{2} a_y t^2 = \frac{1}{2} v_y t$$

因此

$$v_y = \frac{2H}{t}$$

在这里 H 为起跳过程中身体重心升起的高度，t 为重心做竖直加速运动的时间，v_y 为起跳结束时人体重心竖直方向的运动速度。

由以上分析可知，在起跳时增大重心上升的高度或缩短起跳时间，均可增大起跳结束时重心向上腾起的速度。

1. 增大重心上升的高度

以跳高为例，在缓冲阶段起跳腿的屈曲下蹲动作，使身体重心下降。因而增加了起跳过程中身体重心的竖直位移（图 8-3-3）。

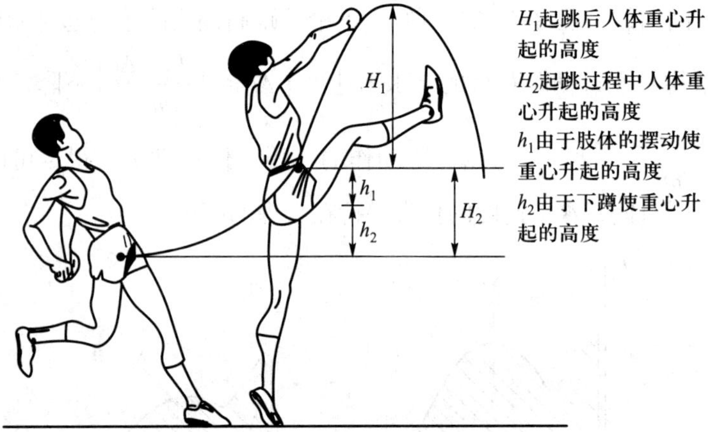

图 8-3-3 跳高时身体重心的竖直位移示意图

人体重心是人体各肢体环节重力的合力作用点，因此肢体向上的摆动动作可大幅度地提高身体重心，同时起跳腿的提踵（屈踝关节）对身体重心的升高也起重要作用（表 8-3-1）。

▶　表 8-3-1　摆动动作对人体重心高度的影响

（单位：cm）

性别	摆臂	摆腿	提踵	合计
女	5.02	6.40	8.27	18.69
男	6.37	6.11	5.06	18.54

2. 缩短起跳时间

如前所述起跳时间与助跑速度和跳高成绩呈负相关。由力学原理可知，减少起跳时间能提高人体腾起速度的原因，是其增加了力作用的功率。所以必须采用合理的起跳技术，才能保证起跳力的发挥及合理利用。

二、对跳高的生物力学分析

（一）跳高成绩的组成

图 8-3-3 表明运动员的跳高成绩由三个分量组成，即 H_1、H_2 和 H_3（其中 H_3 为过杆时身体重心与横杆之间的距离，一般为负值），它们占横杆高度的百分比约为 68.5%、36.6% 和 −5.1%。影响各分量的因素及它们之间的关系如图 8-3-1 所示。

（二）跳高助跑技术的生物力学分析

助跑应能使运动员从一种与自己的能力及技术相协调的速度进入最理想的起跳位置。弧线助跑和直线助跑各有千秋。弧线助跑存在弧度不易固定、步点不易准确、助跑不易丈量和起跳时容易造成过早转体倒肩等问题。但是弧线助跑的积极因素，特别是对于背越式跳高的起跳、过杆等动作结构，却是非常必要的，概括起来有以下几点：

（1）降低身体重心。背越式最后 3~4 步弧线跑，因身体承受离心力作用，身体向弧心倾斜，半径越短跑速越快，人体内倾越大，这就自然降低了身体重心。重心降低，自然增大了起跳时的工作距离。

（2）弧线助跑在起跳时有一个身体由内倾转向竖直的运动，其所产生的法向加速度 a_1 可以加大支撑点的压力，增加起跳效果；所产生的切向加速度 a_2（即离心加速度）有助于向横杆方向运动。这是身体起跳后水平方向的主要动力。

（3）由于助跑弧线的曲率半径逐渐缩小，在起跳时人体可以获得向横杆转动的角动量，此角动量正是人体沿横杆转动的动力，不需太大偏心推力。蹬地时的支撑反作用力更多用在竖直方向上，从而增大 H_2 值，提高起跳效率。

（4）弧线助跑时，由于身体内倾，容易避免起跳时过早倒向横杆。

（三）跳高起跳技术的生物力学分析

这里讨论运动员使用较多的背越式跳高起跳，助跑倒数第二步时，支撑腿以全脚掌着地，步幅稍大，重心稍下降，同时摆动腿积极前迈，向前上方推送髋关节，上体稍后仰，保持内倾；当起跳腿踏上起跳点时，摆动腿顺势上摆，同时摆臂向上；起跳腿迅速蹬伸髋、膝、踝关节，起跳腿的异侧臂上伸，躯干充分伸展，整个身体几乎与地面垂直。

摆腿和摆臂在起跳中占有极为重要的地位，摆动的意义有以下 5 点：

（1）可以提高起跳离地瞬间的身体重心高度 H_1。

（2）迈步放脚时由于向上摆动作用，可以增加起跳腿的制动效果。

（3）人体向上的摆动引起的相向运动可加大支撑反作用力。

（4）向上摆动动作的制动，能够增大竖直速度。

（5）摆动动作是完成起跳的先导，是身体腾起后绕纵轴旋转的桥梁。

起跳时间与起跳姿势有关，俯卧式为 0.174~0.265 s，背越式Ⅰ型（两臂依次摆动，摆动腿屈膝）的起跳时间为 0.120~0.200 s，背越式Ⅱ型（两臂同时摆，摆动腿直腿）的起跳时间为 0.170~0.230 s。

运动员肌肉成分与起跳时间有关（图 8-3-4），但与跳高成绩相关不明显。也就是说快肌多的运动员起跳时间较短，而慢肌多的运动员起跳时间较长，但这两种运动员都可获得较好的成绩。所以可依据运动员肌肉成分的特点，采用相应的起跳技术。即快肌多的运动员采用背越式Ⅰ型起跳技术，慢肌多的运动员采用背越式Ⅱ型起跳技术。

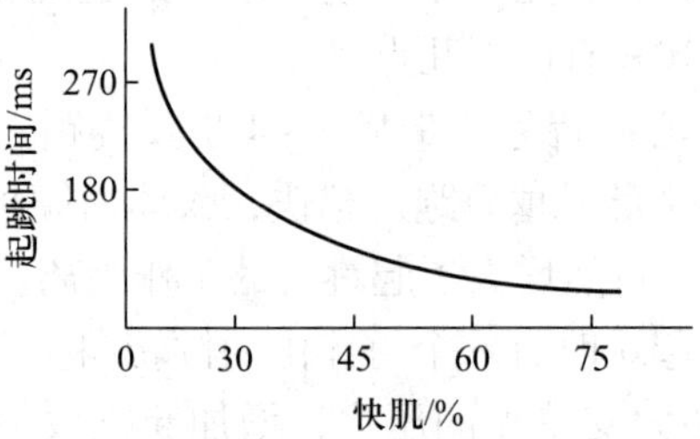

图 8-3-4 起跳时间与快肌百分比的关系

（四）跳高过杆技术的生物力学分析

跳高起跳离地后，身体绕垂直轴转动成背对横杆，起跳腿下垂，摆动腿逐渐放下；当头和肩越过横杆后，迅速沉肩，两臂置于体侧，髋关节向上挺起，形成“背弓”，这时两膝自然弯曲、分开，小腿自然下垂；当髋关节过杆之后，肩继续下潜，稍抬头，收腹，抬大腿，小腿自然上甩，使整个身体过杆（图 8-3-5）。

跳高姿势

图 8-3-5 跳高过杆示意图

运动员腾越横杆时必须具有一定的角动量，为了产生足够的外力矩，在起跳时运动员往往过早倒向横杆，而这又影响了起跳效果，这也是跳高运动员普遍存在的技术缺点。实际上在起跳时，由于运动员具有指向横杆的运动速度，在起跳过程中会产生很大的背向横杆的偏心制动力，并由此产生外力矩，形成使身体倒向横杆的角动量。因此，一些优秀运动员起跳时并不过早倒向横杆，其两臂及摆动腿向前上方摆动，腾起瞬间身体重心在起跳点的正上方。这样的起跳技术较合理，既利用了起跳力，又有足够过杆的角动量（图 8-3-6）。

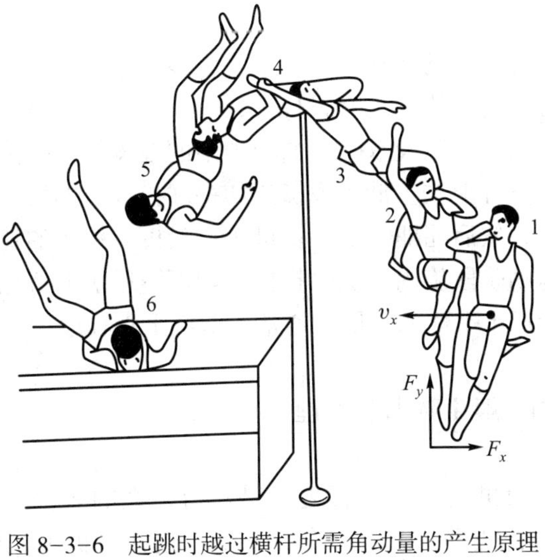

图 8-3-6 起跳时越过横杆所需角动量的产生原理

随着运动技术的发展，出现了各种跳高的过杆姿势，在跳高者所具备的条件基本相同的情况下，采用不同的过杆技术，跳过的高度有可能不同。一般情况下，身体重心离横杆距离越近，跳的高度越高。因此，运动员都努力选择使身体重心贴近横杆的过杆姿势。跳高运动发展到今天，事实证明了身体重心理论的正确性，背越式跳高的出现也是这一理论运用的结果（表 8-3-2）。

▶ 表 8-3-2 运动员腾越最大高度时重心达到的最大高度与横杆之间的距离

跳高姿势	身体重心与横杆之间的距离 / cm
跨越式	25~30
剪式	15~20
滚式	10~15
俯卧式	5~10
背越式	0~5

第四节 投掷的生物力学

投掷是指通过手臂的快速发力由手将物体抛射至空中，以获得一定的距离或准确性。常见的投掷运动有投标枪，掷铁饼，推铅球，棒球、垒球中的投球，篮球的投篮、传球及水球、曲棍球中的投掷等。投掷运动通常分为低手、上手和侧手三种形式。低手投掷（如垒球投球）的特点是肩关节超过水平位的充分伸展，然后屈曲。上手投掷（如投掷标枪）的特点是上臂在准备阶段旋外，在运动阶段旋内。侧手投掷（如掷链球）的特点是骨盆和躯干的转动及手臂在接近水平面的外展，通常近似绕垂直轴运动。

一、投掷的一般生物力学原理

体育运动中投掷的主要目标之一是获得最大的射程。田径的 4 个投掷项目铅球、链球、铁饼、标枪都有此要求。这些投掷项目的任务是在投掷过程中，运动员将身体各部分的作用集中到投掷臂对器械施力，以最大的速度及最佳的初始条件将器械投出，力求将器械投掷到最大的远度。合理的投掷技术，是把全身的力作用于投掷器械尽可能长的距离或尽可能长的时间，使器械获得较大的出手速度。本节以推铅球为例阐述投掷运动的基本规律。

（一）影响投掷成绩的因素

影响投掷成绩的因素有多种，如图 8-4-1 所示。

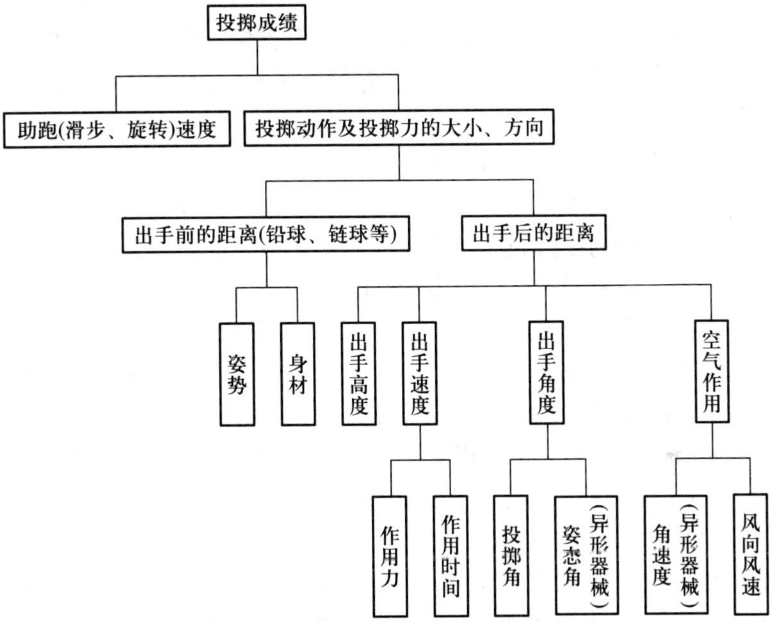

图 8-4-1　影响投掷成绩的因素

投掷动作过程分为助跑（滑步、旋转），最后用力（超越器械）和缓冲等动作阶段。对于投掷器械而言，有些项目如铅球，运动员在最后用力阶段已获得一定距离。一般受空气动力学作用较小的投掷物（如铅球、链球）的飞行，可用斜抛运动进行描述和分析。由于出手点高于落地点，因此投掷物的飞行远度取决于出手速度、出手角度及出手高度。而受空气作用明显的投掷物（如标枪、铁饼）的飞行还与投掷器械出手时刻的姿态（如迎角、姿态角）、运动状态（如标枪的旋转及俯仰角速度）及其物理特性（如标枪的固有振动频率、转动惯量、重心与空气压力中心的位置）有关。

（二）投掷的基本原理和规律

投掷的实质是人体在具有预先速度的基础上，通过投掷臂对器械施力做功，将器械以最佳的初始条件投出。在投掷过程中还实现了肌肉势能的释放及人体动量向器械的转移。投掷动作是由人体各环节的活动完成的，运动员将身体各部分的作用力集中和传递到投掷臂，最后作用于器械。在投掷过程中身体各部分的活动表现出一定的规律性，这些规律和原理主要有以下几个方面。

1. 关节活动的顺序性原理

人体运动时大关节先活动，小关节后活动的原理称为关节活动的顺序性原理。由于人体的下肢力量大，并支撑着身体，所以在投掷时人体各环节按照由下而上的方式及时间顺序进行活动。只有这样才能产生良好的投掷效果。

2. 人体各环节同时结束用力状态的特点

在投掷过程中，下肢稳固的支撑才能保证人体对投掷方向产生良好的用力状态。因此正确的投掷技术，在表现出大关节带动小关节活动的同时，还应表现出大、小关节同时结束用力状态的特点。

3. 预先拉长肌肉作用原理

在完成大多数投掷运动时，环节通常先向相反方向运动，使投掷用力的主动肌群被动拉长到一个合适的长度，一方面存储了弹性势能，另一方面也赋予了肌肉合适的初长度，根据肌肉力学原理（肌肉收缩的长度—张力曲线），可使肌肉在收缩时产生最大的力量。

4. 转动惯量最小化原理

投掷时，任何关节的运动，应当在远端转动惯量最小的位置开始。如在投掷标枪中，最后用力阶段开始时肘关节屈曲，以减小肘臂和标枪绕肩关节转动的转动惯量。增大肩关节转动速度，提高鞭打用力效果。

5. 延长加速距离原理

要获得较大的机械能，据功能原理（$\Delta E = Fs$），可通过增加力的大小和力的作用距离获得。在投掷过程中运动员的最大力量要靠力量训练来完成，故在投掷过程中对技术的考虑主要是增加力的作用距离。如投掷标枪的超越器械动作（图 8-4-2）是典型的增加力的作用距离以增大投掷器械的初速度的动作。

超越器械动作的加速距离与时间

图 8-4-2 投掷标枪的超越器械动作

6. 身体重心位移及速度变化的规律

在投掷过程中，身体重心在投掷方向位移不间断的特点，是人体给投掷物产生良好施力状态的必要条件。如果身体重心在投掷方向的位移出现停顿，就会影响人体给予器械的作用力的发挥，使投掷远度下降。因此在投掷时，躯干及非投掷臂不应向后移，而应积极向投掷方向移动。在投掷时身体重心速度应有明显下降的现象，这是为了在投掷过程中较好地实现动量传递及产生巨大推力。身体重心速度应有明显下降与重心位移不间断的要求，两者之间并不矛盾。因为重心位移间断，表明用力“间断”或“停顿”，而重心速度下降仅表明位移量下降，而并不间断。

7. 动能与势能的正确利用

助跑使运动员投掷器械时具有动能，而超越器械动作又使运动员进行投掷用力的肌肉具有势能。高水平运动员在完成投掷运动时有效地利用了助跑速度，在助跑与原地投（标枪）的速度方面，表现为高水平运动员差别大，而低水平运动员差别小。而高水平运动员与低水平运动员在原地投掷的远度方面差别不大。另外高水平运动员在超越器械动作阶段的时间短，身体背弓大，而且标枪被充分引向身体后方。以上说明高水平运动员在投掷过程中，较好地利用了身体的动能及弹性势能。因此，如果在投掷过程中运动员能正确地利用和掌握人体的动能和肌肉弹性势能的传递及转化规律与技巧，就会增加投掷远度。

超越器械时肌肉所产生的弹性势能，能否有效地转化为标枪的动能，则取决于肌肉由离心收缩转为向心收缩的转换时间，其时间间隔越短，势能的利用率越高。这一原则是由肌肉被拉伸（做离心收缩）后，其张力随时间的延长而下降的松弛特性决定的。因此，在超越器械动作与投掷动作之间不应有时间上的延误。这也是高水平运动员与低水平运动员技术差别之一。

（三）投掷助跑的生物力学分析

研究发现助跑投掷标枪的成绩明显优于原地投掷标枪的成绩。优秀运动员滑步或旋转推铅球可比原地远 1.5~2.5 m，掷铁饼可远 8~12 m。由于助跑可以使运动员在投掷时具有动能，改善了投掷条件，有助于增加投掷远度。助跑的作用有以下几点：

1. 增大投掷时器械的初速度

助跑可以使身体与投掷物具有一定的运动速度，由于助跑速度可与投掷速度叠加，因而提高了器械的初速度，最后增加了器械的出手速度。如铅球的投掷成绩为 20 m 时，其出手速度为 15 m/s，其中通过滑步铅球获得 2.5 m/s 的速度，通过投掷获得 12.5 m/s 的速度。

2. 提高肌肉的弹性势能

各项投掷项目都用超越器械动作最后用力，由助跑向投掷动作衔接过渡。超越器械动作，从形态上看是把器械留在身体后面，增大投掷用力的“工作距离”。而从肌肉工作性质上看，是使肌肉在做投掷动作之前，先做离心收缩。如超越器械时运动员所做的背弓和躯干的扭转，使进行投掷用力的肌肉拉伸产生肌肉的弹性势能。因此助跑使身体获得动能，在做超越器械动作时有部分转化为肌肉的弹性势能并在投掷最后用力过程中释放，增大了标枪的出手速度。

3. 为人体动量向器械转移创造条件

助跑使人体具有一定大小的动量，而投掷过程是运动员与器械之间的相互作用。在投掷臂对器械施力过程中，也就是在相互作用过程中实现了人体动量向器械的传递和转移。

二、推铅球的生物力学分析

推铅球是田径运动的投掷项目之一，它对增强体质，特别是发展躯干和四肢的力量有显著的作用。自有铅球竞技运动至今，有 4 种推铅球技术为不同时代的运动员所采用。他们是原地推铅球、侧向滑步推铅球、背向滑步推铅球和旋转式推铅球。本节以背向滑步推铅球（右手）（图 8-4-3）为例进行推铅球的生物力学分析。

图 8-4-3　背向滑步推铅球

（一）推铅球的运动学

1. 铅球的出手条件参数

（1）出手速度。

出手速度取决于作用于铅球的力的大小、方向及力的作用距离（力的作用时间），可以用以下公式表示：

$$v=\sqrt{\frac{2Fs}{m}}=\frac{Ft}{m}$$

式中：v 是出手速度；F 是作用于铅球的力；t 是力的作用时间；s 是力的作用距离，m 是铅球的质量。作用于铅球的力的大小取决于运动员的身体素质和用力阶段的身体位置，而力的作用效果是由力的作用时间或距离来体现的，由于增大作用距离的可能性受到投掷圈的限制以及铅球的质量较大，因此增大爆发力变得尤其重要。

（2）出手高度。

出手高度取决于运动员的身高、手臂长度、身体机能和训练技术水平，在其他条件相同的情况下，出手高度的增加可以使投掷距离增加。

（3）出手角度。

由于投掷铅球运动是抛射点高于落地点的抛体运动，故其最佳的出手角度不是45°，一般推铅球的出手角度小于45°，为37°~41°。出手高度增加，最佳出手角将下降，反之亦然。铅球的出手角度还取决于出手速度，出手速度增加，出手角度的最佳值将增大。

2. 铅球出手前合理的运动轨迹

铅球的出手速度是在推铅球运动的各阶段中铅球获得的速度的矢量和。由于推铅球的滑步阶段和最后用力阶段，速度矢量指向不同的方向，如果这种指向缺乏直线性，则会影响铅球的出手速度。目前，大多数优秀运动员通过降低铅球在开始时的高度，保持铅球轨迹在用力的垂直面内形成直线，从而使铅球的运动速度增大。该方法可使人体重心进行平稳的大幅度启动，启动后重心持续上升。这种启动姿势在大多数采用旋转技术的优秀运动员中也能见到，他们通过屈膝和身体前倾来降低铅球的位置。

3. 身体各环节的运动特征

铅球的运动速度是身体各环节——腿、躯干和手臂共同活动及其速度合成的结果。推铅球时主要身体环节都采用绕近端关节轴转动和随关节运动两种运动形式。手和铅球的速度是肩关节和肘关节的矢量和。从生物力学的观点来看，运动员在完成打击运动、投球以及投掷铅球、铁饼和标枪时，通过身体环节从近端向远端依次积极活动，能使物体获得最大速度。

（二）推铅球的动力学

1. 铅球的受力特征

直接测量作用于铅球的力比较困难，一般通过铅球的质量与其加速度的乘积估计力的大小。研究发现，铅球最后用力阶段的加速度—时间曲线斜率前半部分较小，后半部分明显增加。在此阶段加速度值出现两次下降，第一次出现在手臂开始伸展的最后用力中期，第二次出现在铅球出手前。作用于铅球的水平分力和竖直分力也具有波浪形特征。水平加速度在滑步时开始下降，结束时由于躯干的伸展而增加，在左腿着地时快速增加，在投掷臂伸展前达到最大值。竖直加速度在滑步结束前减小，在左脚触地瞬间及减速阶段再次减小。

2. 人体的受力特征

运动员的身体运动速度随作用于人体的力的变化而变化。在开始阶段作用于右脚的地面反作用力的竖直和水平分量先逐渐增加，然后突然降至 0（图 8-4-4）。在优秀运动员中，这种逐渐增加和突然下降更明显。相对而言，低水平运动员的力—时间曲线具有波动性的特点，反映出其左右腿活动的同步性较差。

在最后加速阶段，对作用于右脚的地面反作用力的水平和竖直分力的测量表明其曲线是波动的，曲线变化与运动员的运动技术水平有关（图 8-4-5）。竖直分力有两个峰值，其数值随后逐渐下降，直至脚离开地面。第一个峰值力的大小直接与滑步技术和右腿随后的运动有关。高水平铅球运动员脚与地面接触时快速有力，故其竖直力曲线的初始阶段比低水平运动员更陡峭，可以说竖直力的增加率比其峰值更能反映运动员的技术水平。在竖直分力的第一次峰值后，有一个很小的下降，随后又开始增加。随着技术水平的提高，第一次峰值后的下降数量减少，同时第二次峰值继续增加。第二次峰值对应右膝关节开始伸展时相。作用于右脚的地面反作用力的水平分力（沿投掷方向的）两次改变其方向。在滑步后右脚着地时，反作用力的方向指向投掷圈后方；然后改变方向，指向投掷方向，这有利于右脚向投掷方向运动；最后在右脚离地前瞬间，水平分力再次改变方向。

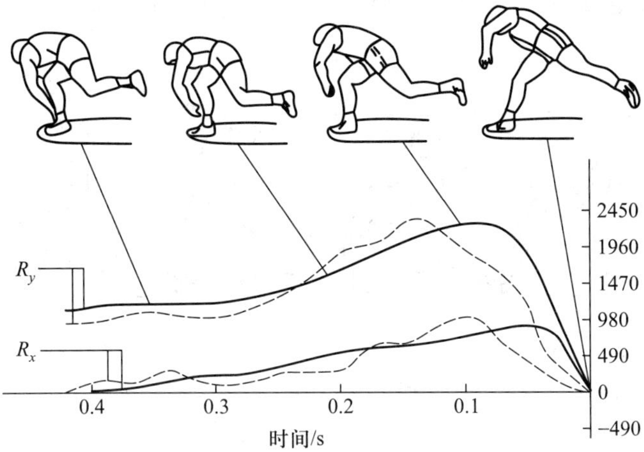

图 8-4-4　推铅球开始阶段作用于右腿的水平（R_x）和竖直（R_y）地面反作用力

注：实线表示优秀运动员（成绩 19.60 m）；虚线表示水平较差的运动员（成绩 13.50 m）。

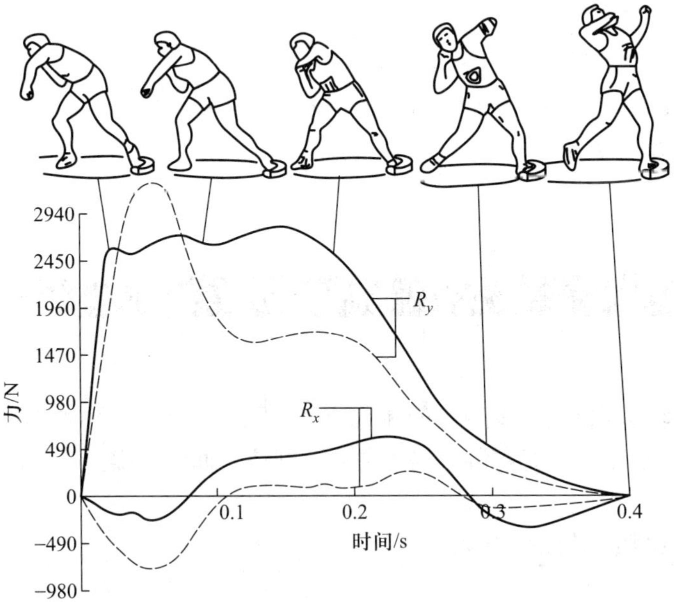

图 8-4-5　最后用力阶段作用于右脚的水平（R_x）和竖直（R_y）地面反作用力

注：实线表示优秀运动员（成绩 19.60 m）；虚线表示水平较差的运动员（成绩 13.50 m）。

左脚蹬地产生的竖直和水平分力曲线如图 8–4–6 所示。水平分力指向侧面，它能使运动员向前的运动速度降低。在最后阶段的力的作用中，左脚阻碍了人体向前的运动，但同时有利于系统质心的升高。优秀运动员的竖直和水平分力高而陡，而且在缓冲阶段（着地后膝关节弯曲）力下降较小。左腿产生的阻力冲量大于右腿，故左腿的制动和支撑相对较为困难。

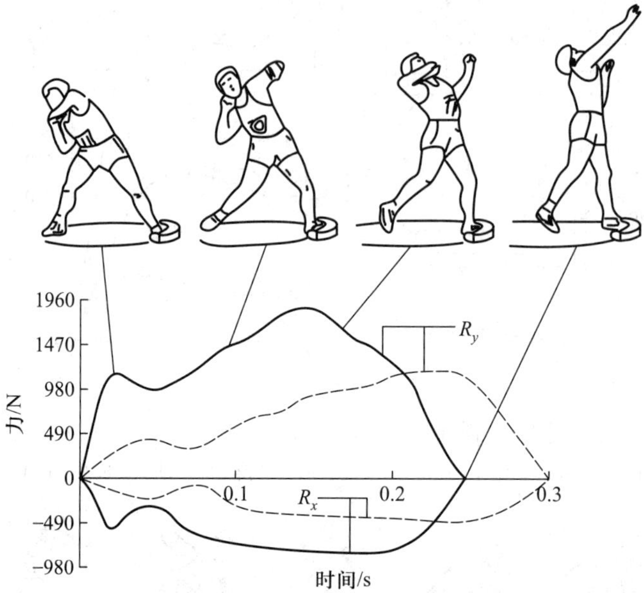

图 8–4–6 最后用力阶段作用于左脚的水平（R_x）和竖直（R_y）地面反作用力

注：实线表示优秀运动员（成绩 19.60 m）；虚线表示水平较差的运动员（成绩 13.50 m）。

第五节 游泳的生物力学

游泳运动项目是老少皆宜的体育项目，除了潜泳，人体都是在水和空气的共界面上运动的。竞赛游泳姿势主要有蛙泳、仰泳、蝶泳、自由泳。

一、影响游泳成绩的因素

游泳速度主要取决于游泳过程中所受到的流体力学因素的影响。以自由泳为例，影响游泳成绩的因素见图 8–5–1。

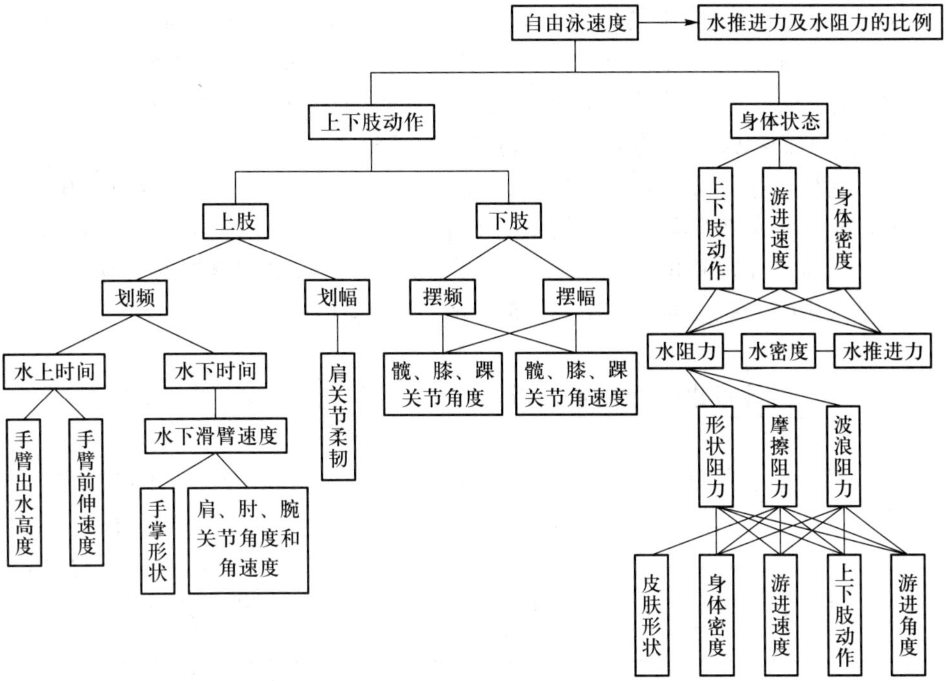

图 8-5-1 自由泳成绩影响因素

二、游泳出发动作技术分析

在竞技游泳项目中，除了仰泳不从出发台出发，蝶泳、蛙泳和自由泳均从出发台出发。这里只讨论从出发台出发的动作技术。

从出发台出发的动作技术可分成摆臂式出发动作和抓台式出发动作两种。摆臂式出发动作简单，蹬离出发冲量大，跳得较远；而抓台式出发动作重心较低，重心垂线接近池边，向池内倾倒的稳定角小，但整体保持平衡的稳定性好。抓台式动作反应速度快，离开出发台快。两种出发动作的实际效果相当。目前，在比赛中抓台式出发动作采用较多，摆臂式出发动作在接力出发中有采用。

摆臂式出发动作离台后腾空较高，抛物轨迹较远，入水时身体纵轴与水平面之间的角度为 15° ~20° 。抓台式出发动作离台腾空较低，抛物轨迹较近，入水时身体纵轴与水平面之间的角度约为 10°。

摆臂式出发动作和抓台式出发动作离台腾空都有两种姿势，一种是在离台腾空时由屈体动作入水，另一种是在离台腾空时伸直身体平直入水。相应前一种腾空动作叫洞式入水，后一种腾空动作叫平式入水。洞式入水身体纵轴与水平面夹角一般为 30° ~40°，入水深，入水时人体截面积较小，因而水的阻力小。平式入水身体纵轴与水平面夹角为 10° ~20°，入水浅，入水时人体截面积大，水的阻力大，但水平速度较大。

对同一个体而言，不管哪种出发动作及入水姿势，从出发台到 10 m 处所用时间不存在显著差异。但不同个体之间差异比较大，如入水距离（运动员手入水点至池边的距离）男子可达 3.50 m，但入水距离近的只有 3.00 m，女子入水距离最长的为 3.20 m，最近的只有 2.40 m。

三、游泳推进动作技术分析

以自由泳为例，游泳运动员靠上肢的划水动作和下肢的打水或蹬水动作获得游泳运动的推进力（图 8-5-2），尤其是手划水动作是推进力的主要来源。游泳推进力学的任务就是讨论升力和阻力在推进力中所占的比例及其作用、讨论划水的合理路线，从理论上为游泳的技术训练提供依据。

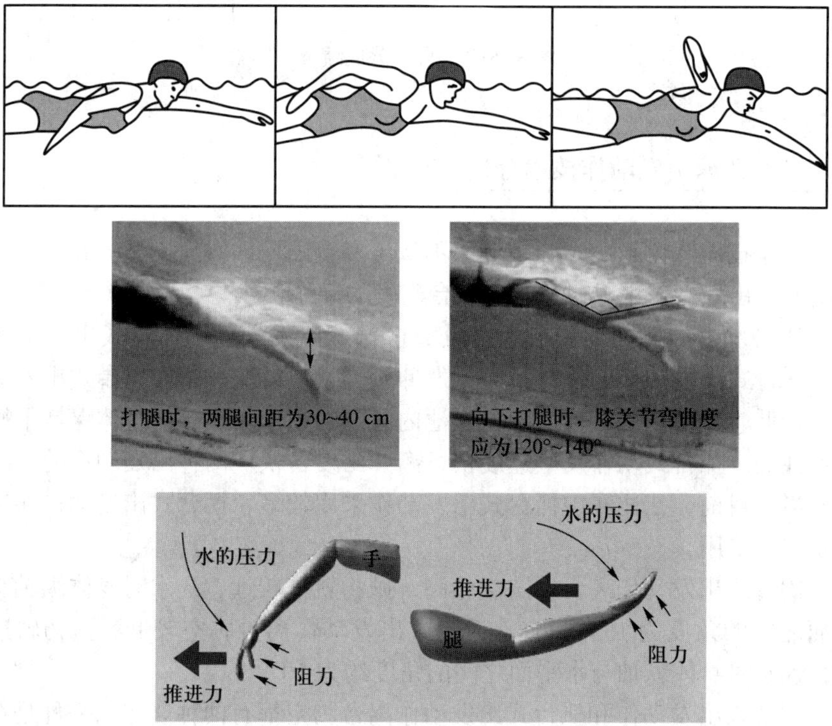

图 8-5-2 游泳的推进力示意图

（一）划水动作技术分析

1. 手的受力和手的升阻系数

图 8-5-3 表示运动员沿 Oz 方向游进，翼状形表示手的横截面，当它沿 v 的方向划水时，受到水的作用力 R，将 R 分解为与 v 的方向相垂直的升力 L 及与 v 的方向相反的阻力 D，那么，由图可知，升力 L 和阻力 D 在 Oz 方向上的分量都可以成为游泳运动的推进力，即游泳推进力的本质就是肢体动作产生的升力和阻力，它们的大小可分别用下列两式来表示：

$$L=\frac{1}{2}C_L\rho Sv^2$$

$$D=\frac{1}{2}C_D\rho Sv^2$$

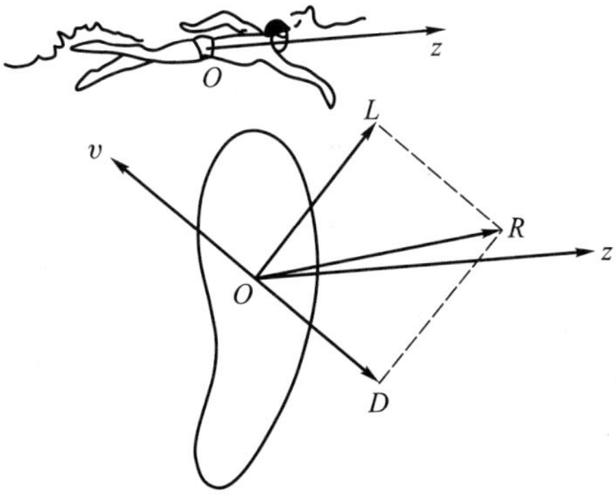

图 8-5-3　游泳行进时手的受力

式中：C_L 是升力系数；C_D 是阻力系数；ρ 是水的密度；v 是手在水中的划水速度；S 是手的某个特征面积，它可以是手的表面积，也可以是手在划水速度方向上的投影面积等，在游泳运动中，考虑到手划水时姿势的变化，S 采用手的表面积作为其特征面积最为方便，这样 C_L、C_D 的值也是在以手的表面积为其特征面积的条件下测定的。

从上面两式来看，升力和阻力与手的升阻系数、手的表面积都成正比，而与手的划水速度的平方成正比，也就是说，划水速度对推进力起着重要的作用。如果划水速度是原来的 2 倍，则推进力是原来的 4 倍。但同时游泳运动的阻力也随之增加，会降低整个身体的游进速度（图 8-5-4）。这就使得我们在讨论合理的划水路线时，不能只考虑单纯利用阻力的直线划水技术，而应该考虑既利用阻力，又利用升力的曲线划水技术。

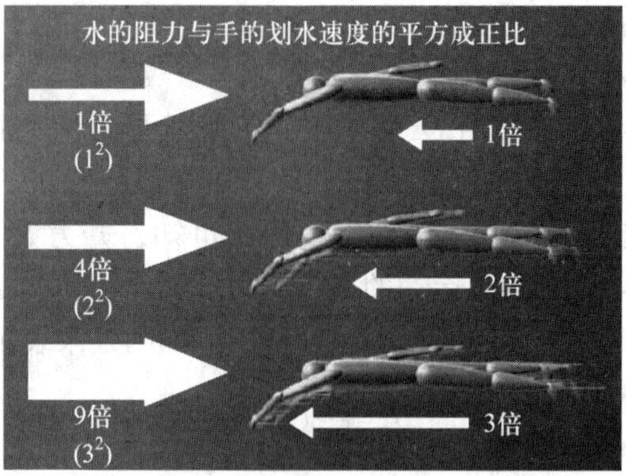

图 8-5-4 游泳中水的阻力与手的划水速度的关系

要计算游泳运动员划水时的推进力的大小，首先应该测定游泳运动员的手的升阻系数，因其不能直接测定，只能通过模型手进行水力学测定，然后将测定结果运用于特定设计的游泳运动划水实验，通过理论计算和实验观察相结合的方法进行实际的验证，检验模型手的测定结果是否适用于实际的众多的游泳运动员。

2. 手划水的分析

手的升阻系数是深入讨论游泳划水力学的基础，在这个基础上，可以讨论划水推进力的性质，即划水推进力中升力和阻力所占成分；还可以深入讨论合理的划水路线以及手的迎角问题，这一切都和划水路线有关。

（1）划水路线。游泳运动员的手在水下划水的路线是复杂的空间曲线。但不论有多复杂，划水运动可以看成向里、向外、向上、向下、向前、向后6个方向的基本运动，前4个运动称为横向划水，后2个运动称为纵向划水。因此，可以用划水速度和横向划水速度间的夹角来描述划水的速度方向。如果各点划水的速度方向清楚了，由于划水的速度方向是划水路线在那点的切线方向，所以可以用上述夹角来描述划水路线。在二维的条件下，划水速度和横向划水速度间的夹角就是划水速度和人体横轴间的夹角 β（图 8-5-5）。β 为 90° 时是直线向后的全纵向划水；β 为 0° 时是全横向划水，β 在 0°~90° 之间变化时是既有横向又有纵向的曲线划水，β 角越小，曲线越曲。

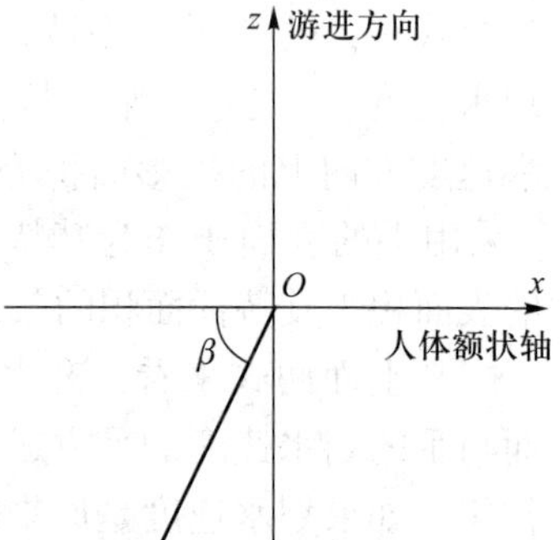

图 8-5-5 划水速度与横向划水速度间的夹角 β

β 角的大小表示了划水路线的曲直程度。

（2）划水推进力的类型。从力的方向来看，β 为 90° 时的全纵向划水是阻力作为推进力；β 为 0° 时的全横向划水是升力作为推进力，β 在 0°～90° 之间的曲线划水，升力和阻力共同起推进作用。

推进力中升力和阻力的成分随 β 角而变化。理论分析表明，在“水感”最佳的条件下，当 β 角处在 0°～25° 时，推进力中升力成分占 60% 以上，称为升力型推进力；当 β 角处在 25°～40° 时，升力和阻力成分都在 40%～60%，称为升阻型推进力；当 β 角处在 40°～90° 时，阻力成分在 60% 以上，称为阻力型推进力。

（3）合理的划水路线。合理的划水路线同时受手的升阻系数和划水速度两者的制约。当手相对人体的划动速度 v_r 和人体纵轴成 φ 角时，由于人体以 v_e 的速度前进，手划水的速度为 v_r 和 v_e 的合速度 v（图 8-5-6）。一般情况下，v 总是小于 v_r，而且 φ 角越小，v 越小，这是很不利于获得推进力的。综合升阻系数和划水速度对划水路线进行分析，结果表明，当 φ 角为 40°～60° 时，能获得最大的推进力。这时 β 角都小于 40°，推进力都属于升力型和升阻型，也就是说升力型和升阻型的划水路线是合理的划水路线。这个理论分析的结果也可用以下三种划水路线的实验做定性的检验（图 8-5-7）。研究表明，S 型划水的前进速度最快，问号型划水其次，直线型划水最慢。

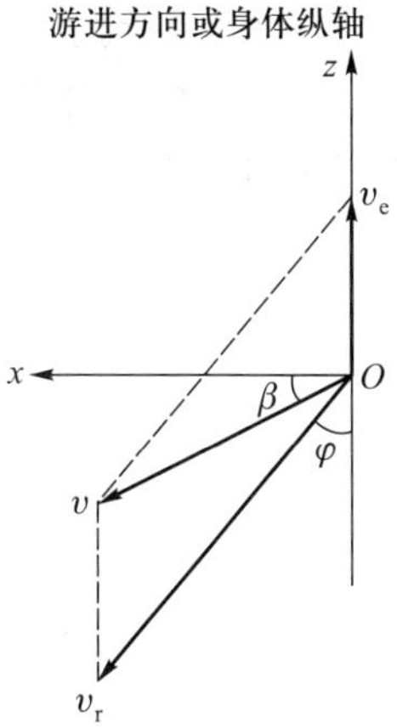

图 8-5-6 手划水的速度合成

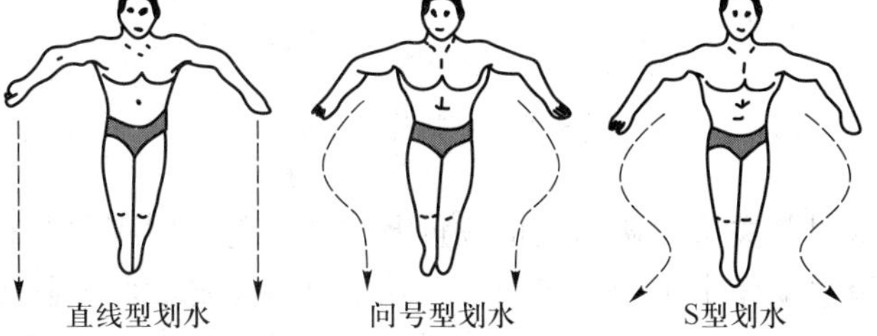

图 8-5-7 游泳划水路线

（4）手的迎角。理论分析表明，不同的推进力类型，手的迎角是不同的，升力型手的迎角大致为 45°，升阻型手的迎角大致为 55°，阻力型手的迎角大致为 70°。在完整的一次划水路线中，不仅路线要弯曲变化，而且迎角也要随路线适当调整。

（二）两腿动作技术分析

腿在游泳中的动力作用

由于脚的升阻系数至今未做流体力学的测试，因此无法定量分析打水、蹬水的推进力，只能根据打水、蹬水时踝关节的运动轨迹对升力和阻力的作用进行简单的定性分析。对游泳的脚部动作进行高速摄影，结果表明，自由泳和蝶泳脚部动作，踝关节的轨迹十分相似；仰泳脚部动作的踝关节轨迹和自由泳脚部动作的踝关节轨迹翻转 180° 的情况十分相似，所以，对于这三种游泳姿势，只要分析自由泳就可以了。自由泳的打水动作中（图 8-5-8），腿上下打水所受到水的反作用力在水平方向的分力均是推进人体的动力。腿向上打水，水的反作用力的垂直分量使下肢下沉，同理腿向下打水使下肢上浮（图 8-5-9）。

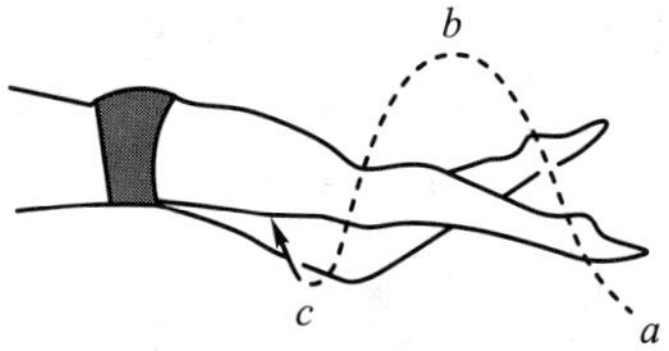

图 8-5-8 自由泳腿打水动作及踝关节轨迹

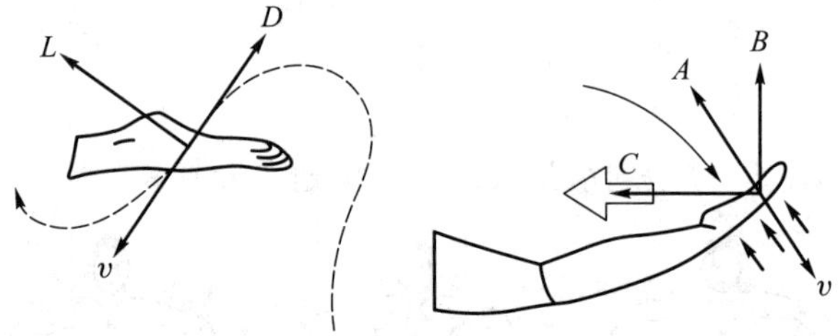

图 8-5-9 腿打水受力图

蛙泳蹬水时踝关节轨迹与其他三种游泳姿势打水时踝关节轨迹有明显的差别。蛙泳蹬水动作中（图 8-5-10），从 a 到 b 是蛙泳收腿翻脚动作的踝关节轨迹，脚是向前运动的，收腿动作增加了游泳运动员的水阻力，不利于身体向前运动；从 b 到 c 是蹬水动作的踝关节轨迹，脚做向后、向下的运动，向后和向下的幅度相当。升力和阻力都可成为蹬水的推进力。由于忽视了蹬水时向外和向内的两个横向运动，脚的升阻系数又不可知，所以，升力和阻力对推进力的贡献就无法定量描述，有待深入研究。

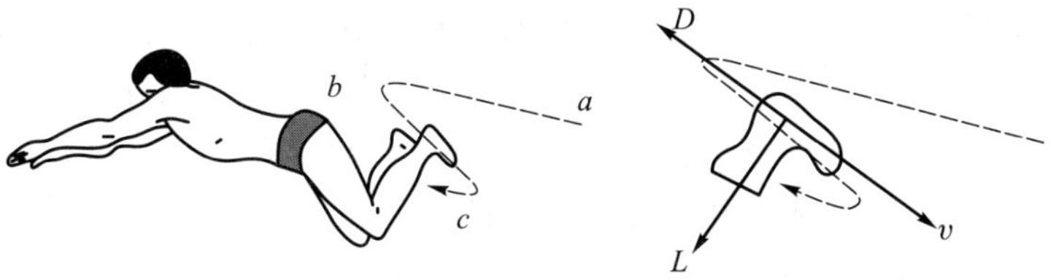

图 8-5-10　蛙泳蹬水动作时踝关节轨迹及其受力分析（侧视）

（三）躯干运动在游泳中的作用

由于游泳者的身体形状会对流体的阻力产生影响，因此，身体“变形”能力有重要意义，即为了减小流体的阻力和传递环节之间的作用力而改变形状和刚度的能力。人产生这种改变的能力比水中的鱼和哺乳动物要小得多。游泳者采用起伏动作，尤其是在蝶泳和蛙泳中，能直接对推进力的增加作出贡献。在自由泳和仰泳中，躯干沿纵轴转动，有助于游泳者利用巨大的、强有力的背部和胸部肌群，从而增加肌肉张力和流体反作用力。这种转动也有利于手臂在水面上反方向的还原，并能减小手臂的横向运动。

（四）合理游泳技术的特征

尽管不同个体之间身体形态和运动能力不尽相同，但要产生较高的推进力和达到较高的游速，个人技术应符合以下特征。

1. 有效地利用升力和阻力以产生较高的反作用力

有效的划水方式是采用复杂的曲线或斜向运动，在这个过程中游泳者不断地改变手和前臂的倾斜角度及运动方向，以便升力和阻力合成一个较高的反作用力，从而产生有效的推进力。在曲线划水作用的每一点，划水环节与静水相互作用，使较大的一团水移过一个较短的距离。在固定的直角坐标系中，划水反向位移越小，做功动作的效率越高。

2. 手臂划水中的“高肘”姿势

合理游泳技术明显的特征之一是手臂划水时肘相对高于手的位置。从流体力学的观点来看，手和前臂相对于肩较先转动（肘屈），将使这些环节在水流中以最有效的形状进行工作（获得较高的手的动力系数、手的表面积、前臂的动力系数、前臂的表面积），产生较高的反作用力。关节运动也使肌肉拉紧，以对抗较高的流体反作用力。

3. 划水动作中最大力角的利用

在四肢环节以某一特殊的环节姿势，相对于其他各环节做独立运动时，人体运动器官的生物力学链能利用最大的关节力矩。在这种姿势下，肌肉张力的方向和肌肉的初长度，对于发挥最大作用是最佳的。当产生最大肌力矩时，该环节相对于其他环节的角度称最大力角。在水中运动时，游泳者尽量在肘关节、肩关节、髋关节、膝关节的最大力角范围内完成做功动作的主要部分，并在某一瞬时产生最大的肌力矩。

4. 保持匀速且较高的周期内游速

游泳是一个周期性运动。游泳时，工作阶段与初始动作的交替，需要还原四肢初始的工作姿势。在还原阶段，游泳者受到的推进力较小，主要受到的是流体的阻力。因此，在下一个周期的工作阶段开始之前，游速减小；当下一个周期的工作阶段开始时，游速增加。游泳运动中，周期内游速的波动是不可避免的，这种波动增加了游泳者的能量消耗。通过缩短还原动作的时间、增加划水动作的幅度和频率、改进手臂和腿动作的时序，可减小周期内速度的波动值并能提高平均游速。

5. 减小流体的阻力和反向力的作用

优秀运动员与普通游泳运动员的最根本差别之一是减小流体阻力的能力。游泳时游泳者头和身体与水平方向的夹角将影响其所受的流体的阻力。游泳者必须保持合理的流线姿势，尽可能减小形状阻力和兴波阻力。

6. 划水频率与划水幅度的最佳比率

划水频率是单位时间内（通常用秒表示）完成的完整的划水次数或完整的游泳周期数。划水幅度是游泳者每一次划水或每个完整的游泳周期运动的距离。游速通常等于划水频率与划水幅度的乘积。虽然每个游泳者只要在某个独特的划水频率与划水幅度的比率下，就能达到最大的游速，然而太高的划水频率将妨碍游泳动作的协调性。因为在这种情况下，动作还原时肌肉不能得到足够的放松，运动员很快就会进入疲劳状态。因而，以划水频率与划水幅度的最佳比率进行运动是合理游泳技术的特征之一。同时，在比赛中，划水幅度及其动力学特征是划水质量判定的重要标准。

四、游泳转身动作技术分析

在竞技游泳中，100 m距离以上的各种游泳姿势的比赛都必须做一次或数次转身动作。一个转身动作完成得好，约能节约0.4 s，并能节约体力。所以转身技术（图8-5-11）对游泳成绩有较大影响，尤其是长距离的游泳比赛。

一般而言，运动员游近池壁时，不应降低速度，维持前进的动量有利于屈体旋转动作的完成。屈体旋转能加快身体回转的速度，也为后续蹬壁作准

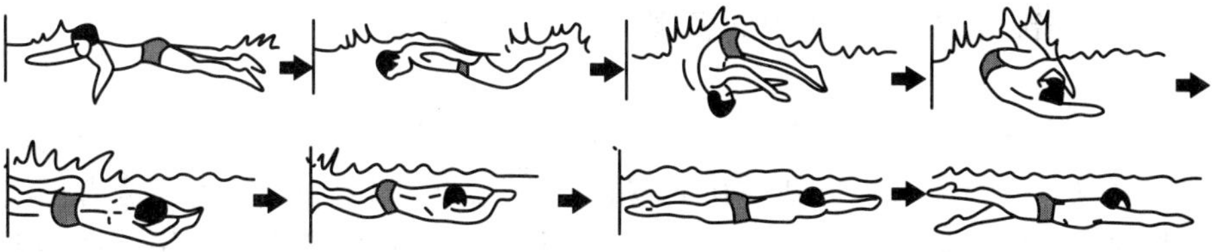

图 8-5-11　游泳中的转身蹬壁技术

备。蹬壁结束，两臂并拢前冲，头夹在两臂之间，减小水的阻力。下面对自由泳转身技术作简要分析。

自由泳一般有摆动式转身和前滚翻转身两种转身技术。目前大多采用前滚翻转身技术。前滚翻转身速度快，但动作稍复杂，要完成整个动作，人体要围绕两个轴同时转动，如果动作稍不准确，两脚便不能正对池壁做有效的蹬壁动作。

当运动员不减速游近池壁，距池壁 1.5～2.0 m 时，目视前方池壁，一手臂做最后一次划水，另一手臂相继向后推水，两臂停置于体侧，低头引领屈体，背向运动方向，增大前进阻力，水的反作用力使人体绕额状轴转动，从运动员低头时刻到躯干与水平面垂直时刻一般需用 0.32 s，快的只用 0.24 s，慢的为 0.40 s。滚翻继续，左手用力向头的方向划水，以带动转体，右手在体前侧做斜向划水，两臂动作协助转动，这样，人体在完成绕额状轴向后转动的同时，也围绕垂直轴向体侧旋转。接着，屈膝团身，减小转动惯量，加快旋转速度，脚迅速向池壁甩去，两脚碰到池壁时（躯干呈侧卧）立即做蹬壁动作。蹬壁时间一般为 0.28 s，最长为 0.36 s，最短为 0.20 s。从生物力学角度来看，蹬壁时间一个参数不能完全说明问题。蹬壁动作幅度较大，即髋关节、膝关节、踝关节角度较小，蹬壁时间较短时，蹬壁的效果较好。蹬壁结束时，两臂前伸，头夹在两臂中间，踝关节跖屈 90°，全身以较好流线型滑行。

第六节　击打和踢的生物力学

本节主要教学内容为人体上、下肢运动中的重要动作——击打和踢，阐述击打和踢在体育运动中的基本表现及其主要的生物力学原理。

一、击打和踢在体育中的表现

许多体育项目中都涉及击打和踢的动作，如棒球、网球、足球、拳击运动等。将上肢的“击打”动作和下肢的“踢”动作归为一类是由于两者都属于典型的开放链运动。在运动生物力学分析中，运动中的人体系统可视为由身体各环节相连而成的链环系统，而开放链运动就是指运动链系统的远侧环节（如踢动作中的脚，击打动作中的手或球拍）在运动过程中不受约束的动作形式。在这些动作技术中，远侧环节的开放端在运动末期将产生极大的速度，“击打”和“踢”的动作术语在字面上还隐含着运动链末端将与其他物体发生碰撞的运动。

本节将对击打和踢的生物力学研究进行总结，确定击打和踢动作的影响因素，并在此基础上讨论其生物力学原理，以便加深对这类动作的技术理解并尽量降低损伤的风险。

本节所采用的击打动作的例子包括网球、曲棍球、棒球、羽毛球、拳击和排球等项目，踢动作用足球来说明。为了避免重复，本节从动作阶段分析入手，对击打和踢动作的准备阶段、后摆阶段、前摆击打阶段和随后运动阶段 4 个阶段分别进行阐述。

二、击打和踢动作的生物力学原理

（一）准备阶段

任何一个完整的体育动作都应有准备阶段。动作的准备阶段是指特定动作展开之前运动员在身体和心理两方面做出的准备或反应，为后续动作的有效完成奠定良好的基础。对于击打和踢的动作，除了要注意动作本身外，还要注意击打和踢的对象，所以运动员需要通过适当的视觉判断，同时快速运动到某一位置，并做好击打和踢的准备，这是一个非常重要的动作阶段。

在击打和踢的准备阶段，运动员首先要作出判断，即对目标对象的运动状态（速度、路线、位置等）要有一个精确的估计或预测，以便确定动作的发动时机。比如，在等球期间，棒球的击球手或网球、排球的接发球运动员都要面临判断问题。研究表明，专业运动员比运动新手具有更准确的判断物体运动方向的能力，并能更早地捕获对手活动的重要信息，从而有更多的时间向球运动，给人们的印象是“时间宽裕”。这些能力可指导他们有选择地观测、获得物体运动的真实信息，最终熟练地完成运动。因此，在所有击打和踢的项目中，运动员必须有目的地训练观测能力，这样才能增加对球运动方向和对手运动的预知，提高向场地适当位置运动的决定能力。

快速移动到击球区域并形成稳定的姿势，才能有效地完成击打和踢动作，这是熟练完成动作的先决条件。快速运动和平衡受许多因素影响，其中重心投影点（重心至地面的垂线落在支撑面的位置）对平衡起重要作用。若重心投影点落在支撑面中心，运动员最稳定。若需要快速运动，则重心投影点应落在靠近最可能发生运动的方向的支撑面边缘。若运动方向无法确定，运动员一般应将重心投影点移至支撑面的前方边缘（脚趾支撑体重）。这是个不稳定的姿势，但能为任何方向的快速运动作好准备。移动动作结束后，某些项目的运动员通常还倾向于降低其重心，形成更稳定的姿势，例如足球和排球项目等。

（二）后摆阶段

后摆阶段的运动包括身体定位和环节或器械的移动，前者的目的是“拉长”有关的肌肉和组织，后者的目的则是为前摆运动提供空间。

对典型的击打和踢动作技术的研究表明，以手为主的上肢和躯干转动及以脚为主的下肢和躯干转动，使身体形成了适当的后摆姿势。在网球中，几乎所有的击球都具有躯干和上肢转动的特征。例如击触地球，从准备姿势到后摆完成，上躯干约转动 120°。在羽毛球中，研究发现，上肢和躯干的转动为前摆阶段动作技术的发挥作准备。

（二）前摆阶段

在击打和踢动作技术的前摆阶段，因为肌肉在后摆阶段已经预先受到负荷并储存弹性势能，所以运动时动作幅度增大。由于需要控制速度，因而，前摆击打动作需要更多环节的协调。击球时，环节或器械的速度和轨迹，决定了击球的类型（偏离或通过球心）及抛射体（球）随后的运动方向、旋转方向和速度等。

1. 利用拉长—缩短周期

击打和踢动作中，肌肉活动一般具有拉长—缩短周期（SSC）的特征。肌肉在后摆阶段发生离心收缩后，紧接着在前摆阶段进行向心收缩。离心收缩时肌肉的快速活动及被动拉长能增大肌肉储存的弹性势能。因此，肌肉预先拉长可为随后的向心收缩作准备。在运动过程中拉长和缩短间的短暂停顿不利于动作技术的发挥。因此，击打和踢动作相关项目的运动员可利用拉长—缩短周期提高成绩，但要注意尽量减小动作的停顿。

2. 协调多环节运动

几乎所有的击打和踢动作技术都要求运动链的末端环节产生最大速度。这个速度的大小取决于身体近端环节的活动方式。多环节的依次（沿着运动链）协调运动可简单地看作“速度叠加原理”的另一种形式。这一原理的实质是，要在环节链末端产生可能的最大速度，运动应该从最近端的环节开始，逐渐过渡到最远端的环节。较远端的环节运动在其近端环节达到最大速度的瞬间开始，这样后一个环节的速度大于前一个环节的速度。许多研究表明，近端至远端环节的依次活动是产生环节末端关节（如踝关节）线速度、环节（如腿）角速度或关节（如膝关节）角速度的方式。下面我们以网球、排球、足球和拳击中的一些击打和踢的动作为例来阐述这种协调多环节运动的生物力学原理。

（1）网球发球。

网球发球是网球得分的一种重要手段。在网球发球中，首先是下肢向上蹬伸，同时躯干转动产生向前、向上的肩关节速度，此速度为击球时球拍速度的 10%~20%。这些下肢和躯干的运动也将球拍向“后下方”牵引，从而使肩关节和肘关节的肌肉和组织被拉长。

（2）网球正手击地面球。

在网球正手击地面球时，躯干的转动和下肢的伸展，使球拍向前运动。研究发现，躯干的有力转动对击打手臂的滞后运动极其重要，这样在前摆早期可拉长肩部肌肉。躯干连续向前转动，在击球时肩轴几乎与底线平行，此时肩轴转动角度领先髋轴约 10°。虽然在击打低平球、上旋球和上旋高球时球拍向上击球的速度不同，但在击球时肩关节向前的速度均约为 2 m/s。已经证实，肩关节向前的速度对球拍向前和向上击球速度的作用约为 15%。同时，研究发现，若推动身体向前的地面反作用力较低，则肩关节向前的速度主要由躯干转动和身体的向前运动产生。

上臂的向前运动是正手击球的主要力学特征。它对球拍向前击球速度的作用为 20%~30%，向上击球速度的作用为 20%，这与握拍方式有较大关系。在前摆过程中，肘关节的角度保持相对恒定，约为 100°，因此，肘关节对击球速度不产生作用。在后摆完成后，上臂的旋外在击球前后转变成旋内，这在优秀运动员正手击球中非常明显，这对击球速度也有重要影响。

腕关节的运动受握拍方式的影响，在击球速度中也起重要作用。西方式握法中腕关节的运动对球拍向上击球速度的作用约为 20%，而东方式握法仅有 5%。球拍向上击球速度是上旋球的决定因素，显然在此方面，采用西方式握法的运动员具有一定的优势。

（3）排球中的击球。

身体各环节的协调运动，是高水平排球扣球起跳和腾空阶段的组成部分。运动员通过踝关节跖屈，膝关节和髋关节伸展，使身体向上跳起，同时开始扣球的协调运动。髋关节和膝关节伸展的角速度分别是 9 rad/s 和 19 rad/s，踝关节跖屈的角速度约为 19 rad/s，它们使质心在起跳时产生 3.6 m/s 的竖直速度。

起跳后扣球的典型活动顺序为先躯干转动，随后分别是上臂、前臂和手的运动。在扣球前，上臂的旋内与球速密切相关，因此，肘关节的伸展在顺序活动中较早，目的是在上臂旋内前伸展上肢，这样有利于在扣球时产生更大的功率。在顺序活动中非扣球臂的活动也很重要，在身体腾空后，非扣球臂的等速、方向向下的转动有利于扣球动作的完成。

在排球扣球中，运动员应在跳起接近最高点时击球。跳发球和扣球有许多相似之处，特别是环节的角度和时间参数。同时，击球点和手臂的摆动技术在相同性别的不同技术水平的运动员之间存在显著的差异，而且性别差异也很明显。

除了扣球，排球的接发球技术也是非常关键的技术。研究发现，在接发球中前臂成功触球与下列三个因素有关：① 触球时，手臂肘关节的角度越大（≈ 180°），接发球越成功。② 触球时，左右臂的夹角越小（有效的击球平面），接发球越成功。③ 在触球过程中，两肘关节中点的轨迹与球反弹的轨迹间的差异越小，接发球越成功。由于球和前臂的接触时间较短，因此排球接发球也是击球运动，上肢的所有环节必须准备到位击球。

（4）足球中的踢球。

在足球运动中，脚背踢球是最为常见的一种技术，也是直接得分的重要手段。与上肢的开放链运动相仿，脚背踢球时也明显存在环节依次加速的现象，最后能使足部速度达到最大。

在前摆早期，大腿加速摆动的同时膝关节保持弯曲姿势。这使下肢的转动惯量减小，从而减小了转动所需要的能量。在触球前，大腿及小腿角速度增加；在触球瞬间，大腿的角速度减小，同时小腿角速度增加。职业足球运动员球速和足的速度显著相关，相关系数为 0.74，这表明足的速度是踢球时的重要力学参数。

总体而言，为了快速踢球，运动员应该在触球时努力并连续屈大腿，同时尽可能快地伸小腿。

（5）拳击动作。

拳击动作打击目标是人的身体，研究表明，当 784 N 的力在约 8 ms 的时间内作用于头时，足够引起脑震荡。这里主要讨论碰撞期间力的传递。

研究表明，技术水平对碰撞前 0.01 s 的拳速无影响，但是在相同拳速下，高水平运动员比中等和低水平运动员传递给拳击袋的动量更多。事实上，戴拳击套比教练员反对的赤手空拳传递的动量大。由于拳击套的缓冲作用能减小碰撞时的疼痛，因而拳击手戴拳击套出拳时更用力。研究发现，拳击手使用的拳击套，在碰撞时产生的力足以引起脑震荡，因此不能认为拳击手使用拳击套就是安全的。同时，有深入研究表明，直到第 50 次击打，戴拳击套的最大碰撞力仍差不多为赤手空拳的两倍。而不戴拳击套的冲击力较低，但只有开始的少数几次冲击力低于脑震荡水平。

拳击运动中的拳速和碰撞时间引起了人们对损伤的关注。因此，在整个比赛期间应更多地强调防守。改进面罩和拳击套是必要的，但拳击手必须加强减小损伤的训练。

（四）随后运动阶段

击打和踢运动中，随后运动阶段对完成整个运动具有重要的作用。随后运动阶段要求逐渐减小身体环节的速度，以防运动损伤。从运动最佳化角度考虑，随后运动还能使拍、脚或手在碰撞时获得最大速度，而且可以使身体为下面的运动作好准备。

复习思考题

1. 简述影响步态的主要因素及步态分析的主要运动学和动力学参数。
2. 简述步态分析的临床应用。
3. 跳高起跳中摆动技术的积极作用有哪些？
4. 简述影响投掷成绩的主要生物力学因素。
5. 游泳运动中如何增大推进力和减小阻力？
6. 举例说明影响击打和踢动作技能的生物力学原理与应用。

附录　矢量概念及其相关数学基础

一、矢量

（一）矢量的定义

矢量是指除了需要用大小来说明之外，还必须指明方向的物理量。对这个定义的解释，我们首先从物理量这个概念入手。在物理学中，物理量就是量度物质的属性和描述其运动状态所用的各种量。例如，用质量来量度物质的惯性；用速度来描述运动的快慢；用力来衡量物体间的相互作用；用时间来表征物质存在的持续性和连贯性等。这些物理量按其与空间方向的关系，可以分为矢量和标量两大类，其中与空间方向无关的物理量叫作标量（scalar），如质量、时间、温度、路程等，而另一类不仅有大小，而且有方向的物理量，就是矢量（vector），如位移、速度、力、加速度等。也就是说矢量除了需要用大小来说明之外，还必须指明方向，不指明方向就不能给人以清晰的概念，这是矢量与标量的本质区别，这一点在矢量这个名称上也反映出来了。“矢”就是中国古代箭的意思，箭射出去是有方向的，正所谓“有的放矢”，将 vector 翻译成矢量是非常贴切的。

（二）矢量的表示法

1. 矢量的几何表示法（图示法）

用一根有向线段来表示矢量，箭头表示方向，线段长度表示大小。如前所提，“矢”就是箭的意思，所以可以用一根画有箭头的有向线段来表示矢量，按一定的比例画出的线段长度表示矢量的大小，而箭头的方向表示矢量的方向。

例如，用图示法表示大小为 50 N，方向垂直向下的力 F（附图 1）。

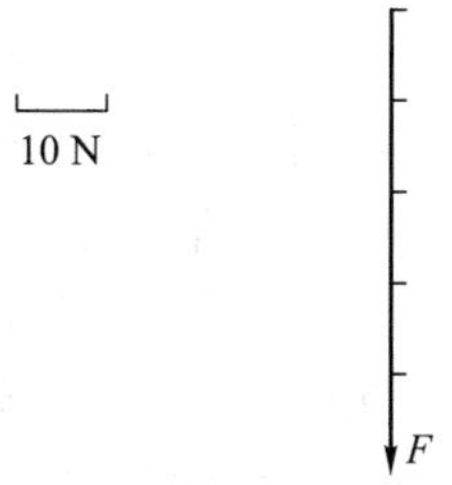

附图 1　矢量的几何表示法

2. 矢量符号的书写法

印刷体——用黑体字母代表矢量。

手写体——在字母上方画一箭头。

（三）单位矢量与反向矢量

单位矢量——长度为 1 的矢量，在坐标系中又称为基矢。附图 1 中的 10 N 就是该示意图中的单位矢量的大小（单位矢量并不需要对应物理意义上的单位）。方向相反的两个矢量称为反向矢量，进一步还有相等矢量和负矢量的概念。大小相等，方向相同的两个矢量为相等矢量。大小相等，方向相反的两个矢量为负矢量（附图 2）。

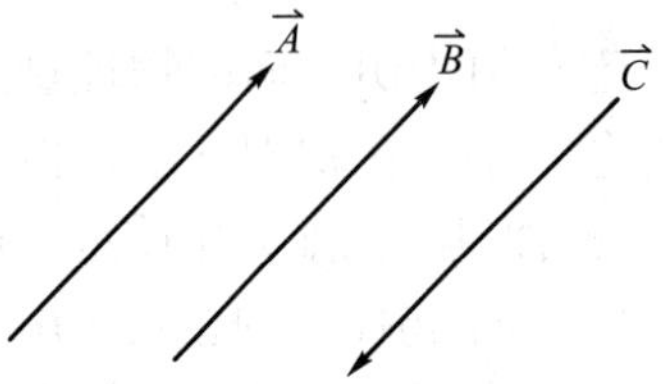

附图 2　相等矢量和相反矢量

$\vec{A}=\vec{B}=-\vec{C}$ 或 $\vec{C}=-\vec{A}=-\vec{B}$

如果 $\vec{A}$ 的大小是 $\vec{B}$ 的 k 倍，

而其方向相同，则 $\vec{A}=k\vec{B}$，

方向相反，则 $\vec{A}=-k\vec{B}$。

二、矢量的加减法

（一）有关的数学知识

1. 直角三角形中的边角关系

直角三角形是一种特殊的三角形，其中有两条边的夹角为 90°（附图 3），这两条边称为直角边，另外一条边称为斜边。

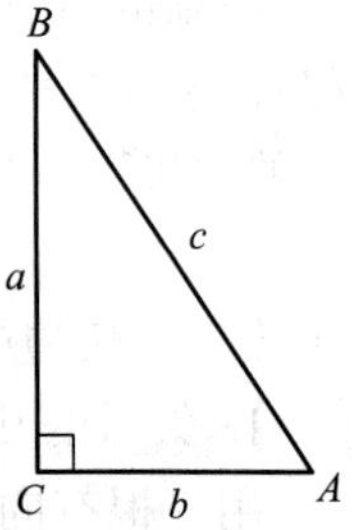

附图 3　直角三角形

（1）勾股定理（三边之间关系）

$$c^2=a^2+b^2$$

即斜边的平方等于两条直角边平方之和。

（2）边角关系（锐角的三角函数）

正弦 = 对边 / 斜边，例如，$\sin A=a/c$，$\sin B=b/c$

余弦 = 邻边 / 斜边，例如，$\cos A=b/c$，$\cos B=a/c$

正切 = 对边 / 邻边，例如，$\tan A=a/b$，$\tan B=b/a$

锐角的三角函数值均为正值。

2. 任意角的三角函数（附图 4）

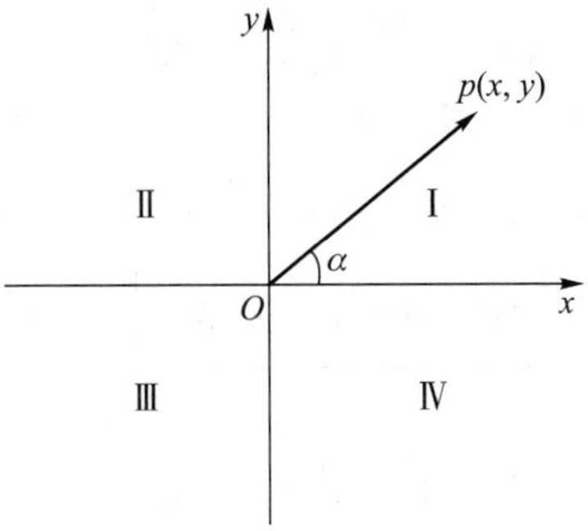

附图 4　角度象限与三角函数

α 所处的象限	Ⅰ	Ⅱ	Ⅲ	Ⅳ
$\sin\alpha = y/\sqrt{x^2+y^2}$	正	正	负	负
$\cos\alpha = x/\sqrt{x^2+y^2}$	正	负	负	正
$\tan\alpha = y/x$	正	负	正	负
$\cot\alpha = x/y$	正	负	正	负

3. 特殊角的三角函数值

	$\sin\theta$	$\cos\theta$	$\tan\theta$
0°	0	1	0
30°	1/2	$\sqrt{3}/2 \approx 0.866$	$\sqrt{3}/3 \approx 0.577$
45°	$\sqrt{2}/2 \approx 0.707$	$\sqrt{2}/2 \approx 0.707$	1
60°	$\sqrt{3}/2 \approx 0.866$	1/2	$\sqrt{3} \approx 1.732$
90°	1	0	∞
180°	0	−1	0

4. 化任意角三角函数为锐角三角函数

$90°<\alpha<180°$（第Ⅱ象限）	$180°<\alpha<270°$（第Ⅲ象限）	$270°<\alpha<360°$（第Ⅳ象限）
$\sin\alpha=\sin(180°-\beta)=\sin\beta$	$\sin\alpha=\sin(180°+\beta)=-\sin\beta$	$\sin\alpha=\sin(360°-\beta)=-\sin\beta$
$\cos\alpha=\cos(180°-\beta)=-\cos\beta$	$\cos\alpha=\cos(180°+\beta)=-\cos\beta$	$\cos\alpha=\cos(360°-\beta)=\cos\beta$
$\tan\alpha=\tan(180°-\beta)=-\tan\beta$	$\tan\alpha=\tan(180°+\beta)=\tan\beta$	$\tan\alpha=\tan(360°-\beta)=-\tan\beta$

5. 一般三角形中的边角关系（附图 5）

（1）正弦定理

$$\frac{a}{\sin A}=\frac{b}{\sin B}=\frac{c}{\sin C}=2R$$

R 为外接圆半径。

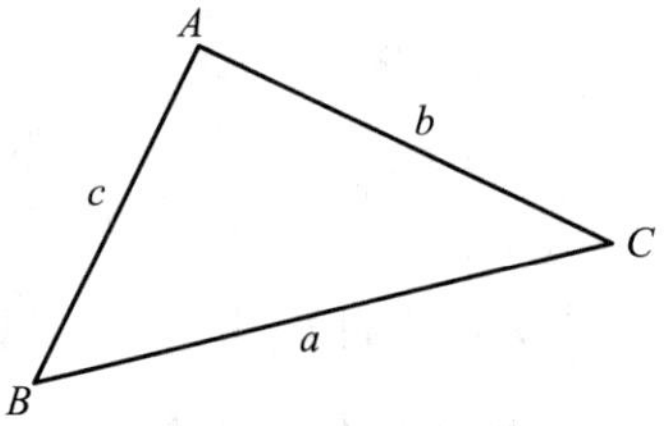

附图 5 一般三角形

（2）余弦定理

$$a^2=b^2+c^2-2bc\cos A$$
$$b^2=a^2+c^2-2ac\cos B$$
$$c^2=a^2+b^2-2ab\cos C$$

当 $A=90°$，$\cos A=\cos 90°=0$，$a^2=b^2+c^2$ 符合勾股定理。

6. 一元二次方程的求解

在方程 $ax^2+bx+c=0$ 中，根为

$$x_1=\frac{-b+\sqrt{b^2-4ac}}{2a}，\ x_2=\frac{-b-\sqrt{b^2-4ac}}{2a}$$

根与系数的关系为

$$x_1+x_2=-\frac{b}{a}，\ x_1x_2=\frac{c}{a}$$

$$判别式\ b^2-4ac\begin{cases}>0 & 不等二实根\\ =0 & 相等二实根\\ <0 & 共轭复数根\end{cases}$$

（二）矢量合成（加法）的几何法

矢量合成是将两个矢量相加，求其和的过程。合成后的矢量叫作合矢量或矢量和。不同于标量，矢量的求和不能简单地采用代数运算法则。

1. 平行四边形法则

将两个矢量作为邻边，构成一平行四边形，平行四边形的对角线（起点在两个矢量的交点上）表示合矢量。

2. 三角形法则

将两个矢量头尾相接，连接第一个矢量的头和第二个矢量的尾，并指向第二矢量的尾，所得的三角形的第三边就是这两个矢量的合矢量。此法则为平行四边形法则的简化（附图 6）。

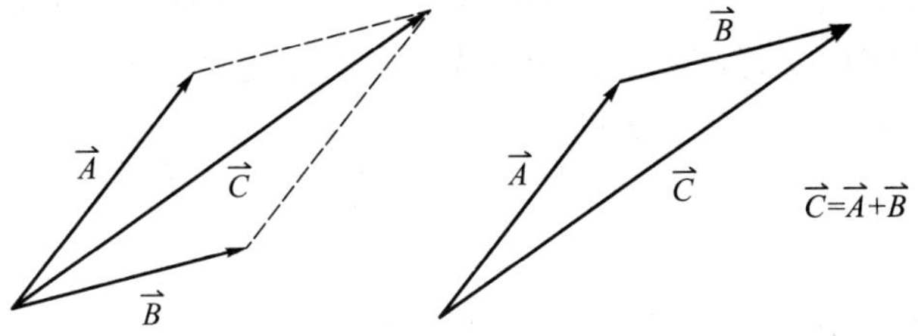

附图 6　平行四边形法则和三角形法则

3. 多边形法则

若求多个矢量的合矢量，则将所有矢量以头尾相接的方式相连，连接第一个矢量的头和最后一个矢量的尾，并指向最后一个矢量的尾，即得到合矢量。此法则为三角形法则的扩充。

4. 两个矢量相减的几何法

矢量的减法包含在矢量的加法中，$\vec{A}=\vec{C}-\vec{B}=\vec{C}+(-\vec{B})$，利用三角形法则时先作一负矢量，然后再用几何法相加。

（三）矢量加减的解析法

1. 矢量的分解

分解是合成的逆过程，分解的答案不是唯一的。因此必须附加条件，一般是规定两个或三个相互垂直的分矢量的方向，这样矢量分解就有一个统一的标准，并且分矢量相互不产生干扰，也是运动独立性的依据。

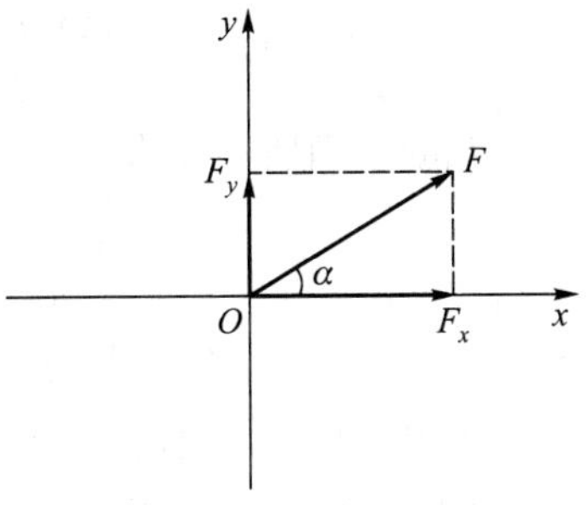

附图 7　力的正交分解

例：已知力 $\vec{F}$ 方向（附图 7），求力 $\vec{F}$ 的水平分量和垂直分量。

在矢量 $\vec{F}$ 的始点位置建立一个 Oxy 直角

坐标系，把 $\vec{F}$ 分别投影到 x 轴和 y 轴上，就可以得到 $\vec{F}$ 的水平分量 $\vec{F}_x$ 和垂直分量 $\vec{F}_y$，这样就完成了对 $\vec{F}$ 的分解。

$$\vec{F}_x = \vec{F}\cos\alpha$$
$$\vec{F}_y = \vec{F}\sin\alpha$$

2. 矢量合成的解析法

前面提到的矢量合成的几何法是直接构建平行四边形或三角形等几何图形，通过正弦或余弦定理来求合矢量，虽然这种方法比较直观，但在求具体合矢量的大小时就较为烦琐。下面介绍矢量合成的各一种方法——解析法，解析法并不直接构建几何图形，而是先把各矢量分解，然后再合成，这种方法在力学中更为常见，也更为简便。

已知 $\vec{F}_1$、$\vec{F}_2$、$\vec{F}_3$、…、$\vec{F}_n$，求 $\vec{R} = \vec{F}_1 + \vec{F}_2 + \cdots + \vec{F}_n = \sum_{i=1}^{n} \vec{F}_i$。

解：

① 将所有的 $\vec{F}_i$（$i=1, 2, \cdots, n$）分解成 $\vec{F}_{ix}$ 和 $\vec{F}_{iy}$。

② 求 $\vec{R}$ 的水平分量和垂直分量

$$\vec{R}_x = \vec{F}_{1x} + \vec{F}_{2x} + \cdots + \vec{F}_{nx} = \sum_{i=1}^{n} \vec{F}_{ix}$$

$$\vec{R}_y = \vec{F}_{1y} + \vec{F}_{2y} + \cdots + \vec{F}_{ny} = \sum_{i=1}^{n} \vec{F}_{iy}$$

即合矢量的水平分量和垂直分量分别等于各分矢量的水平分量和垂直分量的代数和。

③ 求合矢量的大小

$$R = \sqrt{R_x^2 + R_y^2}$$

④ 求合矢量的方向，即求 $\vec{R}$ 与水平轴所夹锐角以及该角所在象限。

$\vec{R}$ 与水平轴所夹锐角

$$\tan\alpha = \left|\frac{R_y}{R_x}\right| \Rightarrow \alpha = \arctan\left|\frac{R_y}{R_x}\right|$$

判断 α 角所在象限：$R_x > 0$，$R_y > 0 \Rightarrow$ Ⅰ

$R_x < 0$，$R_y > 0 \Rightarrow$ Ⅱ

$R_x < 0$，$R_y < 0 \Rightarrow$ Ⅲ

$R_x > 0$，$R_y < 0 \Rightarrow$ Ⅳ

当 R_x 为 0 时，合矢量 $\vec{R}$ 与水平轴垂直。$R_y > 0$ 时，$\vec{R}$ 的方向与 y 轴相同；$R_y < 0$ 时，$\vec{R}$ 的方向与 y 轴相反。

当 R_y 为 0 时，合矢量 $\vec{R}$ 与水平轴平行。$R_x > 0$ 时，$\vec{R}$ 的方向与 x 轴相同；

$R_x < 0$ 时，$\vec{R}$的方向与 x 轴相反。

当 R_x 和 R_y 均为 0 时，合矢量$\vec{R}$为 0。

解析法的优点是仅与直角三角形有关，避免了烦琐的数学计算。

主要参考文献

[1] 陆爱云. 运动生物力学[M]. 北京：人民体育出版社，2010.

[2] 赵焕彬，李建设. 运动生物力学[M]. 3版. 北京：高等教育出版社，2008.

[3] [美] 弗拉基米尔 M. 扎齐奥尔斯基. 运动生物力学——运动成绩的提高与运动损伤的预防[M]. 陆爱云，译审. 北京：人民体育出版社，2004.

[4] 郑秀瑗，等. 现代运动生物力学[M]. 2版. 北京：国防工业出版社，2007.

[5] 张胜年，刘宇. 运动康复生物力学[M]. 北京：人民体育出版社，2010.

[6] 钱竞光，宋雅伟，等. 运动康复生物力学[M]. 北京：人民体育出版社，2008.

[7] 金季春. 运动生物力学高级教程[M]. 北京：北京体育大学出版社，2007.

[8] 罗建新，杨庆辞，刘子东. 运动生物力学[M]. 北京：北京师范大学出版社，2010.

[9] [加] Arthur E. Chapman. 人体基本运动的生物力学分析[M]. 金季春，译. 北京：北京体育大学出版社，2010.

[10] [美] 杜安·努森. 生物力学基础[M]. 钟亚平，胡卫红，译. 2版. 北京：人民体育出版社，2012.

[11] [美] Margareta Nordin，[美] Victor H. Frankel. 肌肉骨骼系统基础生物力学[M]. 邝适存，郭霞，译. 3版. 北京：人民卫生出版社，2008.

[12] 胡耿丹. 运动生物力学[M]. 上海：同济大学出版社，2013.

[13] David A. Winter. Biomechanics and Motor Control of Human Movement [M]. 4th ed. Hoboken: John Wiley & Sons, Inc., 2009.

[14] Peter M. McGinnis. Biomechanics of Sport and Exercise [M]. 3th ed. Champaign: Human Kinetics, Inc., 2013.

主要参考文献

[illegible]

[9] Arthur [illegible] [illegible] 2010.

[10] [illegible] 2012.

[11] [illegible] Margareta [illegible] Victor H. Frankel [illegible] [M]. [illegible] 2008.

[12] [illegible] 2013.

[13] David A. Winter. Biomechanics and Motor Control of Human Movement[M]. 4th ed. Hoboken: John Wiley & Sons, Inc., 2009.

[14] Peter M. McGinnis. Biomechanics of Sport and Exercise[M]. 3rd ed. Champaign: Human Kinetics, Inc., 2013.